Marie-France & Emmanuel Ballet de Coquereaumont

ENDLICH ANGSTFREI

Begegne deinem inneren Kind und besiege deine Angst

Bibliografische Information der Deutschen Nationalbibliothek
Die Deutsche Nationalbibliothek verzeichnet diese Publikation in der Deutschen Nationalbibliografie.
Detaillierte bibliografische Daten sind im Internet über http://dnb.d-nb.de abrufbar.

Für Fragen und Anregungen:
info@mvg-verlag.de

1. Auflage 2017

© 2017 by mvg Verlag, ein Imprint der Münchner Verlagsgruppe GmbH
Nymphenburger Straße 86
D-80636 München
Tel.: 089 651285-0
Fax: 089 652096

Copyright der Originalausgabe: © 2014 Groupe Eyrolles, Paris, France

Die französische Originalausgabe erschien 2014 bei Groupe Eyrolles unter dem Titel
J'arrête d'avoir peur!

Alle Rechte, insbesondere das Recht der Vervielfältigung und Verbreitung sowie der Übersetzung, vorbehalten. Kein Teil des Werkes darf in irgendeiner Form (durch Fotokopie, Mikrofilm oder ein anderes Verfahren) ohne schriftliche Genehmigung des Verlages reproduziert oder unter Verwendung elektronischer Systeme gespeichert, verarbeitet, vervielfältigt oder verbreitet werden.

Übersetzung: Christa Trautner-Suder
Redaktion: Silke Panten
Umschlaggestaltung: Pamela Machleidt
Umschlagabbildung: Shutterstock/Kanyapak Butwiset
Satz: ZeroSoft, Timisoara
Druck: GGP Media GmbH, Pößneck
Printed in Germany

ISBN Print 978-3-86882-805-4
ISBN E-Book (PDF) 978-3-96121-048-0
ISBN E-Book (EPUB, Mobi) 978-3-96121-049-7

Weitere Informationen zum Verlag finden Sie unter:

www.mvg-verlag.de
Beachten Sie auch unsere weiteren Verlage unter www.m-vg.de.

Inhaltsverzeichnis

Einleitung. 5
Vorbereitung auf das Programm 11

ERSTER TEIL: Die Angst und ihre Symptome 19
Tag 1: Gibt es überhaupt einen Piloten im Flugzeug?. 21
Tag 2: Die Körperlichkeit der Angst 31
Tag 3: Das Feld von Möglichkeiten. 39

ZWEITER TEIL: Die Angst und ihre Trancezustände 45
Tag 4: In der Zukunft leben 47
Tag 5: In der Vergangenheit leben. 57
Tag 6: Die Stimmen der Angst. 65

DRITTER TEIL: Die kindlichen Ängste 73
Tag 7: Das Kind und die Angst. 75
Tag 8: Die Monster im Schrank 83
Tag 9: Seinen Schatten zähmen. 91

VIERTER TEIL: Die Beziehungsängste 97
Tag 10: Angst und Gewalt. 99
Tag 11: Reparenting. 109
Tag 12: Mit den anderen leben 119

FÜNFTER TEIL: Die Grundängste 129
Tag 13: Die Trennung 131
Tag 14: Die Veränderung 139
Tag 15: Die Nichtexistenz. 145

SECHSTER TEIL: Hinter der Angst verbirgt sich die Lebensenergie . . 153
Tag 16: Angst und Scham. 155
Tag 17: Angst, Wunsch und Bedürfnis. 165
Tag 18: Die Pyramide der Ängste 175

SIEBTER TEIL: Keine Angst mehr vor der Angst................... **187**
Tag 19: Die Angst und die Verletzungen der Kindheit 189
Tag 20: Angst macht Helden 199
Tag 21: Mit jeder Faser des Selbst leben 209

Nachwort 218
Danksagung.. 219
Anmerkungen 220
Glossar der Schlüsselbegriffe 233
Register der Ängste 235
Bibliografie.. 237

Einleitung

»Angst ist das Kind in uns, das in Panik gerät.«
Tahar Ben Jelloun

»Das Kind ist ein vereinigendes Symbol, das Gegensätze in Einklang bringt. Es ist der Botschafter der Heilung, der uns zu einem Ganzen macht.«
Carl Gustav Jung

Warum noch ein Buch über Ängste?

Zum Thema Ängste gibt es bereits zahlreiche Untersuchungen und Veröffentlichungen, die vor allem in zwei Richtungen gehen. Die erste, die analytische Richtung, erforscht das Unbewusste, um aufzuklären und zu verstehen, woher Ängste kommen. Die zweite, die kognitive und auf das Verhalten fokussierte Richtung, verfolgt die Absicht, Ängste zu beherrschen, indem Betroffene lernen, ihre Funktionsweise zu verstehen und sich ihnen regelmäßig zu stellen.

Jeder Zweite leidet unter übermäßigen Ängsten. Angst ist eine zentrale Emotion. Sie wirkt wie eine Alarmanlage, die vom limbischen System oder emotionalen Gehirn ausgeht. Es gibt einen regelrechten zerebralen Kreislauf der Angst.[1] Zuerst alarmieren die Sinne die Amygdala (den »Mandelkern«), den Sitz des unbewussten Angstgedächtnisses, anschließend bewertet der Hippocampus diesen Alarm und vergleicht ihn mit früheren Erfahrungen. Der präfrontale Cortex schließlich kontrolliert die automatischen Angstreaktionen und wählt unter Berücksichtigung der sensorischen, emotionalen, persönlichen und kulturellen Informationen aus. Übermäßige Ängste schreibt man heute einer Überaktivität der Amygdala zu.

Die Emotion Angst ist daher eine komplexe Kombination von biologischen Mechanismen und Erinnerungen. Die Angst tritt im Rahmen einer Geschichte, einer Situation oder eines Szenarios auf. Diese Emotion ist in der Biografie verwurzelt (der Theorie des amerikanischen Psychologen Silvan Tomkins zufolge ist der Affekt biologisch, das Gefühl psychologisch und die Emotion biografisch).

Dieses Buch erforscht einen völlig neuen Weg, der die Ängste in einem anderen Licht erfasst und sich dabei auf innovative Konzepte stützt, die der Öffentlichkeit nur wenig oder gar nicht bekannt sind.

Leben ist Beziehung

2007 wiesen der amerikanische Physiker Graham Fleming und seine Forschungsgruppe der University of California und des Berkeley Lab nach, dass die Photosynthese (der bioenergetische Prozess, der es den Pflanzen und bestimmten Bakterien ermöglicht, durch Nutzung des Sonnenlichts organische Materie zu bilden), einer der grundlegendsten Prozesse des Lebens, nicht durch einen genau definierbaren Faktor geregelt wird, sondern durch die Beziehung zwischen verschiedenen Molekülen. Diese Entdeckung bestätigt, dass das Leben in allen seinen Formen in einem System geordnet ist, das von zahlreichen Beziehungen beeinflusst wird.[2]

Der Science-Fiction-Film *Avatar* von James Cameron erlebte einen phänomenalen Erfolg. Darin wird ein Planet Pandora beschrieben, auf dem alle Lebewesen, Pflanzen und Tiere in einer Symbiose leben, verbunden durch ein gewaltiges neuronales Netzwerk. Die Ureinwohner, die Na'vis, werden durch den Abbau von Rohstoffen durch profitgierige Menschen bedroht. Mithilfe aller lebenden Spezies gelingt es den Na'vis, ihre Welt zu retten. Genau wie Pandora ist auch der Planet Erde ein Organismus, auf dem die verschiedenen Lebensformen miteinander verknüpft sind und auf dem das Leben ein kooperativer Prozess ist.

Stellt man sich das Leben als ein Beziehungsgeflecht vor, so erkennt man schnell, dass alles miteinander verbunden ist. Wenn ich Angst habe, ist dies nicht ausschließlich meine individuelle Emotion, denn ich bin auch empfänglich für die Emotionen anderer, die mein Empfinden und mein Handeln beeinflussen können. Meine eigenen Emotionen hängen stets mit meinem Verhalten und meiner Umgebung zusammen.

Unter dem Druck der Angst verliert der Mensch den Kontakt zu seinem vollen Potenzial. Seine Vitalität wird durch die energiezehrende Angst geschwächt. Sie schränkt die Verbundenheit ein, das heißt die Beziehung zu sich selbst und zu anderen.

Das Gehirn ist empathisch und sozial

Der Mensch ist für alles in seiner Umgebung äußerst empfänglich. Diese Fähigkeit hängt direkt mit den Spiegelneuronen[3] zusammen, die in Beziehungen eine wesentliche Rolle spielen. Sie machen es möglich, Sympathie, Empathie und Mitleid für andere zu empfinden. Bisher wurde angenommen, dass diese Neuronen ausschließlich im präfrontalen Bereich des Gehirns vorkommen. Doch vor Kurzem wurde nachgewiesen, dass sie tatsächlich überall im Gehirn vorhanden sind.

Diese Neuronen haben in der kindlichen Entwicklung einen maßgeblichen Stellenwert. Während der ersten drei Lebensjahre nutzt ein Kind sein empathisches Gehirn, um eine feste Bindung zu seinen Eltern aufzubauen. Eine gesunde Bindung, das heißt eine Bindung, die von Fürsorge und Liebe genährt wird, ermöglicht es ihm, Sicherheit, Vertrauen und Mut zu üben, um sich in die Welt zu wagen. Mangelt es einem Kind hingegen an Aufmerksamkeit und Zärtlichkeit, entsteht eine verletzende Beziehung zu Vater oder Mutter, die wenig Sicherheit bietet. Die Spiegelneuronen des Kindes sorgen in diesem Fall dafür, dass es die negativen Gefühle übernimmt, die die Eltern möglicherweise empfinden.

Die Eltern-Kind-Bindung ist die erste Beziehungserfahrung des Kindes. Sie dient lebenslang als Modell zwischenmenschlicher Beziehungen. Wenn ich bei einer ängstlichen Mutter aufgewachsen bin, werde ich stärker verunsichert sein. In meinen Beziehungen werde ich daher für einen Menschen empfänglicher sein, der mir mehr Sicherheit zu geben scheint oder der im Gegenteil Furcht oder Angst in mir erzeugt. Diese erste Urform der Beziehung hat großen Einfluss auf künftige Beziehungen.

In der Beziehung zu einer anderen Person, für die unser Gehirn eine besondere Befähigung hat, können wir ausdrücken, was richtig, gesund und gut für uns ist. Die größten Ängste hängen mit der Beziehung zu anderen Personen und mit der Schwierigkeit zusammen, inmitten der anderen wirklich man selbst zu sein. Man stellt sich unbewusst die Frage, was in den Beziehungen zu anderen auf dem Spiel steht. Auch als Erwachsener sollte man nicht damit aufhören, Beziehungen zu erlernen, da alles darauf hinweist, dass man sich gerade in der Pflege von Beziehungen entfalten kann, das heißt in der Art, wie man mit sich selbst, mit anderen und mit der Welt in Verbindung tritt.

Die Psyche ist vielfältig

Im Alltagsleben hat jeder Mensch ein vereinfachtes Bild von seinen psychischen Funktionen. Wenn ich mich selbst zum Ausdruck bringe, scheint mein *Ich* persönlich und vollständig eingebunden zu sein. Wenn ich Angst habe, bin ich es, der Angst hat, und mein gesamtes Wesen empfindet Angst. Diese Wahrnehmung ist eine Antwort auf das Bedürfnis, sich vollständig und einheitlich zu fühlen, die Psyche ist jedoch vielfältig.

Die Psyche stützt sich auf Beziehungen. Sie teilt sich in viele Bereiche, die wie selbstständige Personen mit eigenen Emotionen und eigenen Motivationen handeln. Sie führen intensive Gespräche miteinander, die entspannte oder konfliktbeladene Beziehungen zum Ausdruck bringen. Das ist kein Symptom für eine Identitätsstörung. Die Psyche ist ein System, das aus zahlreichen Teilpersönlichkeiten gebildet wird, die in ständiger Wechselbeziehung stehen. Die Angst ist ein Teil dieses Systems.

Im Zentrum dieser psychischen Vielfalt gibt es eine höhere Instanz, das Selbst*. Es ist der innere Pilot. Er kann mit dem gesamten System kommunizieren und bewusst eine Art wählen, wie er empfinden, wahrnehmen, entscheiden und in größerer Harmonie leben möchte. Der innere Pilot kennt keine Angst und wird sie auch nie kennenlernen. Er ist ein grundlegendes Hilfsmittel, um zu lernen, Ängste zu überwinden.

In jedem Herzen lebt für immer ein Kind

Die Vorstellung, die Kindheit sei nur ein Entwicklungsstadium und gehöre der Vergangenheit an, ist noch immer weit verbreitet. Sie geht davon aus, dass der Mensch wachsen muss, um zu reifen und intelligent zu werden. Dieser Ansicht nach erscheint das Kind als ein unreifes und infantiles Wesen, das nach erzieherischen Prinzipien verlangt, um »korrigiert« und »verbessert« zu werden. Für den Kinder- und Jugendpsychiater Michel Lemay, »braucht es vielleicht noch Zeit, bis das Kind anders als eine Vorstufe des Erwachsenen gesehen wird [...], als ein unfertiges Subjekt, das noch verschiedene Stadien durchlaufen muss, um zur erwachsenen Reife zu gelangen«.[4] Bereits in der Kindheit äußern sich viele Aspekte des wahren Ichs.

Die italienische Ärztin und Pädagogin Maria Montessori erinnert daran, dass das Erwachsenenalter und die Kindheit »zwei unterschiedliche Formen des menschlichen Lebens sind, die gleichzeitig stattfinden und sich gegenseitig beeinflussen«.[5] Um diese Nähe zur Kindheit besser zu verstehen, muss die Sichtweise aufgegeben werde, dass sich der Mensch linear entwickelt. Diese Wahrnehmung entspräche einem Leben, das sich von der in der Vergangenheit liegenden Geburt bis zu einem Zielpunkt in der Zukunft auf einer geraden Zeitlinie abspielt:

Geburt ➡ Kleinkindalter ➡ Kindheit ➡ Adoleszenz ➡ Erwachsenenalter

Tatsächlich jedoch ähnelt die Entwicklung des Menschen eher einem konzentrischen Modell, wie bei einem Baum, der im Herzstück seines Stamms die verschiedenen Altersstufen als Jahresringe bewahrt.[6]

In jedem Stadium seiner Entwicklung besitzt das gesunde Kind von Natur aus eine angeborene emotionale und moralische Intelligenz. Natürlich hat es essenzielle Bedürfnisse, ist jedoch mit spezifischen kreativen Kräften ausgestattet. Es entfaltet sich mit Unterstützung, in Sicherheit, Liebe und Freiheit. Nach diesem Modell ist das Kind das Herzstück unseres Wesens.

A. innerer Säugling (0–9 Monate)
B. inneres Kleinkind (9 Monate–3 Jahre)
C. inneres Vorschulkind (3–6 Jahre)
D. inneres Schulkind (6–13 Jahre)
E. innerer Jugendlicher (13–18 Jahre)
F. junger Erwachsener (18–26 Jahre)

Das innere Kind* bewahrt die Erinnerung an die Erfahrungen im Kindesalter mit seinem natürlichen Wesen und seinen Verletzungen. Das Drama dieses inneren Kindes besteht darin, dass es gezwungen wird, in die Verbannung zu gehen, um einem Kind zu weichen, das den familiären, sozialen und kulturellen Zwängen zunehmend besser angepasst ist. Das innere Kind bleibt jedoch für immer im Herzen jedes Menschen präsent. Es wartet auf eine Wiederannäherung an den Erwachsenen.

Es erweist sich als entscheidend, zu diesem Kind wieder empathische Bindungen zu knüpfen. Nur so kann man sich von der Angst befreien, kann ungezwungenere und authentischere Beziehungen leben und sein Selbst* entdecken.

Ein 21-Tage-Programm

Dieses Buch bietet Ihnen die Möglichkeit, innerhalb von 21 Tagen innovative Konzepte über die Angst kennenzulernen und die Grundlagen für ein ausgeglichenes Leben zu erwerben. Das Programm ist keine Rezeptsammlung, sondern

ein Entwicklungsprozess, eine Einladung, das Leben in sich besser zur Entfaltung zu bringen und harmonischer zu gestalten. Mithilfe von Erläuterungen, Beispielen, Metaphern, Aufgaben und Übungen laden wir Sie in sieben Abschnitten ein, eine völlig neue Vitalität zu erleben:
- in Ihrer Beziehung zu den verschiedenen Bereichen Ihrer Psyche,
- in Ihrer Beziehung zu Ihrem inneren Kind,
- in Ihrer Beziehung zu anderen und
- in Ihrer Beziehung zu Ihrer Umgebung.

Dabei werden viele übermäßige, häufig unterschwellige Ängste angesprochen. Eine Aufstellung finden Sie im Register am Ende des Buches (siehe Seite 235). Dieses Buch bietet Lösungsstrategien, die auf die meisten dieser Ängste anwendbar sind. Am Ende des ersten Tages werden Sie ein einfaches und wirksames psychophysisches Ritual entdecken, das Sie durch das gesamte Programm begleiten wird.

Begriffe mit einem Sternchen werden im Glossar der Schlüsselbegriffe am Ende des Buches erklärt (siehe Seite 233).

Wir freuen uns, auf diesen Seiten unsere persönlichen und beruflichen Erfahrungen mit den verschiedenen Ängsten teilen zu können. Dies ist natürlich kein Ersatz für eine therapeutische Betreuung, die in bestimmten Fällen unerlässlich ist.

Grundsätzlich stellen sich zu den Ängsten folgende Fragen:
- Welchen Platz nehmen sie in meiner inneren Welt ein?
- Welche Funktionen haben sie?
- Welche Botschaften übermitteln sie mir?
- Welche Beziehung soll ich mit mir selbst und anderen pflegen, um ein Leben ohne Angst zu führen?

Der Psychiater und Mitbegründer der Gestalttherapie Fritz Perls sagte: »Zwischen Angst und Erregung liegt nur ein tiefer Atemzug.« Jede Angst kann in einen Wunsch, in eine Bewegung und in eine Gelegenheit zur Erfüllung verwandelt werden, wenn man vollständig durch sie hindurchatmet. Die Angst ist kein Feind. *Leben ohne Angst* zeigt einen Weg auf, um diese seltsame Verbündete, die Angst, zu zähmen.

Vorbereitung auf das Programm

»Spricht man vom Kind, müsste vom inneren Kind des Erwachsenen die Rede sein. Dieses Kind lebt, dieses Kind ist unvergänglich, es ist ständig im Werden, niemals vollendet. Es verlangt eine besondere Pflege, Aufmerksamkeit und Erziehung. Es ist der Anteil der menschlichen Persönlichkeit, der die Integrität seiner Gesamtpersönlichkeit entwickeln möchte.«

Carl Gustav Jung

Bevor Sie mit der Lektüre dieses Buches beginnen, möchten wir Ihnen vorschlagen, eine Selbstbewertung Ihrer Ängste vorzunehmen und eine Bilanz Ihrer Beziehung zu Ihrem inneren Kind zu ziehen.

Die eigenen Ängste erkennen

Einige vielsagende Erfahrungsberichte

Karine: »Morgens wache ich mit Angst im Bauch auf. Ich rolle mich in meinem Bett zusammen und schaffe es nicht aufzustehen. Ich habe Brechreiz. Ich bin daran gewöhnt. Manchmal sage ich mir sogar, dass ich diesen Zustand liebe.«

Patrick: »In bestimmten beruflichen Situationen möchte ich flüchten, weit weglaufen und schreien. Ich verstehe nicht, warum das so ist. Wenn ich mich gehen lasse, breche ich zusammen. Meine Hände zittern. Und danach werde ich wieder der kalte und distanzierte Profi im Umgang mit meinen Kollegen. Das ist die einzige Möglichkeit, die ich gefunden habe, um mich wieder zu fangen.«

Géraldine: »Ich grüble zu viel. Ich stelle mir haarsträubende Szenarien vor: dass ich eine schlechte Nachricht bekomme, einen geliebten Menschen oder einen wertvollen Gegenstand verliere, oder dass ich mit einer unvorhersehbaren Reaktion meines Gegenübers konfrontiert werde ...«

Florence: »Ich empfinde immer dasselbe Unvermögen. Ich wiederhole mir ständig, dass mir dies und das nicht gelingen wird! Diese Angst verfolgt mich am meisten.«

Alain: »Ich habe oft einen Kloß im Hals. Er schnürt mir die Kehle zu wie ein Schraubstock, manchmal bis in den Magen hinunter. Meine Emotionen sind blockiert. Ich bin traurig oder wütend, ohne wirklich zu wissen, warum, aber es löst sich nichts.«

Der erste Schritt zur Überwindung von Furcht, Angst oder Stress besteht darin, die Art dieser Reaktionen zu bestimmen. Noch bevor nach den Ursachen geforscht wird, ist es wichtig, die Erfahrung der Angst in Worte zu fassen. Der Mensch ist ein sprachliches Wesen. Empfindungen, Emotionen, Gedanken und Worte strukturieren diese Sprache. Angst ist auch ein zentraler Affekt, ein biologischer Mechanismus, der sich im Körper entfaltet, um sich in vielschichtige Bestandteile umzuwandeln.

Die Komponenten der Angst

Mit der folgenden Selbstbeurteilung können Sie die Hauptkomponenten Ihrer Ängste identifizieren. Anhand der nachfolgend aufgeführten, ausgewählten Symptome können Sie eine oder mehrere Komponenten Ihrer Ängste definieren. Kreuzen Sie die Symptome an, die Sie von sich kennen, und bewerten Sie anschließend deren Stärke: schwach, mittel oder stark.

Physiologische Komponente
schwach – mittel – stark

Ich empfinde körperlich:
- ☒ zugeschnürte Kehle
- ☐ feuchte Hände
- ☒ Tachykardie (schnellen Herzschlag)
- ☐ Hitzewallungen
- ☐ häufigen Harndrang
- ☒ Muskelanspannung
- ☐ Mundtrockenheit
- ☐ Bauchbeschwerden
- ☒ Erschöpfung
- ☐ Frösteln
- ☐ Schwindelgefühl
- ☒ Zittern
- ☐ Sonstiges: …

Gefühlskomponente
schwach – mittel – stark

Ich empfinde:
- ☐ Schwindel
- ☐ Labilität
- ☒ Ungeduld
- ☐ Eile
- ☒ Ohnmacht
- ☒ Beklommenheit
- ☐ Unwirklichkeit
- ☒ Verlust des Persönlichkeitsgefühls
- ☒ Leere im Kopf
- ☒ Kontrollverlust
- ☒ Verrücktwerden
- ☐ Sonstiges: …

Verhaltenskomponente
schwach – mittel – stark

Mein Verhalten ist folgendermaßen:
- ☒ Ich meide die Person, das Objekt oder die Situation.
- ☐ Es gelingt mir nicht (oder nur mit großer Mühe) zu sprechen.
- ☐ Ich schreie oder zucke zusammen, ohne das kontrollieren zu können.
- ☒ Ich bin in Worten und/oder Taten aggressiv.
- ☒ Ich verschiebe es auf den nächsten Tag (Prokrastination).
- ☐ Ich bewege mich sehr viel (Hände, Arme, Beine, Körperbewegungen).
- ☐ Ich kann mich nicht (oder nur mit größter Mühe) bewegen.
- ☒ Ich sammle viel und stopfe meinen Lebensraum voll.
- ☒ Ich bin niedergeschmettert oder fassungslos.
- ☒ Ich bin angsterfüllt.
- ☒ Ich habe Panik.
- ☒ Ich bin reizbar.
- ☐ Sonstiges: ...

Physiologische Komponente
schwach – mittel – stark

Ich habe immer wiederkehrende Gedanken und Gefühle:
- ☐ Ich schäme mich.
- ☐ Ich bin schüchtern.
- ☒ Ich stelle mir beunruhigende Situationen vor.
- ☒ Ich stelle mir meine Reaktionen gegenüber einer Person oder Situation vor.
- ☒ Ich richte meine Angst immer auf dasselbe Objekt, dieselbe Situation, dieselbe Sache.
- ☐ Ich warte auf die Erlaubnis oder Zustimmung der anderen.
- ☐ Ich habe Manien, oder es gibt Objekte, von denen ich mich nicht trennen kann.
- ☒ Ich habe Selbstzweifel.
- ☐ Ich fühle mich wie eine Null, unfähig oder inkompetent.
- ☐ Ich kann mich schwer entscheiden.
- ☐ Sonstiges: ...

Die verschiedenen Gesichter der Angst

Angst äußert sich auf ganz unterschiedliche Weise:
- Es gibt die diffuse und starke unbegründete Angst. Sie wirkt im Allgemeinen wie eine Furcht vor »etwas«, was geschehen könnte, und äußert sich in einer

starken Anspannung. Häufig kann sie nicht einmal benannt werden. Dabei hat der Betroffene den Eindruck, unmittelbar vom Tod bedroht zu sein. Der Empfindungsfaktor überwiegt hier (Gefühl von Beklommenheit und Enge im Körper). Ein solcher Angstanfall besteht aus mehreren Symptomen, die einander innerhalb kurzer Zeit (etwa zehn Minuten) ablösen.

- Sorge ist eine vorweggenommene Angst: »Sie wird in Verbindung mit der Erwartung, der Vorahnung oder einer sich nahenden Gefahr erlebt.«[1] Sie ist eine Vorstufe der diffusen Angst. Sie kann in Form einer dauerhaften Unruhe chronisch sein und mit einer starken physiologischen Komponente einhergehen.
- Die Phobie ist eine von einem präzisen Objekt oder einer spezifischen Situation ausgelöste Angst, die direkt mit einer vermeintlichen Gefahr verbunden ist. Die psychologischen und die Verhaltenskomponenten sind sehr präsent.
- Stress ist, sobald er anhaltend ist, eine beeinträchtigende Angst. Hierbei sind die psychologischen und sensitiven Merkmale ausgeprägt. Stress ist die Folge verzerrter Wahrnehmungen und Beurteilungen einer Situation.
- Unterschwellige Ängste* sind sehr zahlreich. Sie verbergen sich hinter diffuser Angst, Sorge, Phobie und Stress. Da sie verborgen bleiben, lähmen sie einen Großteil der kreativen Lebensenergie. Nachfolgend finden Sie eine Typologie der unterschwelligen Ängste, die Sie im Verlauf dieses Buches entdecken werden:
  1. Blockierende Ängste wie die Angst vor Kontrollverlust (Teil 1)
  2. Anpassungsängste wie die Angst, sich lächerlich zu machen (Teil 2)
  3. Kindliche Ängste wie die Angst vor der Dunkelheit (Teil 3)
  4. Beziehungsängste wie die Angst, zurückgewiesen zu werden (Teil 4)
  5. Grundängste wie die Trennungsangst (Teil 5)

Im Gegensatz zu gesunden Ängsten, die mit dem Überleben und mit Vorsicht zu tun haben, sind unterschwellige Ängste phantasmatisch.

Das automatische, unbewusste Gehirn

Neueste Forschungen haben nachgewiesen, dass das Gehirn Tag und Nacht, von der Geburt bis zum Tod, mit 100 Prozent seiner Kapazität arbeitet. Was noch unglaublicher ist: Nur 1 Prozent dieser Hirnaktivität findet bewusst statt! Diese bewusste Aktivität ist für die kognitiven und motorischen Fähigkeiten bestimmt (denken, sehen, fühlen, sich erinnern, sich bewegen, entscheiden, handeln ...). Mit den restlichen 99 Prozent Energie »konsolidiert, bekräftigt, bestätigt, korrigiert oder reformiert die unbewusste Gehirntätigkeit die neuronalen Netze«.[2] Jeder Mensch hat eine Vision von sich selbst und von der Welt, die von einer unbewussten Gehirnaktivität vollständig gefiltert und interpretiert wird.

An den unterschwelligen Ängsten zu arbeiten, gibt Ihnen die Gelegenheit, Ihre Überzeugungen neu zu überdenken, Ihre Wahrnehmungen zu verändern und anders zu handeln. Ihr Gehirn ist neuroplastisch. Es ist, ohne dass Sie es wissen, der Sitz ständiger Veränderungen. Es gibt keinen Grund, warum Sie Ihre Ängste nicht beschwichtigen können sollten.

Das innere Kind entdecken

Wie ist der Begriff vom inneren Kind entstanden?

1990 haben wir die französische Gruppe Cœur d'enfant (auf Deutsch: *Kinderherz*) ins Leben gerufen, um jeden dabei zu begleiten, wieder Kontakt zu seinem inneren Kind aufzunehmen. Damals wurde diesem Vorgehen meist noch mit Unverständnis begegnet. Den meisten Menschen erschien der Gedanke des Kindes in ihnen albern oder, noch schlimmer, infantil und regressiv. Heute werden die Bedeutung und die Wirksamkeit dieses psychotherapeutischen Ansatzes durch neurowissenschaftliche Arbeiten validiert. Bestimmte neuronale Netze des menschlichen Gehirns funktionieren emotional, intuitiv, symbolisch, erfinderisch und losgelöst von Zeit und Raum. Die Metapher vom inneren Kind* mobilisiert sie und trägt dazu bei, zahlreiche Merkmale des verloren gegangenen Potenzials aus der Kindheit wieder zu integrieren.

Der Begriff vom inneren Kind stützt sich auf die Arbeiten des Schweizer Psychiaters Carl Gustav Jung über das »göttliche Kind«. Dieser Leitgedanke des kollektiven Unbewussten symbolisiert das Versprechen, das Selbst* werde sich erfüllen. Jung versicherte, dass das kleine Kind in einem Menschen die Quelle der Gnade sei.[3] In seiner Nachfolge erinnerte der italienische Neuropsychiater Roberto Assagioli in den Prinzipien der Psychosynthese daran, dass das innere Kind das Herzstück des Ichs ist. In den 1960er- und 1970er-Jahren entwickelte sich der Begriff in den USA. Der amerikanische Psychiater Eric Berne etablierte mit der Transaktionsanalyse eine Theorie der Persönlichkeit und der Kommunikation, die sich auf die drei »Ich-Zustände« stützt: Erwachsenen-Ich, Eltern-Ich und Kind-Ich. 1979 übernahm es die Schweizerin Alice Miller, Doktor der Psychologie, mit ihrem grundlegenden Werk *Das Drama des begabten Kindes*, das Erlebte des Kindes, das man gewesen ist, zu verteidigen. In all ihren Werken erarbeitete sie wichtige Theorien, um dem verletzten inneren Kind Rechnung zu tragen. In den 1980er-Jahren brachten die Arbeiten der amerikanischen Psychotherapeuten Hal und Sidra Stone über die Teilpersönlichkeiten das innere Kind auch der Allgemeinheit nahe. 1990 wurde der berühmte amerikanische Psychologe John Bradshaw einer der Väter des Begriffs vom inneren Kind. Seine Arbeiten über die Familie, die schädliche Wirkung der Scham und die verschiedenen Altersstufen des inneren Kindes sind fundamental.

Heute unterscheiden wir bei unserer Forschung und unserer Praxis klar das angepasste Kind* vom inneren Kind. Diese Unterscheidung macht den Prozess der psychischen Heilung sehr viel effizienter. Das angepasste Kind ist ein falsches Ich*, das den Erwachsenen infiziert. Das kreative innere Kind lädt jeden dazu ein, seine natürlichen Eigenschaften wie Kreativität, Liebe, Spontaneität, Freude, Freiheit, Spiel, freier Ausdruck der Emotionen etc. auszuleben. Das verletzte innere Kind ist das kleine, fragile und verängstigte Wesen, das im Herzen jedes Menschen in der Verbannung lebt. Es ermahnt den Erwachsenen, ihm gegenüber empathisch und mitleidvoll zu werden. Die meisten unterschwelligen Ängste gehören zu dem angepassten Kind, das zu viel Platz einnimmt und das innere Kind unterdrückt.

Ziehen Sie eine Bilanz der Beziehung zu Ihrem inneren Kind

Antworten Sie auf die nachfolgenden Aussagen spontan mit Ja oder Nein. Zögern Sie nicht, sondern wählen Sie die Antwort, die sich Ihnen zuerst aufdrängt:
- Neuem gegenüber empfinde ich Angst oder Furcht.
- Ich versuche, anderen zu gefallen.
- Ich habe regelmäßig Konflikte mit anderen Menschen.
- Ich vermeide Konflikte – so gut es geht.
- Ich hebe alles auf und werfe zu Hause nichts weg.
- Ich bin ein(e) Ordnungs- und Sauberkeitsfanatiker(in).
- Ich fühle mich den Anforderungen selten gewachsen.

- Ich neige dazu, anderen meinen Wert beweisen zu wollen.
- Ich habe Angst vor anderen Menschen und bin lieber allein.
- Ich bin nicht gerne allein und brauche immer Leute um mich herum.
- Ich habe Angst, verlassen zu werden.
- Ich kenne meine Bedürfnisse nicht (oder nur sehr wenig).
- Es fällt mir schwer, mich zu entscheiden und eine Wahl zu treffen.
- Ich bin sehr ängstlich.
- Ich sage sehr oft Ja.
- Ich sage sehr oft Nein.
- Ich habe Angst davor, meine Emotionen und Gefühle zu spüren.
- Ich habe Angst, meine Emotionen und Gefühle auszudrücken.
- Ich möchte möglichst gut sein.
- Ich habe Angst davor, mich zu irren, einen Fehler zu machen.
- Ich verbringe viel Zeit damit zu analysieren, was andere sagen.
- Ich lüge regelmäßig, sogar bei unwichtigen Dingen.
- Ich habe Angst vor autoritären Menschen.
- Autoritäre Menschen ertrage ich nicht und gehe auf Konfrontation mit ihnen.
- Ich schäme mich oft: für meine Gedanken, für meine Gefühle oder meine Emotionen.

Nun wird Bilanz gezogen. Wenn Sie fünf (oder mehr) dieser Fragen mit Ja beantwortet haben, wird Ihr Verhalten von Ängsten bestimmt, die Ihnen nicht unbedingt bewusst sind. Ihr inneres Kind lebt schon viel zu lange in der Verbannung. Keine Sorge, das ist bei den meisten Menschen so. Sie werden entdecken, wie Sie Ihre Ängste überwinden und sich um Ihr inneres Kind kümmern können.

Wir wünschen Ihnen bei der Arbeit mit diesem Buch viele schöne Abenteuer.

ERSTER TEIL

Die Angst
und ihre Symptome

» *Man lebt manchmal unter dem diffusen Einfluss einer übermäßigen Angst, deren Symptome (Phobien, Zwangsstörungen oder Furcht) lähmend wirken und einem Energie entziehen. Dahinter verbergen sich blockierende Ängste.* «

TAG 1

Gibt es überhaupt einen Piloten im Flugzeug?

Den Schleier der Angst heben

> »Angst ist ein Empfindungsnebel.«
> Jules Renard

Die Metapher vom fehlenden Piloten im Flugzeug

Sie sitzen bequem in einem Flugzeug. Sie genießen eine angenehme Reise, und die Flugbegleiterinnen lesen Ihnen jeden Wunsch von den Augen ab. Da es ein recht langer Flug ist, beschließen Sie, sich ein wenig die Beine zu vertreten. Sie gehen langsam in der Maschine nach vorne, da fällt Ihnen etwas auf. Die Tür zum Cockpit steht offen. Sie zögern einen Moment lang. Sie nähern sich, um einen Blick hineinzuwerfen. Es ist eine gute Gelegenheit, sagen Sie sich, einen Raum zu entdecken, zu dem Passagiere keinen Zutritt haben! Leider versetzt der Anblick Sie total in Panik. Im Cockpit ist niemand. Der Sitz des Piloten ist leer. Der Pilot ist nicht an seinem Platz! Zahlreiche Kontrolllampen blinken, und schrille akustische Signale erfüllen die Pilotenkabine. Sie haben sogar den Eindruck, als ginge die Maschine in einen Sinkflug. Ihr Körper verkrampft sich, und Sie haben Schweißtropfen auf der Stirn. Instinktiv wenden Sie den Blick ab. Ein Gedanke schießt Ihnen durch den Kopf: »Flüchten, ich muss flüchten.« Aber das Offensichtliche gewinnt die Oberhand: Sie sind in einem Flugzeug eingesperrt, und es gibt kein Entkommen. Ein Gefühl der Beklemmung überwältigt Sie. Mit einem Schlag bricht alles zusammen. Sie gehen zurück, setzen sich wieder, verstört, in sich versunken. Eine Stewardess lächelt Ihnen zu und murmelt ein paar Worte, die Sie nicht hören ...

Diese Metapher beschreibt eine psychische Realität. Sie illustriert, was jeder mehr oder weniger ausgeprägt unter dem Einfluss übermäßiger Angst erleben kann.

Gesunde Angst ist lebenswichtig

Angst ist eine Emotion, die angesichts einer realen oder imaginären Gefahr empfunden wird. Diese Emotion ist universell, und es gibt sie bei allen Lebewesen. Bei anderen Emotionen wie Freude oder Trauer ist dies nicht der Fall. Angst hat primär eine Schutzfunktion. Gesunde Angst ist also sogar kostbar, denn sie schützt das Leben.

Der Psychologe Marc Spund unterstreicht: »Angst ist für den Geist das, was der Schmerz für den Körper ist.«[1] Der Körper nimmt im emotionalen Prozess einen zentralen Platz ein. Die emotionale Kaskade, die durch einen Stimulus ausgelöst wird, erzeugt physiologische Reaktionen (Schwitzen, Zittern etc.) und eine körperliche Schockstarre sowie ein Flucht- oder Angriffsverhalten. Diese körperlichen Erschütterungen zeigen uns die Emotion. Der Flugpassagier glaubt, durch die Signale seines Körpers mitzubekommen, dass etwas nicht stimmt. Anders gesagt, dienen die körperlichen Symptome der Emotion dem Gehirn als Orientierung, um den Gefährdungsgrad abzuschätzen.

Angstsymptome können täuschen

Das Symptom ist tatsächlich vorhanden, aber es sagt nicht die Wahrheit. In der Metapher »Gibt es in diesem Flugzeug überhaupt einen Piloten?« ist sich der Passagier sicher, in Gefahr zu sein. Sein Körper scheint ihm zu bestätigen, dass er die Emotion Angst zu Recht empfindet. Seine Sinne sagen ihm, der Pilot sei abwesend. So ist es jedoch nicht.

Angst, die das Überleben sichert, ist allgegenwärtig. Sie wartet auf passende Gelegenheiten, um zu erwachen. Das archaische Überlebenssystem bleibt übrigens auch heute noch für bestimmte Situationen empfänglich. So empfindet dieses System beispielsweise das Fliegen nicht als normal. In einem Flugzeug befinden sich viele Menschen in einem Zustand übermäßiger Wachsamkeit, ohne sich dessen überhaupt bewusst zu sein.

Als der Passagier ins Innere des Cockpits blickt, ist seine unbewusste Angst bereits aktiv. Sie trübt seinen Blick und seine Wahrnehmung der Realität. Er ist davon überzeugt, in Gefahr zu sein, und wird taub und blind für seine Umgebung. Er hört nicht, wie die Stewardess zu ihm sagt: »Der Pilot ist kurz abwesend. Konnten Sie im Cockpit mit dem Kopiloten sprechen?« Hätte er diese Worte gehört, hätte er seinen Irrtum bemerken können.

Die Angstsymptome überfluten den Körper. Sie geben Aufschluss über die Art und die Stärke der Emotion. Sie versetzen unser Überlebenssystem in Alarmbereitschaft. Dennoch bedeuten die Symptome nicht unbedingt, dass tatsächlich eine Gefahr vorhanden ist.

Die unbewussten Wurzeln der Angst

Alle Ängste haben unbewusste Wurzeln. Übermäßige Angst entsteht aus einem unbewussten Kern, der an die Oberfläche steigt. Das Auftauchen dieses Kerns verstärkt die Wahrnehmung durch die Sinne, die wiederum selbst stark stimulierend wirken.

Angst erzeugt echte visuelle, auditive und sensitive Halluzinationen. Diese verstärken die Empfindungen und Wahrnehmungen oder schwächen sie im Gegenteil ab. Als der Flugpassagier die Wahrheit hört, ruft er aus: »Das ist ja unglaublich, ich habe den Kopiloten nicht gesehen! Dabei habe ich doch genau hingeschaut.« Jeder Mensch erlebt Situationen, in denen ihn seine Sinne täuschen. Diese Halluzinationen werden noch vor der Angst wahrgenommen und verstärken die Intensität und die vermeintliche Berechtigung dieser Emotion.

Viele Menschen leben unter dem Einfluss starker Ängste und bleiben in diesem Stadium gefangen. Das Hervorbrechen eines unbewussten psychischen Kerns ist typisch für die übermäßige Angst.

Angst ist in der Biografie verankert

Angst ist eine Aufforderung, die eigene Geschichte aufzuklären. Vergessen Sie nicht, dass Angst biografisch bedingt ist. Sie lässt sich von Ihren früheren Erlebnissen nicht trennen. Es ist erforderlich, dass Sie Ihre Symptome überwinden und Ihre Geschichte entdecken, die sich hinter der Angst verbirgt.

Wenn Symptome Sie darüber täuschen, ob eine Gefahr real ist oder nicht, denken Sie sofort, Ihre Angst sei lächerlich und unnötig. Das ist ein Irrtum. Die Angst ist eine Nachwirkung von Teilstücken Ihrer Geschichte, die im Dunkeln geblieben sind. Nicht ausgedrückte Gefühle, unerfüllte Bedürfnisse und unverdaute Situationen Ihrer Vergangenheit sind der Mutterboden der Angst. Sie schränkt Ihre Wahrnehmung der Wirklichkeit ein.

Solange wir einen Teil unserer inneren Wahrheit nicht kennen, leben wir potenziell alle unter dem Einfluss stummer Ängste, die – abgesehen von ihren Symptomen – nicht gehört werden.

Catherines Geschichte

»Catherine, ledig, 40 Jahre alt, berichtet folgendermaßen über ihr Problem: »Ich möchte gerne zur Hochzeit meiner Schwester gehen, aber für mich ist alles sehr kompliziert. Ich habe große Angst, dort hinzugehen. Ich habe zahlreiche Ticks, die mich zu sehr stören. Ich würde so gerne gesund werden, aber das alles ist stärker, als ich es bin.«

Catherine leidet unter zahlreichen Zwangsstörungen, die sie im Alltag behindern. Zwangsstörungen sind Verhaltensstörungen, die mit Ängsten verbunden sind. Gekennzeichnet sind sie durch fixe Ideen, die das Denken beeinträchtigen und die erkrankte Person zu zwanghaften Handlungen nötigen. Catherine wäscht sich häufig die Hände. Im Eingangsbereich ihrer Wohnung hat sie eine kleine Schleuse eingerichtet, um ihre Kleidung zu wechseln und jeden Kontakt zwischen außen und innen zu unterbinden. Ihre Störungen sind geprägt von einer panischen Angst vor Schmutz und Ansteckung. Ihre Wertgegenstände sind in kleine Plastiktüten verpackt und werden regelmäßig desinfiziert. Ihre Probleme haben natürlich dramatische Auswirkungen auf ihre Beziehungen zu anderen Menschen. Auch wenn sie nur kurz außer Haus geht, wird dies von vielen Schutzritualen begleitet. Catherine lebt ständig unter dem Einfluss schwerer Symptome und irrationaler Ängste.

Letztlich beschließt sie, zur Hochzeit ihrer Schwester zu gehen und sich ihren Ängsten zu stellen. Als sie heimkommt, hat sich die Situation verschlechtert. Ihr Körper und ihre Seele »heulen« wortwörtlich auf. Alle Beschwerden haben sich verschlimmert. Analog zum Bild der blinkenden Kontrolllampen und der akustischen Signale im Flugzeug sind Catherines Reaktionen eine Form des psychophysischen Alarms. Ihr Körper scheint ihr zu sagen, sie sei noch nie in einer so großen Gefahr gewesen. Sie ist völlig durcheinander und macht sich Sorgen um ihre Zukunft.

Verzweifelt probiert Catherine eine neue Strategie aus, die darin besteht, sich nicht mehr um ihre Symptome zu kümmern. Beim Auftreten einer Zwangsstörung lernt sie, laut zu sich selbst zu sagen: »Dieses Symptom hat sicher eine Daseinsberechtigung, die ich nicht kenne, aber ich entscheide mich dafür, mit der Angst selbst Kontakt aufzunehmen.«

Der amerikanische Psychiater Jeffrey M. Schwartz, der für seine Forschungen im Bereich der Neuroplastizität und deren Anwendung auf Zwangsstörungen bekannt ist, erinnert daran, dass ein Teil der Psyche die Wahrheit kennt, die über den zwanghaften Gedanken hinausreicht. Er hat nachgewiesen, dass Praktiken, die sich auf die Atmung konzentrieren, dabei helfen, die Gedanken besser zu ordnen und sich einem konstruktiveren Verhalten zuzuwenden. Diese Bereitschaft hat eine transformierende Kraft auf das Gehirn: Sie erzeugt neue neuronale Verbindungen, eine ›Neuverkabelung‹, die die Seele von der Angst, den Zwangsvorstellungen und Zwängen befreit.[2]

Durch die Konzentration auf ihre inneren Ressourcen konnte Catherine in der Therapie die Botschaften ihrer inneren Wahrheit hören und ihr Leiden als Kind erkennen. Ihre gesamte Kindheit hatte sie in Angst gelebt. Die schlechte Behandlung durch ihre Eltern hatte sie dauerhaft verletzt. Um diesem Leid zu entkommen, hatte sie eine Reihe von Mauern zwischen sich und den kindlichen Erfahrungen errichtet. Als sie ihre verschiedenen Ängste hinter den Symptomen durchlebte, löste sie innerhalb eines Jahres eine wahre emotionale Sturzflut aus Angst, Wut und Trauer aus.

Das Ergebnis war spektakulär. Nacheinander fielen ihre Zwangsstörungen wie ein Kartenhaus in sich zusammen. Die Angstsymptome sind sehr real, aber sie verschwinden meist, wenn der Botschaft hinter der Angst Gehör geschenkt wird. Jeder kann den Schleier der Angst heben, wenn er das Symptom loslässt und es akzeptiert, Dinge, die in der Vergangenheit nicht verarbeitet wurden, aufzudecken, erneut zu durchleben und hinter sich zu lassen.«

Auf den inneren Piloten hören

> *»Den guten Steuermann lernt man erst im Sturm kennen.«*
> Seneca

Die Angst will reguliert werden

Die Psyche ist ein selbstregulierendes System, das sein Gleichgewicht ebenso hält wie der Körper.[3] Psyche und Körper sind sehr ausgeklügelte Universen der Selbstheilung. Angst ist ein Teil dieses Systems. Die eingebildete Angst appelliert auch bei hinderlichen Symptomen an das innere System, sich zu regulieren. Die Angst gehört (ebenso wie die anderen Emotionen) zu einer Form präverbaler und vorbewusster Intelligenz. Was nun zählt, ist weniger die Heilung des Symptoms (auch wenn dieser Wunsch verständlich und legitim ist) als die Aufklärung der Beziehungen innerhalb des psychischen Systems, das wiederum mit äußeren Systemen wie der Familie, dem beruflichen Umfeld, dem Lebensrahmen etc. in Wechselbeziehung steht. In unserer psychotherapeutischen Praxis behandeln wir nie die Ängste direkt, sondern befassen uns mit dem gesamten System. Die Heilung des Symptoms (Zwangsstörung, Phobie, Stress etc.) ist nur das sichtbare Ergebnis einer zugrunde liegenden Systemveränderung. Alle hier im Buch zitierten Beispiele sind dafür ein lebendiger Beweis. Bei der Behandlung von Abhängigkeiten gehen wir ähnlich vor.

Die »Vivance« als Barometer der potenzierten Lebensenergie

Kommen wir noch einmal auf Catherine zurück. Als sie kürzlich über ihren Weg berichtete, war sie überrascht von den Bemerkungen ihrer Zuhörer: »Es ist ein Wunder, dass all deine Ängste verschwunden sind!«, »Ich dachte, es würde Jahre dauern, um von einer Zwangsstörung geheilt zu werden!« etc. Catherine wurde zum ersten Mal bewusst, dass sie sich verändert hatte. Sie freute sich, dass ihre Symptome verschwunden waren, aber das war für sie nicht das Wichtigste. Die radikale Veränderung bestand darin, dass sie ein dynamisches und natürliches Gleichgewicht wiedererlangt hatte, bei dem sie darauf achtete, auf ihre innere Wahrheit hinter den Ängsten zu hören.

Ist jemand von seiner Innenwelt und einem gesunden Beziehungskontext abgeschnitten, meidet er die Botschaften, die ihm seine Ängste übermitteln wollen, und konzentriert sich darauf, die Symptome zu bekämpfen. Diese Form des Kampfes gegen sich selbst führt selten zu einer tatsächlichen Heilung. Ängste und ganz allgemein alle Emotionen ermuntern dazu, bewusster und lebendiger zu leben. Daher ist die Angst ein Barometer der verstärkten Lebendigkeit, der sogenannten Vivance*, einer »Qualität des Seins, die uns bewohnt und die Lebensenergie potenziert, die in jedem Menschen steckt«.[4]

Im Übermaß auftretende Angst ist ein Zeichen für eine Verhärtung der inneren Landschaft. Die Symptome wirken dabei wie eine Art Ausgleich, da ein Pilot fehlt, der die ins Trudeln geratene »psychische Maschine« wieder ins Gleichgewicht bringen könnte.

Erste blockierende Angst: die Angst vor Kontrollverlust

Das Leben mit seinen vielfältigen Formen und zahllosen Erfahrungen macht Angst. Ja, das Leben macht Angst! Man nimmt sich nicht die Zeit, gründlich auf die Antworten aus dem Inneren zu hören, um den Unwägbarkeiten des Lebens zu begegnen. Man versucht, sein Leben zu kontrollieren. Der Wille, die Symptome zu bekämpfen, gehört zu dieser Logik. Es ist ein Versuch, wieder Macht über sich selbst zu bekommen. Dieser Wunsch ist zwar natürlich und legitim, kann jedoch die Illusion bestärken, die Angst könnte für immer verschwinden.

Stellt man sich die Psyche als ein vernetztes System vor, wird besser verständlich, dass die Angst ein Appell ist. Früher oder später tauchen vergessene Ereignisse, verborgenes Leid, verleugnete Bedürfnisse oder Wünsche wieder auf. Das alles macht Angst! Dann fürchtet man, den Boden unter den Füßen zu verlieren. Angstsymptome sind ein Symbol für Machtlosigkeit und nähren die Angst vor Kontrollverlust.

Diese Angst vor Kontrollverlust wirkt wie eine Rauchbombe, um für Abstand zur inneren Welt zu sorgen. Sie ist eine starke Barriere, die die Symptome oft noch verstärkt. Furcht, Sorgen und Stress sind ebenfalls Symptome der Angst vor dem Loslassen. Wendet man sich von dem Symptom ab, das die Angst verzerrt, richtet sich der Blick nach innen, wo die Antwort zu finden ist. Die Tür ist in unserem Inneren. Für jedes Schloss gibt es einen Schlüssel. Jede Angst lädt dazu ein, entdeckt zu werden.

Wie kann man die Angst überwinden?

In unserer Metapher vom fehlenden Piloten im Flugzeug (siehe Seite 21) symbolisiert die Stewardess eine besondere Qualität des Bewusstseins, das von der Erfahrung selbst losgelöst ist. So bietet sich die Möglichkeit, das Erlebte aus einer anderen Perspektive und in neuer Sichtweise wahrzunehmen. Jeder macht diese Erfahrung, wenn er bei einem schwierigen Ereignis in seinem Leben gelassen bleibt und die Fähigkeit behält, das Beste daraus zu machen.

Diese Stimme ähnelt manchmal einem Murmeln inmitten der inneren Unausgeglichenheit. Oft ist es schwierig, ihr zuzuhören und sie wahrzunehmen. Die letzten Worte der Stewardess hätten zum Beispiel ebenfalls sein können: »Keine Sorge, es ist sehr wohl ein Pilot an Bord. Vertrauen Sie ihm.«

Bei Angst hat man das Gefühl, die Kontrolle über sich zu verlieren. Diese unangenehme Situation enthüllt die Grenzen und die Unvollkommenheit des Menschen. Angst ist allerdings auch ein großartiger Lehrmeister, vorausgesetzt, man bringt die Gedanken zum Schweigen, um den wahren inneren Piloten zu entdecken.

Um die zahlreichen Ängste durchzustehen, denen man in seinem Leben begegnet, muss man loslassen und annehmen – das sind zwei wichtige Qualitäten, um sich selbst jenseits seiner scheinbaren Grenzen zu entdecken.

Übung des Tages: Ihr psychophysisches Ritual

Das folgende Ritual ist einfach und wirksam zugleich. Es bringt die Gedanken zum Schweigen und führt dazu, dass Sie auf den inneren Piloten hören. Sie können die Übung durchaus immer dann machen, wenn Sie Angst haben. Die Übung berücksichtigt zahlreiche Aspekte der Angst.

Phase 1: Sobald Sie Angst empfinden, halten Sie inne, und bleiben Sie einen Moment lang stehen. Achten Sie auf die Empfindungen Ihres Körpers, auch wenn diese sehr unangenehm sind. Meiden Sie sie nicht. Benennen Sie in Gedanken diese Empfindungen (zum Beispiel: Kloß im Hals, Bauchweh, Zittern, feuchte Hände), und identifizieren Sie Ihre Angst (zum Beispiel: Angst vor Leere, Angst davor, öffentlich zu sprechen, Angst, ohnmächtig zu werden).

Phase 2: Konzentrieren Sie sich auf Ihre Atmung. Nehmen Sie fünf tiefe Atemzüge, indem Sie einatmen, die Luft fünf Sekundenlang anhalten und dann vollständig ausatmen.

Phase 3: Bewegen Sie sich ganz bewusst. Gehen Sie einen Schritt nach rechts. An diesem neuen Platz nehmen Sie die Schultern nach hinten, breiten Sie die Arme leicht aus, die Handflächen zeigen nach vorne.

Registrieren Sie die neuen Empfindungen, die sich in Ihrem Körper breitmachen. Häufig begleitet ein Lächeln diese neue Haltung, manchmal ist es nur ein inneres Lächeln. Nehmen Sie dieses Lächeln und die damit verbundene Emotion, das damit verbundene Gefühl oder den damit verbundenen Wunsch bewusst wahr (zum Beispiel die Freude, die Erleichterung oder den Wunsch, sich mit jemandem auszutauschen). Begleiten Sie diese neuen Wahrnehmungen durch langsames und tiefes Atmen. Die Angst lässt von allein nach, und Sie können spüren, wie stattdessen Energie und Vitalität zunehmen. Sie werden über die rasche Veränderung staunen, die in Ihnen vorgeht.

Ihre Angst und die unangenehmen Empfindungen werden vielleicht nicht völlig verschwinden, aber ihre Intensität wird nachlassen. Versuchen Sie nicht, die Angst oder ihre Symptome zu unterdrücken. Achten Sie einfach auf das, was sich verändert hat. Sie werden feststellen, dass die Angst Sie nicht mehr am Weitermachen hindert.

Dieses Ritual ist natürlich schwieriger in die Tat umzusetzen, wenn Panik von Ihnen Besitz ergreift. Falls Sie unter Panik leiden, sollten Sie sich viel mehr Zeit zum Atmen nehmen. Senken Sie die unangenehmen körperlichen Empfindungen mithilfe der ersten beiden Phasen zuerst auf ein annehmbares Niveau, bevor Sie mit Phase 3 weitermachen.

Phase 4: Führen Sie ein kleines Tagebuch, in das Sie jedes Mal, wenn Sie dieses Ritual üben, Ihre Erfahrungen eintragen. Schreiben Sie das Datum dazu, die Angst, um die es sich handelt, und was sich in der neuen Haltung verändert hat.

TAG 2

Die Körperlichkeit der Angst

Von der Empfindung zur inneren Wahrheit

»Die Suche nach dem Ursprung eines Leidens über den Ausdrucksweg der Angst erlaubt, sich auf ganz konkrete und leicht zu identifizierende körperliche Empfindungen zu stützen.«
Luc Nicon

Was ist eine Phobie?

Eine Phobie ist das Symptom einer blockierten Energie. Es ist eine Verzerrung einer normalen Angstreaktion. Eine Person, die unter einer Phobie leidet, ist quasi in einem Panzer eingesperrt, der sie daran hindert, ein Leid zu empfinden, dessen Ursprung häufig weit zurückliegt und rätselhaft ist. Es kommt aber auch vor, dass die Phobie direkt mit einem Trauma verbunden ist, wie das Beispiel von Nathalie illustriert.

Nathalies Geschichte

»Meine Angst vor dem Wasser geht auf meine Teenagerzeit zurück. Als ich dreizehn Jahre alt war, wurde das Wasser für mich zu einer gewaltigen Gefahr: Es hat mir meine Mutter genommen und hätte auch mir das Leben nehmen können. Es geschah im Sommer 1986, am ersten Urlaubstag meiner Mutter. Es war ein schöner Augusttag, der Himmel war blau, und es war sehr heiß. Wir sind ins Wasser gegangen. Keine von uns konnte schwimmen. Die einzigen Erinnerungen, die ich die folgenden 25 Jahre behalten habe, sind ein trübes Wasser, in dem ich völlig untergetaucht war, dann die Blaulichter der Polizei und der Einsatzwagen der Feuerwehr mit meiner Mutter, die auf einer Krankentrage lag und komplett mit einem weißen Tuch bedeckt war. Die Umstände dieses Unfalls waren sofort aus meinem Gedächtnis verschwunden.«

Nach dieser Tragödie ging Nathalie durch eine lange Phase der Instabilität. Ihrem von der Trauer niedergeschlagenen Stiefvater gelang es nicht, sich um sie zu kümmern. Sie traf ihren leiblichen Vater, der sie bei ihrer Geburt verlassen hatte. Ein Familienrat beschloss, sie solle bei ihrer Tante leben, der Schwester ihrer verstorbenen Mutter. Sie zog von einem Tag auf den anderen um. Während der gesamten Zeit erhielt sie keinerlei Erklärung, und niemand trauerte vor ihren Augen um ihre Mutter.

Als Erwachsene ist Nathalie für Ereignisse und Personen teilweise unempfänglich geworden. Da sie Emotionen oder Gefühle nicht ausdrücken konnte, gelang es ihr nicht, sich eine gefühlsmäßig stabile Umgebung zu schaffen. Ihre Angst vor dem Wasser nahm viel Platz in ihrem Leben ein. Das Trauma ihrer Kindheit und das damalige Schweigen ihrer Familie hatten es ihr untersagt, ihren Schmerz voll auszuleben.

Nachdem sie völlig verzweifelt war, stellte sie Nachforschungen darüber an, was an diesem schrecklichen Tag im August 1986 tatsächlich geschehen war: »An dem Tag, als der Brief kam, schlug mein Herz wie wild. Ich habe den offiziellen Polizeibericht gelesen, den Bericht über meine damalige Anhörung und den Bericht eines Augenzeugen […]. Beim Lesen meiner Worte als dreizehnjähriges Mädchen musste ich weinen: »Mama war schlecht geworden. Sie ist ohnmächtig geworden, und während sie ins Wasser fiel, hat sie sich an meinen Knöchel geklammert und mich unter Wasser gezogen.« Als Nathalie mithilfe dieses Berichtes begriff, dass ihre Mutter durch einen Kälteschock gestorben war und ihr selbst nur das Eingreifen eines Augenzeugen das Leben gerettet hatte, brach ihre Vorstellung der Ereignisse in sich zusammen.

Ihre Schuldgefühle hatten keine Daseinsberechtigung mehr. Endlich konnte sie an ihre Jugendzeit anknüpfen, die immer in ihr präsent gewesen war: »Ich konnte das Leid der kleinen dreizehnjährigen Nathalie anhören, verstehen und teilen.« Heute liebt Nathalie das Wasser. Sie nimmt Schwimmunterricht und bereitet sich sogar darauf vor, bald ihr kleines Mädchen im Wasser zur Welt zu bringen.«

Angst infolge eines bewussten Traumas

Eine Phobie ist also die Angst vor einem Objekt, das als gefährlich betrachtet wird. Auch vor bestimmten Situationen können Phobien bestehen. Die Phobie gibt Auskunft über die Art der Angst. Selbst wenn sie sich nicht in Form einer Phobie äußert, gehört sie doch eher in die Welt der Darstellungen als in die Welt der Wahrnehmungen. Beispielsweise ist Nathalie zu der Person geworden, »derentwegen ihre Mutter zu Tode gekommen ist«. Eine Darstellung dient häufig als Projektionsschirm für einen kompletten verdrängten sensorischen und emotionalen Inhalt. Es bedeutet, dass der Geist ein erschreckendes Bild anfertigt, das

Gefühle und Emotionen erzeugt, die auf Illusionen beruhen und nicht mit dem ursprünglich Erlebten und Empfundenen übereinstimmen.

Die Phobie nutzt ein Objekt oder eine Situation, um sich auf einen wichtigen Teil der Angst und des Leids zu fokussieren, die keinen Platz gefunden haben. Daher lässt die Mehrheit der Ängste bestimmte Darstellungen, Bilder über einen selbst, über andere oder über die Umgebung entstehen. Diese Verdrängungsstrategie ist anfangs überlebensnotwendig. Aber die ursprünglichen Empfindungen und Emotionen warten weiterhin darauf, erlebt und durchlebt zu werden.

Angst infolge eines unbewussten Traumas

Phobien betreffen je nach ihrer Art zwischen 5 und 25 Prozent der Bevölkerung und haben ihren Ursprung in tiefen Ängsten, die mit Kindheitstraumata zusammenhängen. Sie tauchen in der Regel im Alter zwischen sieben Jahren (einfache Phobien, die auf ein äußeres Objekt gerichtet sind) und zwanzig Jahren auf (soziale Phobien).

Die Verbindung zwischen Phobie und Trauma ist nicht immer offensichtlich. Häufig liegen die traumatischen Ursprünge im Dunkeln. Im Fall von Nathalie war der Gegenstand der Phobie, das Wasser, direkt mit dem traumatisierenden Ereignis verknüpft. Häufiger steht das Objekt der Phobie jedoch nur in einem symbolischen und metaphorischen Zusammenhang mit dem Trauma. Man kann natürlich versuchen, die Ereignisse oder Erinnerungen hinter dieser Symbolsprache aufzuspüren, allerdings besteht dabei das Risiko, Darstellungen sogar noch zu vertiefen, die den ursprünglichen Empfindungen als Projektionsschirm dienen.

Dem sensorischen Erleben sollte wieder ein vorrangiger Platz eingeräumt werden, indem akzeptiert wird, dass »[...] es nichts zu wollen, nichts zu verstehen, nichts zu interpretieren gibt, sondern dass es nur darum geht, körperlich zu empfinden und sich von diesem Empfinden tragen zu lassen. Es geht darum, nur ein Zuschauer zu sein und sich von den Empfindungen treiben zu lassen, und zwar ohne besonderes Ziel und ohne Vorurteile in Bezug auf die Bilder, die Geräusche, die Gerüche und den Geschmack, die in uns bleibende Spuren hinterlassen haben, die sich manifestieren können.«[1] Wenn man auf die abgespeicherte Erinnerung keinen Zugriff mehr hat, weil man davon gar nichts mehr wissen will, kann man dennoch die sensorischen Eindrücke wiederfinden, die im Körpergedächtnis vergraben sind.

Bewusste Atmung hilft gegen die Angst

Angst wird von körperlichen Empfindungen begleitet, die häufig als unkontrollierbar erlebt werden. Sie können den Betroffenen daran hindern, den eigenen Körper sensorisch zu erkunden. Eine Person, die unter einer Phobie oder einer übermäßigen Angst leidet, hat absolut verständliche Vorbehalte, es ihrem Körper zu erlauben, sich auszudrücken. Sie fürchtet, dann werde alles nur noch schlimmer.

Eine der beliebtesten Gottheiten im tibetischen Buddhismus heißt Tara. Etymologisch bedeutet Tara »die Retterin«, »die Befreierin«. Sie erlaubt es, äußere Schwierigkeiten oder innere Störungen wie die Angst zu überwinden, und repräsentiert auch die reinigende Kraft des Lufthauchs, das heißt der Atmung, die jeden Menschen belebt. Dieses vergöttlichte Bild stellt eine natürliche Verbindung zwischen der Befreiung aus bestimmten emotionalen Zuständen und der Atmung her.

Häufig wird vergessen, dass die Luft eine reiche und immer verfügbare Quelle ist und dass die natürliche Atmung etwas Wertvolles ist. Angst ist nicht zuletzt eine tief gehende Ausprägung von Unruhe und vermittelt daher gelegentlich den Eindruck, die Atmung würde aussetzen und man würde ersticken. Diffuse Angst lähmt den freien Energiekreislauf und die Atmung, deswegen ist bewusstes Atmen ein großartiges Mittel für den Umgang mit störenden emotionalen Zuständen.

Das Körpergedächtnis vergisst nichts

Der Körper behält alles im Gedächtnis, was man erlebt hat, auch verbannte und verbotene Emotionen. Das Beispiel von Nathalie zeigt, dass sich ihre Angst, zusammen mit ihrer Mutter zu sterben, nicht äußern konnte und dass sie nach dem Unfall keine Unterstützung und keine Bestätigung erfahren hat. Niemand hat mit ihr über das Geschehene gesprochen. Hinter Nathalies Phobie vor dem Wasser verbarg sich auch ein Vertrauensverlust in andere Menschen. Durch ihre Mutter, die sich an sie klammerte, wäre sie beinahe ertrunken, ihr Vater hatte sie zweimal verlassen, und ihre Tante verbarg ihren Schmerz. Ihre Angst schrie: »Ich kann niemandem vertrauen!« Heute, als werdende Mutter eines kleinen Mädchens, nimmt sie die Liebe und die Beziehung an, die ihr Lebensgefährte ihr schenkt.

DIE KÖRPERLICHKEIT DER ANGST

Alice Miller schreibt dazu Folgendes: »Wenn ein Mensch glaubt, dass er das fühlt, was er fühlen sollte, und ständig versucht, das nicht zu fühlen, was er sich zu fühlen verbietet, wird er krank [...].«[2] Die Schmerzen können körperlich oder seelisch sein. In beiden Fällen ist es die Beziehung zu sich selbst und/oder zu anderen, die darunter leidet. Die Erinnerung des Körpers muss befreit werden, aber eine fundamentale Angst schiebt einen Riegel vor.

Übung des Tages: Atmen Sie bewusst

Phase 1: Legen oder setzen Sie sich bequem hin. Schließen Sie die Augen. Nehmen Sie drei tiefe Atemzüge, indem Sie tief in den Bauch einatmen und ausatmen. Anschließend richten Sie Ihre Aufmerksamkeit und Ihre Atmung nacheinander auf die unten aufgeführten Körperteile:

- rechter Fuß, rechter Knöchel, rechte Wade, rechtes Knie, rechter Oberschenkel, rechte Hüfte, rechte Hand, rechtes Handgelenk, rechter Unterarm, rechter Ellenbogen, rechter Oberarm, rechte Schulter;
- linker Fuß, linker Knöchel, linke Wade, linkes Knie, linker Oberschenkel, linke Hüfte, linke Hand, linkes Handgelenk, linker Unterarm, linker Ellenbogen, linker Oberarm, linke Schulter;
- Geschlechtsorgane, Bauch, Bauchorgane (Dünndarm, Dickdarm, Leber, Gallenblase, Bauchspeicheldrüse, Blase, Milz, Magen), Oberkörper, Brustorgane (Lunge, Herz);
- Wirbelsäule ab Steißbein, Kreuzbein, Lendenwirbel, Rücken- und Halswirbel, Schultern, Hals, Kehle, Stimmbänder;
- Kopf: Kiefer, Mund, Nase, Augen, Ohren, Stirn, Kopfhaut.

Konzentrieren Sie sich erneut rasch auf alle Körperteile: Füße, Knöchel, Unterschenkel, Knie, Oberschenkel, Becken, Geschlechtsorgane, Bauch, Brust, Hände, Handgelenke, Unterarme, Ellenbogen, Oberarme, Schultern, Wirbelsäule, Hals und Kopf.

Phase 2: Sie spüren Ihren Körper jetzt sehr intensiv. Nehmen Sie 21 tiefe Atemzüge, indem Sie tief ein- und ausatmen. Spüren Sie, dass sich bei jeder Einatmung Ihr gesamter Körper weitet und bei jeder Ausatmung zusammenzieht, wie beim Kommen und Gehen der Meereswellen.

Phase 3: Sie öffnen nun die Augen und fühlen sich ruhig und gelassen. Bewegen Sie Ihren Körper vorsichtig, und stehen Sie langsam auf.

Es ist wichtig, dass Sie mit Ihrem Bewusstsein und Ihrer Atmung bei sich und dem eigenen Körper sind, um die Erinnerung an die Gefühle hinter den Ängsten zu aktivieren. Durch dieses Erinnern können Sie das verdrängte Leid annehmen. Der Heilungsprozess hat nichts mehr mit den Erinnerungen zu tun, sondern mit der sensorischen und emotionalen Neuerfahrung dessen, was sich hinter der Angst verbirgt.

Sein inneres Kind wiederfinden

> »Wer sein inneres Kind entdeckt, entdeckt damit
> tatsächlich die Türe zu seiner Seele.«
> Hal und Sidra Stone

Zweite blockierende Angst: die Angst, das Leid als Kind erneut zu durchleben

Anfangs ist es schwierig, an sein verletztes inneres Kind* anzuknüpfen. Man weiß, dass dieses Kind gelitten hat, und möchte lieber alle verletzenden Erfahrungen der Vergangenheit vergessen. Man fühlt sich diesem inneren Kind gegenüber auch schrecklich hilflos. Nathalie erinnert sich an ihre erste Begegnung mit ihrem inneren dreizehnjährigen Teenager: »Ich, die Erwachsene, wusste nicht, was ich angesichts dieses Teenagers machen sollte, der Probleme hatte, Nähe zuzulassen. Diese Dreizehnjährige wollte nicht, dass ich sie in die Arme nehme. Sie kannte diese Geste nicht. Ich war völlig ratlos. Schließlich entschied ich mich dafür, ihr einfach zuzuhören, sie zutraulicher zu machen und ihr zu sagen, dass ich wusste und verstand, was sie erlebt hatte.« Dies ist das große Drama jedes Erwachsenen. Jeder errichtet eine Mauer, um sich vor dem Leid seiner Kindheit zu schützen.

Ab der Kindheit ist der menschliche Geist von Natur aus absorbierend und sensitiv. Um sich weiterentwickeln zu können, hat das Kind keine andere Wahl, als sich anzupassen und bestimmte Empfindungen zu unterdrücken. Es gleicht sich dem Bild an, das seine Eltern von ihm haben, um versorgt zu werden und das Gefühl zu haben, geliebt zu werden. Es verdrängt einen Teil seines Leids. Es lernt, seinen Schmerz und seine Furcht zu unterdrücken. Selbst wenn die kindlichen Emotionen später wieder auftauchen, können sie sich nur schwer gegenüber den früher erworbenen Überlebensmechanismen durchsetzen.

Die Angst, das Leid aus der Kindheit erneut zu erleben, ist penetrant und behindert die natürliche Empathie, die Fähigkeit, sich in einen anderen hineinzuversetzen. Diese Empathie ist entscheidend, um eine gesunde Beziehung zwischen dem Erwachsenen und dem Kind in sich wiederherzustellen.

Schließen Sie die Augen, und stellen Sie sich als verirrtes Kleinkind vor, das am Straßenrand sitzt. Sie haben dieses Kind vor sich. Es weint. Versuchen Sie nicht herauszufinden, warum es weint. Fragen Sie sich nicht, wie Sie es trösten könnten. Es braucht weder das eine noch das andere. Sagen Sie ihm einfach folgende Worte:

> Ich kann empfinden, was du empfindest.
> Dein Leid ist berechtigt, und du kannst dein Herz ausschütten.
> Ich bin hier bei dir, um dich zu hören und dir zuzuhören.
> Du kannst mir alles sagen.
> Ich erlaube dir, deine Emotionen zu äußern.
> Du hast das Recht, traurig zu sein, wütend zu sein oder Angst zu haben.
> Wir beide gehen zusammen nach Hause.

Diese Sätze werden Empathie für Ihr inneres Kind hervorrufen.[3] Dies ist ein wichtiger Schritt, um Ihr Leid als Kind annehmen zu können. Jeder Erwachsene ist fähig, sein ursprüngliches Leid, das Leid des Kindes in ihm, zu überwinden. Die Empathie für sich selbst ist ein wichtiger Schlüssel dafür.

Die Körperlichkeit der Angst

Die Metapher vom inneren Kind ist eine wunderbare Gelegenheit, seine Ängste zu überwinden, denn dieses innere Kind ist meist verunsichert. Wenn Sie täglich etwa zehn Minuten mit ihm in so einfachen Worten sprechen wie in der vorherigen Übung, kann dies Ihr Leben wirklich verändern.

Angst ist eine sehr zentrale Emotion und bewohnt Ihren Körper seit Ihrer Geburt. Obwohl Angst eine natürliche Emotion ist, haben Sie wahrscheinlich nie gelernt, mit den Dingen in Kontakt zu treten, die erlebt, empfunden und ausgedrückt werden müssen.

Angst hat immer eine Doppelfunktion: Entweder blockiert sie Ihre innere Wahrheit, oder sie fordert Sie auf, diese innere Wahrheit zu entdecken. Alles hängt davon ab, wie Sie die Angst auffassen. Solange man bestimmte Qualitäten wie das Loslassen und die Empathie nicht pflegt, fehlt einem die Fähigkeit, die Tür zur Angst zu öffnen. Dann umschließt die unbewusste Angst Körper und Seele wie ein Panzer. Zu solchen blockierenden Ängsten gehören die Angst vor Kontrollverlust und die Angst, das Leid der Kindheit erneut zu erleben. Beide Ängste haben Sie in den vorhergehenden Abschnitten bereits detaillierter kennengelernt. Es gibt noch eine dritte blockierende Angst, die sich in der Regel hinter allen Ängsten verbirgt, und zwar die Angst, Grenzen zu überschreiten, auf die wir im nächsten Abschnitt einen intensiveren Blick werfen werden.

TAG 3

Das Feld von Möglichkeiten

Die Grenzen der Zugehörigkeit

»Der Mensch denkt und lenkt. Es liegt nur an ihm, sich gänzlich zu gehören.«

André Breton

Die diffuse Angst entsteht in der Kindheit

Unruhe wird durch Furcht erzeugt. Dabei handelt es sich um einen Zustand voller Befürchtungen, Nervosität oder gelegentlich akuter Hilflosigkeit. Diffuse Angst ist ein allgemeineres Angstgefühl. Sie ähnelt der Unruhe und tritt anfallsweise auf. Es wurde nachgewiesen, dass diffuse Ängste ihren Ursprung zu einem Großteil in der Mutter-Kind-Beziehung haben. Das von Natur aus empathische Kind nimmt diffuse Ängste der Mutter sehr stark wahr. Die Begegnung schließlich mit der eigenen Innenwelt kann gelegentlich überraschende Formen annehmen.

Aurélies Geschichte

»Die 59-jährige Aurélie hat dies als verwandelnde Erfahrung erlebt. Vor einem Jahr ließ sich in der Morgendämmerung aus dem Nirgendwo eine Stimme vernehmen: »Aurélie, Aurélie, hilf mir!« Mit einem Schlag ist sie wach und steht verständnislos auf. Diese Stimme ist ihr vertraut. Zuerst stellt sie sich vor, jemand aus ihrer Familie brauche sie. Dann versucht sie den ganzen Tag lang, sich davon zu überzeugen, dass es nur ein Traum war. Das Erlebnis erscheint ihr jedoch sehr real. Die Botschaft dieser Stimme lässt sie nicht mehr los; sie scheint sehr wichtig für sie zu sein. Nach ein paar Tagen wird ihr klar, dass diese Stimme ihre eigene Stimme ist.[1] Sie selbst bittet sich um Hilfe. Sie stellt eine Verbindung zu ihren Ängsten in Zusammenhang mit ihrer beruflichen Zukunft her.

Aurélie stammt aus einer wohlhabenden Familie, die nach strengen Regeln lebt. Die dualistische Pädagogik ihrer Eltern teilt jedes Handeln einem von zwei Lagern zu: »Das tut man« oder »Das tut man nicht«. Diese beiden Floskeln ihrer Mutter definieren den Rahmen, den es zu respektieren gilt. Dies setzt als selbstverständlich voraus, dass die Zugehörigkeit zu dieser Familie und darüber hinaus zu einer bestimmten sozialen Gruppe von der Einhaltung dieser Lebensregel abhängt. Als Kind hat Aurélie diesen familiären und gesellschaftlichen Druck stark empfunden. Sie hat sich angepasst, hat sich jedoch im Erwachsenenalter gewisse Grenzüberschreitungen erlaubt – bei der Wahl ihres Ehemannes zum Beispiel, der aus bescheidenen Verhältnissen stammt. Aurélie hat drei Brüder und sechs Schwestern, und alle Mädchen haben den Beruf der Sekretärin erlernt und Männer aus denselben sozialen Verhältnissen geheiratet. In Aurélies Familie ist die berufliche Selbstverwirklichung unwichtig, das Einzige, was zählt, ist der Status einer »guten Ehefrau und Mutter«.

Aurélie ist es gelungen, eine Liebesheirat mit einem Musiker einzugehen, aber sie langweilt sich in ihrem Beruf als Sekretärin. Sie entwickelt immer mehr diffuse Ängste. Sie erträgt ihren Beruf nicht mehr, kann sich aber auch keine andere Zukunft vorstellen.

Für Aurélie wurden die Unzufriedenheit und der Wunsch nach Veränderung mit der Zeit so stark, dass sie diffuse Angst erzeugten, ein echtes Unbehagen. Aurélie fing an, in sich jemanden schreien zu hören. Das innere kleine Mädchen wurde in seinem kindlichen Glauben, seinem Optimismus und seinem natürlichen Vertrauen ins Leben in Fesseln gelegt. Die erwachsene Aurélie erstickt beinahe daran. Ihr wird bewusst, dass sie sich nicht die Freiheit und das Vergnügen erlaubt, sich in dem Beruf ihrer Wahl zu entfalten.

Das Feld von Möglichkeiten

Jeder Mensch erlebt ein Feld von Möglichkeiten, das aus der Gesamtheit von Einschätzungen und Beurteilungen besteht und von bestimmten familiären und sozialen Gepflogenheiten erzeugt wird. Da die Mitglieder jeder Gruppe ähnliche Bedingungen vorfinden, haben sie anfangs dieselbe Weltsicht, dieselben Überzeugungen, dieselbe Vorstellung davon, was möglich ist und was nicht, dieselben Auswahlkriterien für ihre Freunde, ihre Freizeit, ihren ästhetischen Geschmack etc.[2] Dieser Rahmen ist nicht völlig vorherbestimmt und auch nicht völlig strikt. Jede Person oder Gruppe kann die Grenzen dieses Feldes erweitern, häufig jedoch zum Preis großer Ängste und schmerzlicher Konfrontationen. Der Mensch entfaltet sich, indem er sein Feld von Möglichkeiten ausweitet. Tief in uns haben wir alle voll und ganz die Fähigkeit, Neues zu schaffen.

Die ehemalige Präsidentschaftskandidatin Ségolène Royal hat über das von ihr übertretene Verbot berichtet, als sie als erste Frau für die höchsten Funktionen im Staat ins Rennen gegangen ist. Widerstand kam von allen Seiten, auch aus ihrem eigenen politischen Lager. Es ist nach wie vor sehr schwierig, die Grenzen der verschiedenen persönlichen, familiären, sozialen und kollektiven Felder zu überwinden.

Nähert man sich einer Grenze, können bestimmte richtige und selbstverwirklichende Wünsche für einen selbst oder andere gefährlich erscheinen. Dann erwacht eine diffuse Angst, nicht um die eigene Sicherheit, sondern um die Konformität mit dem vorgegebenen Rahmen.

Grenzen überschreiten

> »Die Grenzen unserer Sensibilität und unserer geistigen Vision zu überschreiten und zu einer größeren Freiheit zu gelangen – das bedeutet Unsterblichkeit.«
> Rabindranath Tagore

Dritte blockierende Angst: die Angst, Grenzen zu überschreiten

Diese dritte blockierende Angst ist besonders schädlich, weil sie die Vitalität lähmt, das heißt die Kraft, die jeden antreibt, sein volles Potenzial und sein natürliches Wesen zu entwickeln. Jeder Mensch hat das Recht, sich vollständig zum Ausdruck zu bringen. Gibt es jemanden, der Ihnen das Gegenteil gesagt oder es Sie hat spüren lassen?

Der amerikanische Autor Gay Hendricks berichtet über seine eigene Erfahrung, die der von Aurélie sehr ähnlich ist: »Diese Flut von beklemmenden Bildern habe ich fabriziert, weil ich mich so wohlgefühlt habe! Etwas in mir hatte Angst davor, sich solch einer positiven Energie längere Zeit zu erfreuen. Sobald ich diesbezüglich an mein Limit angelangt war – dem oberen Limit in Bezug auf das Quantum an positiver Energie, das ich zu bewältigen vermag –, brachte ich eine Reihe unerquicklicher Gedanken hervor, die mich sogleich wieder runterholten. Die Gedanken, die ich vor diesem Hintergrund produziert habe, stellten sicher, dass ich in einen Zustand zurückversetzt wurde, mit dem ich besser vertraut war: in einen Zustand verringerten Wohlbefindens.«[3]

Lehnt man es ab, seine inneren Konflikte und Ängste aufzuklären, unterdrückt man einen großen Teil seiner Lebensenergie* und verzichtet auf sie. Man rudert gegen den Strom. Das Leben ist ein Prozess, der auf Veränderung, Bewegung und Zusammenarbeit beruht. Ohne diese Dynamik kommt das Leben nicht in Schwung.

Die blockierende Angst, die uns daran hindert, die Grenzen unseres Feldes von Möglichkeiten zu überschreiten, ist sehr stark. Aurélie fühlt sich beschämt und schuldig, die Werte ihrer Herkunftsfamilie infrage zu stellen. Und diese negativen Gefühle stellen sicher, dass sie dem familiären, sozialen und kulturellen Referenzmodell gehorcht.[4]

Wir ermutigen Aurélie, auf ihre innere Stimme zu hören und sich neue Fragen zu stellen:
- Wofür begeistere ich mich?
- Welche Art von Arbeit kommt meinen Vorlieben, meinen Leidenschaften und meinen Sehnsüchten am nächsten?
- Wie kann ich arbeiten, ohne dass ich müde bin und mir langweilig ist?
- Welche speziellen Kompetenzen machen mich einzigartig?

Nach einigen Monaten des Nachdenkens und Reifens hat Aurélie sich beruflich neu orientiert.

Das eigene Feld von Möglichkeiten erweitern

Eleanor Roosevelt, die Frau des berühmten amerikanischen Präsidenten, riet: »Machen Sie jeden Tag etwas, wovor Sie sich fürchten.« Das ist eine ausgezeichnete Idee, um sein Feld von Möglichkeiten zu erweitern.

Anspannungen, Unruhe und Angstanfälle nehmen ab, wenn man sich von den Angsterfahrungen absondert und loslöst:

> Ich bin nicht meine Angst.
> Ich mache lediglich eine Erfahrung von Angst.
> Ich existiere jenseits meiner Angst.

Es ist nicht wichtig, zu wissen, was unmöglich oder möglich ist, das ist von Person zu Person ganz unterschiedlich. Wichtig ist vielmehr, zu erkennen, dass die für unmöglich gehaltenen Dinge nur Grenzen sind, die das Gehirn errichtet, und dass es die Aufgabe jedes Einzelnen ist, diese Grenzen zu überschreiten.

Es ist eine Befreiung, die Grenzen des familiären, kulturellen oder sozialen Jochs hinter sich zu lassen. Es ist ein Zeichen für die Bedeutung, die man sich selbst anderen gegenüber zuzuerkennen wagt. Das Selbstvertrauen wächst, wenn man sich schrittweise das aneignet, was man nicht für möglich gehalten hätte. Das eigene Feld von Möglichkeiten zu erweitern heißt, sich das Erleben von Erfolg zu erlauben.

Übung des Tages: Testen Sie die Grenzen Ihrer Möglichkeiten

Phase 1: Beantworten Sie die folgenden Fragen mit Ja oder Nein.
- Setze ich in die Tat um, was für mich wichtig und richtig ist?
- Bestimme ich selbst über die Bereiche in meinem Leben, die mir am Herzen liegen?
- Nehme ich mir meinen Platz?
- Setze ich meine Wünsche, Hoffnungen und Träume konsequent um?
- Folge ich beruflich meinen Wünschen?
- Traue ich mich, Neues zu unternehmen?
- Erfüllen mich meine Beziehungen mit Vergnügen, Freude und Glück?
- Nehme ich mich selbst wichtig?
- Erfülle ich meine wesentlichen Bedürfnisse?
- Sorge ich für mich und meine Gesundheit?
- Hat mein Leben einen Sinn?

Phase 2: Jedes Nein als Antwort bedeutet, dass Sie an eine Grenze stoßen, die Ihre Möglichkeiten einschränkt. Bewerten Sie für jedes Nein die Stärke Ihrer Unzufriedenheit auf einer Skala von 0 (keine Unzufriedenheit) bis 10 (sehr starke Unzufriedenheit).

Phase 3: Analysieren Sie jedes Nein. Wenn der Grad Ihrer Unzufriedenheit bei höchstens 5 liegt, wollen Sie Ihre Grenze wahrscheinlich gar nicht überschreiten. Das kann entweder bedeuten, dass es Ihnen nicht wichtig genug ist, diese Grenze zu überwinden, oder dass Sie sich der Einschränkungen durch diese Grenze nicht ausreichend bewusst sind.

Phase 4: Warten Sie drei Tage, und bewerten Sie dann erneut Ihre Unzufriedenheit bei den Antworten, die Sie zuvor mit höchstens 5 bewertet hatten. Prüfen Sie, ob sich etwas verändert hat. Solange man nicht unzufrieden genug ist, erweitert man seine Grenzen nicht.

ZWEITER TEIL

Die Angst
und ihre Trancezustände

》 *Unter dem Einfluss der Angst geht man durch Zustände der Trance, in denen die Wirklichkeit verblasst. Man wird in ein Anderswo, einen anderen Raum und eine andere Zeit katapultiert. Diese Trancezustände* hypnotisieren uns geradezu und hindern uns daran, den gegenwärtigen Moment zu leben. Trancezustände werden von Anpassungsängsten genährt.* 《

TAG 4

In der Zukunft leben

Den Stress besiegen

> »In zwanzig Jahren wirst du dich mehr ärgern über die Dinge,
> die du nicht getan hast, als über die Dinge, die du getan hast.
> Also löse die Knoten, und segle fort aus dem sicheren Hafen.
> Erfasse die Passatwinde mit deinen Segeln. Erforsche.
> Träume. Entdecke.«
> Mark Twain

Was ist Stress?

Stress gilt heute als das große Übel des Jahrhunderts. Diese Art von Anspannung ist das Zeichen einer anhaltenden unterschwelligen Angst*. Stress allein erzeugt eine ganze Palette von Beschwerden wie Reizbarkeit, Nervosität, innerer Unruhe oder Angstanfällen. All diese Symptome gemeinsam kennzeichnen laut Hans Seyle, dem Wegbereiter von Stressstudien, ein allgemeines Anpassungssyndrom gegenüber einer Bedrohung, gleich welcher Art.

Die Stressfaktoren werden immer zahlreicher. Stress ist so präsent, dass er sich gelegentlich in etwas verwandelt, das einen in den eigenen Augen und in den Augen anderer aufwertet. »Völlig ausgebucht« zu sein, sein Leben bis ins kleinste Detail zu planen und von einem Ort zum nächsten zu hetzen, das alles sind Anzeichen von Leistung und Pflichterfüllung. Ist ein erfülltes Leben nicht einige Opfer wert? Stress inklusive seiner Konsequenzen wie Reizbarkeit oder Erschöpfung scheint für einige ein angemessener Preis zu sein. Der Urlaub wird dann zum ungeduldig erwarteten Rettungsring. Wen überrascht es da, dass Freizeit und vermeintliche Entspannung derselben rasenden Gesetzmäßigkeit folgen. Auch fernab der beruflichen Welt wird alles geplant, alles kontrolliert, man ist in

Eile, will bloß nichts versäumen und um jeden Preis erfolgreich sein. Man ist in einem Teufelskreis gefangen.

Wenn der gestresste und erschöpfte Körper schließlich zur Ordnung ruft, sind die schädlichen Verhaltensweisen bereits gründlich verankert. Die eigene Vitalität bricht zusammen.

»Vivance« – die Lebensqualität

Die geläufigsten Stressfaktoren erreichen einen von außen. Sie entwickeln sich im Berufsleben wie im Privatleben und hängen mit der Qualität der Umgebung, den Beziehungen und der Organisation der verschiedenen Aufgaben zusammen. Je höher die Lebensqualität ist, desto niedriger ist der Stresspegel. Der Mensch neigt dazu, eine geringe Lebensqualität durch Überaktivitäten zu kompensieren, da er nicht weiß, wie er sonst der Unzufriedenheit mit seinem Leben begegnen soll. So werden Veränderungen verhindert, die nötig wären, um ein belebendes Gleichgewicht wiederzufinden.

Stress schwächt die Vivance*, d. h., man verlernt, sich innerlich zu entfalten und sich lebendig zu fühlen. Folgende Aussagen zeigen an, dass Sie gestresst sind:

Meine Selbstwahrnehmung
Das Leben, das ich führe,
Der Platz, den ich einnehme,
Die Beziehung, die ich führe,

mobilisiert meine Vitalität und meine schöpferischen Kräfte nicht mehr.

Der Stress hinterfragt sowohl die Qualität des inneren Systems des Einzelnen als auch die Qualität der Systeme, in denen der Einzelne lebt. Jeder Mensch fügt sich in verschiedene systemische Skalen ein: in die Herkunftsfamilie, die selbst gegründete Familie, eine sozioprofessionelle Kategorie, ein berufliches Umfeld, die Gesellschaft etc. Sind diese Systeme unterstützend, fördernd, wertschätzend? Falls dies nicht ausreichend der Fall ist, entsteht Stress, der Sie förmlich dazu einlädt, den eingeschlagenen Kurs zu ändern. Auch wenn jemand das System nicht verändern kann, kann er doch seine Wahrnehmung und seine eigene Position innerhalb dieses Systems verändern.

Jeder kann dem Stress die Stirn bieten, vorausgesetzt, er erkennt ihn und klärt dessen grundlegenden Faktor auf.

In Vergangenheit und Zukunft gefangen

Die lineare Sichtweise der Zeit wertet die Lebenserfahrung auf. In der Regel erscheint das Leben wie eine Abfolge von Ereignissen. Man selbst bleibt der Gefangene der beiden Unendlichkeiten, der Vergangenheit und der Zukunft. Die Vergangenheit ist ein vollendeter oder unvollendeter Raum, der mit zunehmendem Alter größer wird. Die Zukunft spielt sich vor einem ab und muss immer weiter erfunden werden.

Diese Erfahrung der Zeit ist weitgehend kulturell bedingt. In China beispielsweise ist die Zeit etwas Zyklisches. Sie ist nicht neutral. Jede Periode besitzt spezifische Energien und Attribute, die sie für die jeweiligen Projekte, die realisiert werden sollen, mehr oder weniger vorteilhaft machen. Im Gegensatz zur chinesischen Tradition, die zu einem gewissen Loslassen einlädt, herrscht bei uns der Wunsch nach einer Kontrolle der Zeit vor.

Doch machen wir uns einmal bewusst, dass das Leben bestimmten Zyklen folgt, zum Beispiel im Garten: Wenn Sie im Winter aussäen, werden Sie nichts ernten. Sie haben die Wahl, gestresst zu sein, weil das Gemüse nicht gedeiht, oder zu akzeptieren, dass der Zeitpunkt einfach ungünstig ist. Im Alltag ist es nicht anders. Alles hat seine Zeit. Jedes Werk braucht Reifezeit und Geduld, um zu gelingen. Dem besonnenen Herbst und dem verschlafenen Winter eines Lebens stehen der blühende Frühling und der helle Sommer gegenüber. Ebenso kommt nach der dunklen Nacht die Morgendämmerung. Wenn man sich nicht die Zeit nimmt, auf die Lebenszyklen zu achten und sie zu respektieren, wird das Leben eine Strapaze. Man lebt mit der Illusion, es sei möglich, alle Lebensaspekte zu kontrollieren.

Das Ergebnis dieser Illusion ist Stress. Ausgelöst wird er immer angesichts von etwas Unbekanntem, Unvorhersehbarem, Unkontrollierbarem oder wenn etwas infrage gestellt wird. Diese Situationen erinnern daran, dass das Leben unbeständig ist. Häufig wirken sie destabilisierend und erfordern eine gewisse Latenzzeit. Wenn etwas geschieht, das mit Stress verbunden ist, gilt es, den gegenwärtigen Moment anzunehmen. Aber wie?

Den Mangel hinter sich lassen

»Leben ist das, was passiert, während du eifrig dabei bist, andere Pläne zu machen.«

John Lennon

Futurisierung kann schädlich sein

Die Realität sieht so aus: Ihr Körper lebt in der Gegenwart, während Ihr Geist in der Zukunft herumspaziert. Vielleicht denken Sie bereits in diesem Augenblick an das nächste Kapitel. Sie nehmen sich Zeit, um dieses Buch zu lesen, aber Ihr Geist denkt bereits an tausenderlei andere Dinge, die Sie anschließend tun werden. Es ist nicht einfach, im gegenwärtigen Moment zu leben, weil es normal ist, dass Ihr Geist hierhin und dorthin abschweift, in die Vergangenheit ebenso wie in die Zukunft. Dutzende von Gedanken stehen nebeneinander.

Futurisierung* ist das Abschweifen des Geistes in die Zukunft. Dieser natürliche Vorgang verwandelt sich in einen Zustand der Trance, wenn er allgegenwärtig ist. Der amerikanische Psychologe Stephen Wolinsky erinnert, dass Trance der wichtigste Kitt ist, der die Struktur der Probleme zusammenhält.[1] Trance ist ein hypnotischer Zustand wie ein Tagschlaf, der sich verselbstständigt hat und mit automatischen Reaktionen verbunden ist. Ohne es zu merken, bleibt der Erwachsene in einer anderen Zeit und in einem anderen Raum gefangen.

Charles Geschichte

»Der 42-jährige Charles, eine dynamische Führungspersönlichkeit, hat dies mit voller Wucht zu spüren bekommen: »Ich war so mit Arbeit überlastet, dass ich mich allmählich davon habe überfluten lassen. Mein Computer und mein Handy blieben ständig eingeschaltet, selbst dann, wenn ich eine wichtige Arbeit abgeschlossen hatte. Es erschien mir lebenswichtig, möglichst viel in möglichst kurzer Zeit zu erledigen.«

Diese Bemerkung spiegelt für einen Großteil der Berufswelt heute die Norm wider. Viele Angestellte empfinden diesen Druck und diese Last auf sich, immer mehr in immer kürzerer Zeit erledigen zu müssen.

Charles fuhr fort, zu Hause seine Akten durchzuarbeiten, manchmal bis spät in die Nacht. Nach mehreren Monaten ununterbrochenen Stresses wurde er das Opfer eines Burn-outs, eines beruflich bedingten Erschöpfungssyndroms. Er litt unter unerträglichen Kopfschmerzen und war deprimiert. Regelmäßig wurde er von einer tiefen und unverständlichen Traurigkeit übermannt. Er hatte sein Selbstvertrauen verloren.

Charles dachte in Bezug auf seine Arbeit nur noch in Deadlines, d. h., er hatte ständig Abgabetermine im Kopf. Nach und nach wurden diese Deadlines allgegenwärtig und lösten Angst aus. »Ich setzte mir für alles eine Deadline, sowohl in meinem Berufsleben als auch in dem bisschen Privatleben, das mir noch blieb.« Der auch in Deutschland geläufige Begriff »Deadline« lässt sich übersetzen als »letzter Termin«, aber Charles verstand die Botschaft folgendermaßen: »Wenn du den festgesetzten Termin überschreitest, bist du erledigt, dann bist du tot!« Unter dieser Drohung lebte er, immer mit diesem Damoklesschwert über sich.

Charles musste mit der Arbeit aufhören. Er hinterfragte den Ursprung seines Unwohlseins. In seiner Kindheit war er von einem kalten und distanzierten Vater stark geprägt worden. Er erinnerte sich an das Kind, das er gewesen war, ein Kind, das sich den Anforderungen seines Vater angepasst* hatte in der vergeblichen Hoffnung, anerkannt und ermutigt zu werden. Charles dachte, er habe mit seiner Vergangenheit abgeschlossen. Tatsächlich jedoch hatten sich alle Erwartungen seinem Vater gegenüber auf seine Arbeit übertragen.

Der nicht erfüllte Wunsch nach Anerkennung

Die Futurisierung ist eine Wunsch-Trance. Es ist legitim, Wünsche und Erwartungen an die Zukunft zu haben, solange man nicht glaubt, das Glück hänge davon ab. Andernfalls wird man zwangsläufig enttäuscht und unglücklich sein.

Ein wichtiges Bedürfnis des Kindes ist es, so anerkannt zu werden, wie es ist, als vollständige und einzigartige Person. In den Beziehungen mit seinen Eltern und später mit seinen Erziehern (Lehrern, Professoren) hat Charles diese Anerkennung nicht immer erhalten. Wer kann schon behaupten: »Ich bin so akzeptiert worden, wie ich in meinem Inneren war, mit meinen Wünschen, meinen Bedürfnissen, meinen Emotionen und meinen Gedanken?« Für ein Kind ist es verletzend, nicht anerkannt zu werden. Um sich vor diesem Leid zu schützen, muss es sich anpassen, indem es sich einen Panzer zulegt, der es nicht nur davor schützen soll, das Leid zu spüren, sondern der auch als aktives System wirkt, um zu bekommen, was ihm gefehlt hat. Nicht anerkannte Bedürfnisse verwandeln sich in einen Mangel.

Der Wunsch nach Anerkennung ist einer der am weitesten verbreiteten Wünsche. Er antwortet auf einen Mangel, der im innersten Selbst verborgen ist: beispielsweise wenn eine Frau ihre Tochter dazu drängt, bei Schönheitswettbewerben anzutreten, als Ausgleich für ihre eigene leidvolle Erfahrung, von ihrer Mutter nicht anerkannt worden zu sein. Ein Mann, der früher von seinem Vater abgelehnt wurde, wird seinen kindlichen Schmerz verbergen, indem er seinem Chef seine Effizienz und Rentabilität beweist.

Jedoch wird dieser Wunsch nach Anerkennung niemals befriedigt werden, wenn das ursprüngliche Bedürfnis nach Anerkennung weder erkannt noch gehört wird (siehe Tag 17). Warum? Weil man weiterhin im Mangel lebt.

Die Natur des Mangels

Mangel ist wie ein Fass ohne Boden. Nichts und niemand kann es füllen. Mangel konfrontiert jeden mit einer manchmal unerträglichen Empfindung von Leere. Er weckt den unwiderstehlichen Wunsch nach Ausgleich.

Es sind zwei völlig verschiedene Dinge, das Bedürfnis nach Anerkennung zu haben oder einen Mangel an Anerkennung zu fühlen. Das Bedürfnis nach Anerkennung ist legitim. Anerkennung erlaubt es einem, sich innerhalb einer Gruppe zu platzieren.

> Ich werde gesehen, erkannt und anerkannt.
> Ich habe meinen eigenen Platz innerhalb der Gruppe.

Dieses Bedürfnis ist mit dem Bedürfnis nach Zugehörigkeit verbunden. Alle Bedürfnisse erfordern ein gutes Verhältnis zu sich selbst und die Übertragung von Verantwortung. Jeder Mensch muss lernen, seine Bedürfnisse zu erfüllen.

Ein Mangel andererseits besteht, sobald man zu wenig Liebe und Zustimmung von der wichtigsten Person, d. h. von sich selbst, erfährt. Mangel treibt unabänderlich dazu an, seine Wünsche nach außen, auf den anderen zu projizieren. Mangel bringt keine gesunden Beziehungen hervor, sondern eine erste Anpassungsangst: die Angst vor dem Unbekannten.

Die erste Anpassungsangst: die Angst vor dem Unbekannten

Die Futurisierung verbirgt eine geheime Frage: »Werde ich in der Zukunft das erhalten, was ich mir wünsche, und nicht mehr in einem Mangel leben?« Die wahre Antwort lautet: Nein! Wird diese Wahrheit geleugnet, wird die Zukunft stressig. Stress ist die sichtbare Spitze eines Eisbergs, dessen untergetauchter Teil die Angst vor dem Unbekannten ist. Betroffene können es einfach nicht akzeptieren, dass die Zukunft ungewiss ist. Um weniger Angst zu haben, füllt jeder das Unbekannte mit Bekanntem. Wie? Indem die Zukunft entweder idealisiert oder degradiert wird. Wenn man die Zukunft verherrlicht, projiziert man illusorische, ja frei erfundene Antworten auf die Verletzungen in der Vergangenheit. Wenn man Angst hat, diese verletzenden Erfahrungen könnten sich wiederholen, verdüstert man dagegen die Zukunft.

Ein Mann stellt sich beispielsweise vor, einer liebenden Frau zu begegnen, die ihn heilen wird, eine Seelenverwandte, die sein in seinen Augen armseliges Dasein und die Demütigungen, die er in der Schule erlitten hat, reparieren wird. Er hat Angst, diese Frau nicht zu finden oder sich in der Wahl zu irren.

Eine Frau denkt zum Beispiel, dass alle Männer Egoisten sind, wie ihr Vater es gegenüber ihrer Mutter war. Sie fürchtet, auf Männer hereinzufallen, die ihrem Vater ähneln. Um eine »Mustertochter« zu sein, bleibt sie den Überzeugungen ihrer Mutter treu.

Im Innersten macht das, was man sich vorstellt, sehr viel mehr Angst als das Unbekannte. Idealisierung und Degradierung stützen sich auf kindliche Überzeugungen und Erfahrungen der Vergangenheit.

Trance ist durch kognitive Verzerrungen gekennzeichnet, d. h. durch irrtümliche Gedanken, die die Wahrnehmung der Wirklichkeit und des gegenwärtigen Augenblicks verändern. Diese Verzerrungen sind Fantastereien. Man kann versuchen, seine Überzeugungen zu korrigieren, aber das reicht nicht aus. Wenn die Trance der wichtigste Kitt ist, der die Problemstruktur zusammenhält, ist Angst der Sekundenkleber, der bewirkt, dass die Trance fortbesteht. Das einzige Mittel, um die hypnotischen Trancezustände*, die die Sicht aufs Leben vernebeln, definitiv hinter sich zu lassen, ist, sich seinen Ängsten zu stellen. Angst ist die übergeordnete Emotion, die die Wahrnehmungen und das Verständnis verändert.

Die Angst vor dem Unbekannten beinhaltet auch die Angst, nicht das zu bekommen, was einem als Kind gefehlt hat. Man projiziert Szenarien auf die Zukunft, die mit Reparaturwünschen und alten Ängsten belastet sind. Nur wenige Menschen akzeptieren wirklich das Unbekannte, Unvorhersehbare und Unkontrollierbare. Die meisten ertragen es nicht, nicht zu wissen, was sie erwartet. Das Unbekannte sollte jedoch nicht ängstigen. Es sollte stattdessen als Quelle der Weisheit betrachtet werden.

Indem ich meine Angst vor dem Unbekannten zähme, löse ich mich von bestimmten Wünschen und nehme das Infragestellen gewisser Überzeugungen an. Ich bin authentischer.

Kleine Übung des Tages: Hören Sie auf Ihr Herz

Phase 1: Setzen Sie sich. Bewegen Sie sich nicht. Suchen Sie nicht nach Antworten oder Lösungen. Diese für Sie vielleicht unbequeme Phase ist wichtig, damit Sie sich nicht in Überaktivität verlieren und so Stress erzeugen.

Phase 2: Äußern Sie Ihre Emotionen. Das Benennen der eigenen Emotionen und Empfindungen erlaubt es, sie zuzulassen und anzunehmen. Durch diese Phase wird vermieden, dass negative Gefühle wie Scham oder Schuld entstehen.

Phase 3: Hören Sie auf die Antworten Ihres Herzens. Der französische Neurophysiologe Alain Berthoz erklärt, dass sich die ersten Anzeichen jeder Entscheidung in den Zellen des Myokards zeigen, d. h. im Herzen.[2] Diese Zellen reagieren noch vor den Neuronen. Kurz, alles beginnt mit einem Impuls im Herzen. Man ist Tag für Tag daran gewöhnt, eher auf die vielen kleinen Stimmen der Psyche zu hören als auf die des Herzens. Auf das Herz zu hören, verlangt Stille und das Bei-sich-Sein, eine Zeit, um aus den inneren Ressourcen zu schöpfen.

Die nachfolgenden Sätze mögen Ihnen vertraut vorkommen, denn sie sind ein Anzeichen von Stress. All diese Sätze sind Projektionen in eine ungewisse Zukunft. Sie verraten einen Zustand der Trance, einen hypnotischen Zustand, in dem es einem nicht gelingt, im Hier und Jetzt zu bleiben, um auf das eigene Herz als Mittelpunkt des Seins zu hören.

> Ich bin nicht in der Lage zu ...
> Ich werde nicht die Zeit haben.
> Ich werde das nicht schaffen.
> Ich weiß nicht, was geschehen wird.

Übung des Tages: Finden Sie Ihre eigenen Wünsche

Phase 1: Was wünschen Sie sich in den folgenden Bereichen für die Zukunft? Antworten Sie in kurzen Sätzen.

- In der Liebe wünsche ich mir, dass ...
- Für die Arbeit wünsche ich mir, dass ...
- In der Freundschaft wünsche ich mir, dass ...
- Mit meinen Eltern wünsche ich mir, dass ...
- Mit meinen Kindern wünsche ich mir, dass ...
- Mit meinem Lebenspartner/meiner Lebenspartnerin wünsche ich mir, dass ...

Phase 2: Analysieren Sie nun Ihre Antworten und was ihnen zugrunde liegt. Welche der folgenden Besonderheiten erkennen Sie in Ihren Antworten?
- Kompensation: Ich hoffe, etwas zu bekommen, um einen Mangel auszugleichen oder eine Leere nicht mehr zu spüren.
- Fantasterei: Ich stelle mir eine unwahrscheinliche Situation oder ein wundersames Ereignis vor, das mein Leben verändern wird. Ich denke mir abenteuerliche Szenarien aus.
- Schwarzmalerei: Für mich ist ein Glas halb leer. Ich stelle mir das Schlimmste vor.
- Rechtfertigung: Ich neige dazu, mein Handeln, meine Empfindungen und meine Gedanken zu erklären oder zu rechtfertigen.
- Ablehnung der Verantwortung: Ich glaube, dass die anderen mir Unrecht tun. Ich neige zu der Annahme, dass der andere mir etwas schuldig ist.

Es ist normal, bestimmte Verhaltensweisen zu erkennen. Wie bei den meisten Menschen ist wahrscheinlich auch der Erwachsene in Ihnen hypnotisiert. Die Angst und die Futurisierungs-Trance wirken im Geheimen. Bleiben Sie zuversichtlich. Ihr Erwachen führt eine Veränderung herbei. Wenn Sie bereit sind, Ihre Illusionen zugunsten der Realität und Ihre Wünsche zugunsten der Tatsachen aufzugeben, wird Ihr Leben nicht mehr unter dem Einfluss der Angst stehen.

TAG 5

In der Vergangenheit leben

Welche Liebe fürchten Sie zu verlieren?

»Die wohl größte narzisstische Wunde – nicht als das, was man war, geliebt worden zu sein – kann ohne Trauerarbeit nicht heilen.«

Alice Miller

Gesunde Ängste versus Regression

Nehmen Sie sich etwas Zeit, um einmal über eine andere Realität nachzudenken. Ihr Körper lebt in der Gegenwart, während Ihr Geist ständig in der Vergangenheit wühlt, um die Gegenwart zu interpretieren und die Zukunft zu erfinden. Wir wissen, dass die Emotion biografisch bedingt ist. Angst konstruiert die Erinnerungen und macht Sie für bestimmte Ereignisse mehr oder weniger empfänglich. Gesunde Ängste und das daraus resultierende Achtgeben in bestimmten Situationen schützen tatsächlich vor einer Gefahr und garantieren die körperliche Unversehrtheit. Bevor ich eine Straße überquere, blicke ich nach links und nach rechts. Ich achte auf mein Messer, während ich Gemüse schneide. All diese kleinen alltäglichen Gesten stützen sich auf die gesunde und berechtigte Angst und auf zurückliegende Erfahrungen. So leistet die Angst viele gute Dienste.

Im Gegensatz zur gesunden Angst ist die Regression* ein behindernder Trancezustand. Sie verzerrt die Funktion der natürlichen Angst. Der Betroffene glaubt, in seiner Gegenwart wieder verletzende Situationen aus der Vergangenheit zu erleben. Regression wirkt dann, wenn ein Erwachsener durch eine Situation oder eine Person wie hypnotisiert ist und wieder zu einem – meist verängstigten – Kleinkind wird. Viele Menschen greifen regelmäßig auf früher Erlebtes zurück, ohne sich dessen bewusst zu sein. Dies ist tatsächlich ein allgemein verbreiteter Trancezustand!

Bei den Eltern ist man ewig Kind

Anstatt zu anderen eine gleichberechtigte Beziehung in der Form Erwachsener-Erwachsener aufzubauen, geht ein Erwachsener in regressiver Trance genau wie in der Kindheit zu anderen Erwachsenen eine kindliche Bindung ein, das heißt in der Form Kind-Erwachsener. Ein Mann fühlt sich beispielsweise bei einem Fehler ertappt, wenn ihn seine Frau auf eine bestimmte Art anschaut. Eine Frau rechtfertigt sich unablässig gegenüber ihrer Arbeitskollegin, weil sie sich in deren Gegenwart abwertet. Eine andere Person vermeidet es bei Freunden, die eigenen Empfindungen zu äußern, um nicht anders zu sein als sie. Wieder eine andere wird sehr traurig, sobald sie Kontakt mit Kindern hat.

Alle Trancezustände haben ihren Ursprung im Beziehungsmodell zu den Eltern. Dieses ursprüngliche Modell unserer eigenen Beziehungen beeinflusst alle nachfolgenden Beziehungen. Besonders aktuell bleibt es in der Beziehung zu den Eltern. In unserer Berufspraxis begleiten wir Menschen auf ihrem Weg, sich bewusst zu machen, dass sie meist ewig die Kinder ihrer Eltern bleiben. Diese manchmal unangenehme Erkenntnis ist jedoch heilsam, da sie die Gelegenheit bietet, zu wachsen, erwachsener zu werden und endlich frei zu leben.

Jocelynes Geschichte

Die 45-jährige Jocelyne arbeitet in einer bekannten Pariser Anwaltskanzlei, in der sie für ihre Direktheit und ihre guten analytischen Fähigkeiten sehr geschätzt wird. Auch ihr Freundeskreis erkennt ihr ohne Weiteres diese Qualitäten zu. Einmal im Jahr findet sie sich zusammen mit ihren Geschwistern über den Jahreswechsel bei ihrer Mutter ein. Jedes Mal fürchtet sie dieses »obligatorische Familientreffen«. Bei einer Einzelsitzung mit Marie-France beschließt sie, diese Furcht zu ergründen, hinter der sich offenbar eine Angst verbirgt, die sie nicht benennen kann:

Marie-France: »Welche Erinnerung haben Sie an das letzte Weihnachtsfest?«

Jocelyne: »Ich bin mit meinem Bruder in der Küche. Er sagt mir, dass wichtige Entscheidungen anstehen. Er möchte, dass wir ausmachen, wer nach dem Tod unserer Mutter das Haus behalten soll. Meine Mutter kommt ebenfalls in die Küche. Sie schaut mich an und meint, sie sei glücklich, dass ihre Kinder sich absprechen. Sie geht wieder. Meine Schwester kommt herein und diskutiert mit meinem Bruder. Beide äußern, dass der Unterhalt des Hauses für sie eine zu große Belastung wäre.«

Marie-France: »Was empfinden Sie?«

Jocelyne: »Ich bin beklommen. Es gelingt mir nicht, etwas zu sagen, und eine innere Stimme befiehlt mir, zu schweigen.«

Marie-France: »Fragen Sie diesen Teil in sich, warum Sie schweigen sollen.«

Jocelyne: »Ich weiß nicht … Ich höre, dass ich das Nesthäkchen bin und meine Geschwister alles besser wissen als ich.«

Marie-France: »Antworten Sie, ohne nachzudenken, auf folgende Frage: Wie alt sind Sie dort in der Küche?«

Jocelyne: »Fünf Jahre! Ich habe Angst, Mama zu missfallen. Sie will, dass ich ein gehorsames kleines Mädchen bin.«

Marie-France: »Was heißt es für Sie in der genannten Situation, ›gehorsam‹ zu bleiben?«

Jocelyne: »Es heißt, dass ich verkünde, dass ich nach dem Tod meiner Mutter das Haus behalten werde. Mein Bruder und meine Schwester werden dort immer willkommen sein.«

Für Jocelyne kam die Diskussion über das Erbe ihrer Mutter zu früh. Sie, die keinerlei Absicht hatte, dieses Haus zu übernehmen, fühlte sich zum Gehorsam gezwungen, um den mehr oder weniger deutlich geäußerten Wünschen ihrer Mutter, ihres Bruders und ihrer Schwester zu entsprechen. Indem Jocelyne zusammen mit Marie-France ihre Trance zutage förderte, gelang es ihr schließlich, im Familienkreis eine Erwachsene mit mehr Entscheidungsfreiheiten zu werden.

In den nächsten Tagen will Jocelyne ihrer Mutter und ihren Geschwistern ihre Entscheidung mitteilen. Aber sie erlebt immer stärkere Ängste, die sie schließlich lähmen. Sie fühlt sich nicht in der Lage, ihrer Mutter die Stirn zu bieten: Sie hat Angst, von ihr dann nicht mehr geliebt zu werden.

Die Regression* verhindert, mit den in einer bestimmten Situation, das heißt in der Gegenwart, anwesenden Personen in Beziehung zu treten. Man befindet sich in der Vergangenheit, dreißig, vierzig oder fünfzig Jahre früher. Es ist ein Zeichen für das Festhalten an einem alten und verknöcherten Familiensystem. In Trance übernimmt der Erwachsene wieder die starre Rolle seiner Kindheit. Das innere angepasste Kind* versucht, das Gleichgewicht des Familiensystems zu bewahren, selbst wenn es sich dabei selbst verletzt. Warum?

Zweite Anpassungsangst: Angst, nicht mehr geliebt zu werden

Der von seiner Vergangenheit wie hypnotisierte Erwachsene wird zum angepassten Kind. Er ist vom anderen und von der Außenwelt abhängig. Er möchte von dort bekommen, was ihm fehlt, um glücklich zu sein. Er nutzt zahlreiche Strategien, um Beachtung, Respekt, Sicherheit etc. zu bekommen. Die Liste ist lang. Alles lässt sich jedoch in einem Wort zusammenfassen: Liebe. Es ist alles eine Frage der Liebe!

Um aus der Regression* herauszukommen, muss zunächst die wichtigste Verletzung des inneren Kindes erkannt werden: die Verletzung durch mangelnde Liebe.[1] Diese Verletzung ist universell. Wird ein Bedürfnis des Kindes weder gehört noch erfüllt, erlebt es dies wie eine Missbilligung und einen Mangel an Liebe. Es hat Angst, die Liebe und die lebenswichtige Versorgung nicht oder nicht mehr zu verdienen. Die verdrängte Verletzung durch einen Mangel an Liebe wird »[...] die Grundlage einer tiefen und unablässigen Forderung jedes Erwachsenen, der die Liebe seiner Eltern sucht und insgeheim hofft, dass diese ihm endlich geben können, was ihm so sehr gefehlt hat«.[2] Diese Suche kann sich auch auf einen elterlichen Ersatz richten wie einen Lehrer, einen Freund oder den Vorgesetzten. Häufig ist jemand bereit, sich vermeintlichen Erwartungen anzupassen, um zu bekommen, was ihm so sehr gefehlt hat.

Seine fiktive Identität aufklären

> »Zu erkennen, was ihr nicht seid, enthüllt spontan,
> wer ihr wirklich seid. Ihr seid nicht, was ihr zu sein ›glaubt‹.«
> Nisargadatta Maharaj

Konform bleiben und sich anpassen

Ein Großteil der eigenen Persönlichkeit baut auf der Verlustangst auf. Man legt sich eine Maske mit den Merkmalen zu, die man für präsentierbar hält und die vom anderen und von der Gesellschaft akzeptiert werden. Ich bleibe konform, ich spiele eine Rolle, um akzeptiert zu werden. Jeder Mensch versucht, einen Platz in der Gruppe zu finden, der er gerne angehören möchte. Die erste Gruppe ist die Herkunftsfamilie, in der sich das Zugehörigkeitsgefühl herausbildet, das ein wesentliches menschliches Bedürfnis ist. Der Mensch ist ein soziales Wesen.

Er braucht es, sich in eine Gruppe einzufügen, zu einem System zu gehören und innerhalb dieses Systems zu interagieren.

Jedes Mal, wenn das Kind mit seinen Emotionen und Bedürfnissen nicht gehört wird, hat es Angst, die Verbindung zum anderen zu verlieren. Es hat Angst, nicht mehr konform genug zu sein, was die Angst erzeugt, sich lächerlich zu machen.

Dritte Anpassungsangst: die Angst, sich lächerlich zu machen

André Gide hat geschrieben: »Die Angst davor, uns lächerlich zu machen, macht uns zu den größten Feiglingen.« Diese Angst ist tief verwurzelt und instinktiv. Lächerlichkeit ist so schmerzlich, dass man sie lieber um jeden Preis vermeidet. Nicht umsonst heißt es: Die Lächerlichkeit tötet schneller als jede Waffe. Die Kunst, den anderen lächerlich zu machen, ist eine mächtige rhetorische Waffe. Die lächerlich gemachte Person wird geschwächt. Ihre Selbstsicherheit bricht zusammen. Die Psychologin Frances G. Wickes erinnert, dass »in dem Moment, in dem das Gefühl der Kompetenz abnimmt, die Angst größere Macht erhält«.[3] Wird man lächerlich gemacht, wird das Gefühl der Zugehörigkeit beschädigt. Die Angst, dass sich dies wiederholt, macht die betroffene Person konformer und gehorsamer.

Man kann sich auch ohne das Zutun eines anderen lächerlich fühlen. Jérôme bestätigt dies: »Ich mache bei einem Improvisationstheater mit, aber ich habe größte Mühe, loszulassen und lustig zu sein. Es gelingt mir nicht. Ich habe Angst, vor den anderen lächerlich zu wirken. Ich habe Angst, dass sie über mich urteilen. Ich kann nicht spielen, es ist, als hätte ich keine Ideen, keinerlei Kreativität. Ich bin wie gelähmt. Ich habe Angst, ›mies‹ zu sein, nicht so, ›wie es sein soll‹. Das Theater hat mir gezeigt, wie sehr ich versuche, das Bild von mir zu kontrollieren. Heute ist mir klar, dass meine Angst, mich lächerlich zu machen, mein Leben verdirbt.«

Unsere lange Theatererfahrung[4] hat uns bestätigt, dass nur die Angst, es nicht zu wagen, lächerlich ist. Das Leben ist genau wie das Theater ein Raum, um Mut zu lernen. Wer etwas wagt, akzeptiert, dass er sich dadurch selbst kennenlernt. Etwas wagen heißt, man selbst zu sein und von den damit verbundenen Vorteilen zu profitieren.

Der von seiner Angst wie hypnotisierte Erwachsene

Die drei Anpassungsängste – Angst vor dem Unbekannten, Angst, nicht mehr geliebt zu werden, und Angst, sich lächerlich zu machen, gehören zu dem angepassten inneren Kind. Diese Ängste aktivieren die hypnotische Trance, die sich meist dann zeigt, wenn die Eltern oder elterliche Ersatzpersonen da sind. Diese Trance greift auch auf Liebesbeziehungen über. Eifersucht, die Angst, den anderen zu verlieren, und die Angst, nicht gut genug zu sein, sind ebenfalls Facetten dieser drei Ausgangsängste.

Jeans Geschichte

Jean, ein Mann um die fünfzig, leidet seit seiner Scheidung: »Seit der Trennung habe ich nur enttäuschende Bekanntschaften gemacht. Ich bin der Sucherei müde. Ich habe Angst, erneut betrogen zu werden. Meine Frau ist von heute auf morgen mit einem anderen Mann durchgebrannt. Ich hatte überhaupt nicht damit gerechnet. Es war ein Schock, eine echte Katastrophe in meinem Leben. Heute gelingt es mir nicht, mich von der fixen Idee zu befreien, dasselbe wieder zu erleben.« Bei einem Kurs laden wir Jean ein, durch seine Angst zu gehen. Es taucht eine andere Emotion auf: Traurigkeit. Unter Tränen äußert er, dass er sich nicht liebenswert fühlt. Seine Stimme verändert sich. Es ist die Stimme eines Kindes. Es scheint Jean nicht bewusst zu sein, dass er in einer Futurisierungs-Trance (er stellt sich für seine Zukunft wiederholten Liebesverrat vor) und in einer regressiven Trance lebt (Traurigkeit und alte Ängste tauchen auf). Er spricht weiter und teilt uns eine schmerzliche Erinnerung mit: »Mit fünf Jahren habe ich zuschauen müssen, wie meine Mutter unsere Wohnung verlassen hat. Sie hat meinen Vater und mich im Stich gelassen. Sie hatte sich in einen anderen Mann verliebt und wollte sich nicht mit einem Kind belasten.« Seine Stimme verrät inzwischen Wut. Er erklärt, wie sich der kleine Junge, der er war, ohne seine Mutter entwickelt hat: »In der Schule habe ich den dicken Max markiert und war immer der Anführer.« Seine Persönlichkeit hat sich so herausgebildet, dass er den berechtigten Schmerz auf Abstand halten und es vermeiden konnte, das Verlassenwerden erneut zu durchleben. Indem er der Anführer war, nutzte er alle Möglichkeiten, um geschätzt, respektiert und sogar gefürchtet zu werden.

Die Macht der fiktiven Identität

So wie Jean klebt jeder im Leben an einer fiktiven Identität, um seine Ängste und früheren Leiden zu verbergen. Diese Identität erscheint beruhigend und befriedigend, bis zu dem Tag, an dem sie durch ein Ereignis erschüttert wird. Dann tauchen die alten Emotionen und verdrängten Ängste wieder auf. Die Vergangenheit sucht die Gegenwart und die Zukunft heim. Regression* und Futurisierung* sind häufig gleichzeitig auftretende Trancezustände*. Sie sorgen dafür, dass man das als Kind als schmerzhaft empfundene Chaos erneut durchleben muss.

Alle inneren Teil(-Persönlichkeiten) vermischen sich nun:
- der mehr oder weniger gefestigte Erwachsene,
- das angepasste Kind im Zentrum der fiktiven Identität und
- das verbannte innere Kind* als Wächter der Empfindungen, die nicht geäußert werden durften, nicht gehört und nicht begleitet werden konnten.

Der amerikanische Psychotherapeut Stephen Wolinsky erklärt: »Die De-Hypnose schickt die Erinnerung in den Hintergrund und holt den gegenwärtigen Augenblick in den Vordergrund.«[5] Jean ist aus seiner hypnotischen Trance erwacht, indem er akzeptiert hat, dass ein Großteil seiner Empfindungen zu seiner Vergangenheit gehört. Die innere Wahrheit des bisher verbannten Kindes lautete: »Mit fünf Jahren fühlte ich mich von meiner Mutter im Stich gelassen.« Indem er diese innere Wahrheit angenommen hat, konnte er die Vergangenheit von der Gegenwart und der Zukunft unterscheiden. Dank dieser neuen Wahrnehmung konnte er schließlich wieder eine Liebesbeziehung eingehen.

Übung des Tages: Erwachen Sie aus der hypnotischen Trance

Der wahre innere Pilot, das Selbst, kennt keine Angst. Es braucht die Anerkennung, Wertschätzung oder Liebe anderer nicht. Dieser brennende Wunsch ist der Wunsch einer infantilen und angepassten Persönlichkeit, die die Macht übernimmt und den Erwachsenen hypnotisiert. Die Regression ist ein hartnäckiger Trancezustand, aber jeder kann sie hinter sich lassen.

Die Gegenwart kann wieder in den Mittelpunkt des Lebens gestellt werden. Wenn die Vergangenheit auftaucht, fördert sie verdrängte Verletzungen zutage. Der Erwachsene ist absolut in der Lage, mit Klarheit und Hellsichtigkeit zu erkennen, was ihn als Kind verletzt hat. Nur die Angst lässt ihn das Gegenteil glauben.

Phase 1: Nennen Sie die verschiedenen Ängste, die Ihre Gegenwart belasten und Ihre Zukunft verdunkeln. Zum Beispiel:
- die Angst, verraten zu werden;

- die Angst, den anderen zu verlieren;
- die Angst, nicht so akzeptiert zu werden, wie ich bin.

Phase 2: Klären Sie auf, welche Verletzungen sich hinter Ihren Ängsten verbergen, indem Sie Sätze wie in den nachfolgenden Beispielsätzen bilden:
- die Angst, verraten zu werden: »Im Alter von ... Jahren habe ich mich von ... verraten gefühlt, als er/sie ...«
- die Angst, den anderen zu verlieren: »Im Alter von ... Jahren habe ich mich von ... verlassen gefühlt, als er/sie ...«
- die Angst, nicht so akzeptiert zu werden, wie ich bin: »Im Alter von ... Jahren habe ich mich nicht akzeptiert gefühlt von ..., als er/sie ...«

Bitte achten Sie in Ihren Beispielsätzen auf Folgendes:
- Geben Sie an, wie alt Sie damals waren, damit das Ereignis der Vergangenheit zugeordnet werden kann und auch wirklich das Kind in Ihnen betrifft.
- Verwenden Sie den Ausdruck »Ich habe mich ... gefühlt«. Mit dieser Formulierung distanzieren Sie sich vom Verhalten des anderen und konzentrieren sich wieder auf das, was Sie empfunden haben.
- Nennen Sie die jeweiligen Personen, ohne dabei in eine Rechtfertigung zu verfallen, um den anderen zu schützen, und ohne Anschuldigung. Sie kommen aus einer Trance und einem Leid nicht heraus, wenn Sie nicht unterscheiden, was zu Ihnen und was zu einem anderen gehört.
- Nach der Formulierung »als er/sie ...« beschreiben Sie das Verhalten des anderen Ihnen gegenüber, ohne es zu beurteilen oder zu analysieren.

Im Beispiel von Jean könnte es heißen: »Ich habe mich von meiner Mutter verraten gefühlt, als sie ohne mich von zu Hause weggegangen ist.«

Phase 3: Jedes Mal, wenn Sie Angst empfinden, wiederholen Sie laut den Satz, den Sie aufgeschriebenen haben. Es ist möglich und völlig normal, dass weitere Emotionen auftauchen: Ekel, Wut, Traurigkeit. Nehmen Sie diese Emotionen an, ohne sie zu beurteilen. Diese Übung ist eine zusätzliche Etappe auf dem Weg zu Ihrer Befreiung.

TAG 6

Die Stimmen der Angst

Der Mensch ist vielfältig

>*»Eine Person ist eine innere unvollendete Vielheit,*
>*die dazu aufgerufen ist, ein Ganzes zu werden. Gott entwirft*
>*den Menschen nur, der Mensch erschafft sich erst auf der Erde selbst.«*
>Afrikanisches Sprichwort

Die Bedeutung des Ichs

Jeder Mensch definiert sich selbst, ob bewusst oder unbewusst. Das Personalpronomen »ich« wird verwendet, um von sich selbst zu sprechen, um auszudrücken, was in einem ist, und um sich gegenüber dem anderen zu positionieren. Dieses Ich zeichnet jedes Mal die Umrisse eines Persönlichkeitsbildes. Jeder identifiziert sich mit seinem Ich, wobei er dieses im Lauf seiner Erfahrungen bereichert und verändert.

Das Ich drückt Ihre Emotionen und Ihre Gefühle aus: Ich bin traurig, ich habe Angst, ich liebe dich. Es legt Ihre Bedürfnisse dar: Ich brauche Sicherheit, Respekt, Harmonie. Es bestimmt Ihre Qualitäten und Ihre Schwächen: Ich bin neugierig, ich bin ungeschickt.. Es drückt Ihren inneren Zustand aus: Ich bin müde, ich bin gelassen. Es bekräftigt Ihre Vorlieben: Ich treibe gerne Sport, ich mag keinen Käse. Das Ich in allen Ausdrucksformen bewohnt Ihr ganzes Wesen und nährt die Bedeutung des Ichs, d. h. das Gefühl, dass Sie durch und für sich leben.

Ohne das Ich kann sich ein Individuum nicht herausbilden, hat nichts, worauf es sich stützen kann, um sich zu verwirklichen. Gleichzeitig ist das Ich gelegentlich einengend. Es setzt Grenzen, die behindern oder lähmen.

Véroniques Geschichte

Die 30-jährige Véronique hat eine ältere, geistig behinderte Schwester und glaubt, so zu sein wie sie. Regelmäßig wiederholt sie: »Ich bin behindert.« Das entspricht offensichtlich nicht der Wirklichkeit, aber sie klammert sich an dieses Etikett, um die Erziehung durch ihre Eltern nicht infrage zu stellen, die, in ihrem Bemühen, beide gleich zu behandeln, zwischen beiden Schwestern keinen Unterschied gelten ließen. Sie unterdrückt ihr Schuldgefühl, nicht so wie ihre Schwester, sondern »normal« zu sein. Ihre gesamte Kindheit über hat sie gehört: »Deine Schwester und du, ihr seid gleich.« Ein Teil von ihr hat diese Botschaft verinnerlicht und ist davon überzeugt, intellektuell eingeschränkt zu sein.

Die Grenzen des Ichs

Das geäußerte Ich ist nicht immer das wahre Ich. Unter der Belastung von Trancezuständen verbindet sich das Ich mit Emotionen und Empfindungen der Vergangenheit, aus denen sich die Gewohnheiten einer fiktiven Persönlichkeit bilden, die erschaffen wurde, um vor der inneren Wahrheit zu fliehen.

Dieses alte Bild wirkt real, greifbar und unumgänglich. Es klebt wie ein Kleidungsstück auf der Haut. Als Ergebnis der Anpassung an familiäre, soziale und kulturelle Zwängen entfernt es sich vom wahren Ich und vom inneren Piloten, dem Selbst. Welches Interesse könnte man haben, sich mit einer falschen Persönlichkeit zu identifizieren? Die Antwort ist leicht: Diese fiktive Persönlichkeit wirkt beruhigend, und man kann mit ihr erfolgreich dem Leid entfliehen.

Véronique gelingt es in ihrem Leben nicht, ihre Illusion aufzugeben. Es erweist sich als relativ bequem, sich behindert zu fühlen. Dieses falsche Ich* enthebt sie der Verantwortung. Sie rechtfertigt damit ihre Probleme, ihr Leben in die Hand zu nehmen. Indem sie die strikte und verletzende Erziehung in ihrer Kindheit nicht infrage stellt, hält sie das verknöcherte Familiensystem aufrecht. Diese scheinbare Bequemlichkeit erstickt Véroniques Vivance*, wodurch sie sich von ihren unendlich vielen Möglichkeiten entfernt. Véroniques Beispiel erinnert daran, dass die Identifizierung mit einer fiktiven Persönlichkeit langfristig schlimmeres Leid hervorrufen kann als das, das man zu betäuben versucht.

Das Ich verbirgt sehr häufig die Identifizierung mit dem angepassten Kind. Es erweckt den Anschein einer psychischen Geschlossenheit und scheint sich auf die gesamte Person zu beziehen. Diese Illusion, wie ein Monolith aus einem einzigen Block zu bestehen, das heißt nur eine bestimmte Persönlichkeit zu haben, lässt alle anderen Teile der inneren Landschaft im Dunkeln.

Vom Einen zur Vielfalt

Sich nur als eins zu fühlen, ist eine Illusion.
Sich nur als eins zu fühlen, ist eine eingeschränkte Selbstdefinition.
Sich nur als eins zu fühlen, überlässt häufig einer fiktiven Persönlichkeit den Platz.
Sich nur als eins zu fühlen, verhindert es, sich von seinen Ängsten zu entfernen.

Die Vielfalt in sich zu erkunden, erfolgt nicht von allein.
Die Vielfalt in sich zu erkunden, ist unbequem.
Die Vielfalt in sich zu erkunden, ist eine Gelegenheit, den Teil in sich zu entdecken, der Angst hat.
Die Vielfalt in sich zu erkunden, bedeutet, die vielfältigen Stimmen anzuerkennen, die das innere System bestimmen.
Die Vielfalt zu erkunden, führt zur Ganzheit.

Wenn es gelingt, die Vielfalt in der Einheit der Person zu leben, bedeutet dies Erfüllung.

Sein inneres System erkunden

> »Niemand empfindet jemals nur einfach: Das Bewusstsein setzt sich zusammen aus vielfältigen Objekten und Beziehungen.«
> William James

Funktionale und dysfunktionale Systeme

Jedes System hat eine mehr oder weniger gut funktionierende Organisation. In den meisten Firmen gibt es Organigramme, die die innere Hierarchie erklären. Auch jede Familie fügt sich in eine hierarchische Ordnung in Form eines Stammbaums ein. Dasselbe gilt auch für das psychische System.

Innerhalb eines funktionellen Systems (harmonisch, konstruktiv und entwicklungsfähig) wird jedes Mitglied mit seinen Bedürfnissen und Kompetenzen anerkannt. Jedes Mitglied hat Verantwortung, übt einen positiven Einfluss aus und trägt zum harmonischen Gleichgewicht des Ganzen bei. In einem dysfunktionalen System (einengend, konfliktbeladen und regressiv) leidet der Mensch unter Zwängen, die zu einer Last werden können. Es herrscht eine starre Rollenverteilung, um ein verknöchertes Gleichgewicht zu erhalten. Widerstand und Konkurrenz regieren. Angst ist allgegenwärtig. Ein dysfunktionales System unterstützt weder die Kreativität und die Ausdrucksfähigkeit noch die Entwicklung der Qualitäten des Individuums. Es verhindert die Selbstverwirklichung. Die meisten menschlichen Systeme sind mehr oder weniger dysfunktional. Die Dysfunktionen entstehen in der Familie, entwickeln sich in der Schule weiter und erreichen ihren Höhepunkt in der Berufswelt. Es ist daher nur natürlich, dass das psychische System von einem Modell ausgeht, das weder Harmonie noch Selbstverwirklichung begünstigt.

Modell eines dysfunktionalen psychischen Systems

Die psychische Dysfunktion ist das Ergebnis des verbannten wahren Ichs. Das verbannte innere Kind stellt die innere Wahrheit dar, d. h. die Empfindungen, Emotionen, Bedürfnisse und kreativen Kräfte des Kindes, die nicht zugelassen, nicht gehört und nicht begleitet wurden. Das Leid und die Verletzungen des inneren Kindes, die dadurch natürlich entstanden sind, bleiben verdeckt. Nicht die Verletzungen der Kindheit vergiften das Leben des Erwachsenen, sondern die Tatsache, dass sie verdrängt und verleugnet werden.

Das angepasste Kind* ist die logische Folge des langen Tunnels des Vergessens. Indem es sich anpasst, entscheidet sich das Kind für ein Verhalten, mit dem es den Schmerz auf Abstand halten kann. Das angepasste Kind verhält sich sowohl den tatsächlichen (ausgesprochenen oder implizierten) als auch den eingebildeten Forderungen seiner Eltern gegenüber konform. Es erlebt sie wie Anordnungen, wie Befehle, die seine Übereinstimmung mit den Familienregeln garantieren. Das angepasste Kind im Erwachsenen möchte bekommen, was es nicht hat. Um dies zu erreichen, kann es entweder die Opferrolle oder die fordernde Rolle übernehmen. Beide Strategien beeinträchtigen die Beziehungen durch das Bündel an unberechtigten Wünschen und Forderungen gegenüber dem anderen.

Gelegentlich lässt sich die Stimme des verbannten inneren Kindes vernehmen. Eine Verletzung des inneren Kindes äußert sich häufig körperlich und riskiert, das erworbene unsichere Gleichgewicht zu gefährden. Ein bestimmter Bereich in einem selbst, den wir hier als »Feuerwehrmann« bezeichnen, löscht das Feuer des intensiven Leids, das aufzutauchen droht. Die Aufgabe dieses inneren Feuerwehrmannes ist es, die starken Emotionen in Verbindung mit den Verletzungen der Vergangenheit zum Schweigen zu bringen. Dieser Feuerwehrmann übernimmt die totale Kontrolle über die Person, sodass diese nur noch das dringende Bedürfnis empfindet, etwas zu tun, das sie beruhigt oder das bei ihr ein Gefühl des Abgeschnittenseins erzeugt.[1] Der Feuerwehrmann lässt zwanghaftes Verhalten (Übermaß an Essen, Sex, Alkohol etc.), ja sogar Abhängigkeiten (Bulimie, Alkoholismus, Nikotinsucht etc.) entstehen.

Ein anderer innerer Bereich, den wir hier als »Manager« bezeichnen, übernimmt verschiedene Funktionen, um die illusorische Persönlichkeit aufrechtzuerhalten und die Wahrheit des inneren Kindes zu verdrängen. Man kann diesen Manager hinter verschiedenen Masken erkennen: hinter dem Kontrolleur, dem Schläger, dem Richter, dem Pessimisten, dem Sorgenvollen etc. Der Manager weist dem Individuum streng definierte Rollen zu.

Das angepasste Kind, der Feuerwehrmann und der Manager garantieren ein Gleichgewicht, indem sie blockierende Ängste einsetzen. Ziel ist es, das innere Kind in seinem Gefängnis eingesperrt zu halten. Jedes Mal, wenn dieses Trio in Aktion tritt, ist der Erwachsene wie in Trance. Wie hypnotisiert gehorcht er den Anpassungsängsten. Es gibt keinen inneren Piloten mehr. Die Macht wird einer der Teilpersönlichkeiten überlassen.

All diese Teilpersönlichkeiten unterliegen dem Einfluss eines Elternteils oder autoritären Anführers. Er gibt die Befehle: was ich empfinden, was ich denken und wie ich handeln soll, um konform zu sein.

Es ist sehr wichtig, die verschiedenen Bereiche des dysfunktionalen Systems aufzuklären, um sich aus den Trancezuständen zu befreien und sich von einer fiktiven Persönlichkeit zu befreien, die ein falsches Sicherheitsgefühl vermittelt, das häufig mit Konformität gleichzusetzen ist.

Das folgende Schema zeigt ein Modell eines dysfunktionalen psychischen Systems.[2] Diese metaphorische Darstellung zeigt die wesentlichen psychischen Teile und ihre Verbindungen zu blockierenden Ängsten und Anpassungsängsten. Anhand dieses Schemas können Sie Ihre Teilpersönlichkeiten besser identifizieren, deren Stimmen ausmachen und deren Motivationen erkennen.

DIE ANGST UND IHRE TRANCEZUSTÄNDE

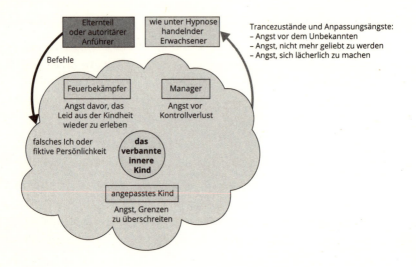

Übung des Tages: Befreien Sie sich von Ihren Ängsten

Eine regelmäßige Selbstbefragung und ein gewisser Scharfblick trainieren die bewusste Wahl, man selbst zu sein. Nur der Mut, man selbst zu sein, führt zu mehr Vivance* und Lebensfreude.[3]

Sie sind der Auffassung, dass all Ihre Entscheidungen von Ihnen ausgehen, von der Person, die Sie sind. Sie überlegen und Sie beurteilen die besten Möglichkeiten, bevor Sie zur Tat schreiten. Sie können aus einem momentanen Impuls heraus auch einmal spontan handeln. Manchmal machen Sie Fehler und versuchen im Allgemeinen, daraus zu lernen. Sie haben jedoch eine Überzeugung, die Sie kaum infrage stellen: Wenn ich mich äußere, bin ich es, der spricht, entscheidet, wählt. Dies ist eine offenbar angenehme Sicherheit, die Sie allerdings in einem Zustand der Trance hält.

Die heutige Übung ist in folgenden Situationen sehr hilfreich:
- Sie haben Angst, etwas zu tun.
- Es fällt Ihnen schwer, eine Wahl zu treffen.
- Ihre Entscheidung erscheint Ihnen nicht sehr erwachsen zu sein.
- Sie spüren einen inneren Konflikt angesichts einer Wahl, die Sie treffen müssen.
- Sie haben das Gefühl, einen Fehler gemacht zu haben.
- Sie treffen eine Wahl, die von Wut, Angst oder Traurigkeit beherrscht wird.

Phase 1: Um aus dem Zustand der Trance herauszukommen, müssen Sie sich zuerst diese Frage stellen: »Wer drückt sich in mir aus?« Antworten Sie nicht einfach mit »ich«, stellen Sie sich vielmehr vor, dass es eine innere Teilpersönlichkeit von Ihnen ist, eine Person, die sich mit ihren Emotionen, Überzeugungen, Empfindlichkeiten und Qualitäten ausdrückt. Hören Sie sich ihre Meinung und ihre Argumente an.

Phase 2: Für Stephen Wolinsky werden die Trancezustände obligatorisch von einer Muskelkontraktion und dem Anhalten des Atems begleitet – genau wie die Angst.[4] Dies ist logisch, da die Angst die Energie ist, von der die Trance ausgeht. Bevor Sie zur nächsten Frage weitergehen, atmen Sie tief ein und aus. Achten Sie darauf, die Schultern leicht nach hinten zu öffnen und zu entspannen. Die zweite Frage zur Befreiung von der Angst lautet: »Stimme ich mit der Teilpersönlichkeit von mir, die sich äußert, vollkommen überein?«

Hören Sie nicht auf die Antwort in Ihrem Kopf. Sehr wahrscheinlich werden Sie eine Stimme hören, die Ja sagt, und eine andere Stimme, die Nein sagt. Das bringt Sie nicht weiter. Die Antwort erfolgt nicht verbal, sondern über den Körper. Sie kommt aus dem Herzen. Wenn Sie tiefer atmen und spüren, wie sich Ihr Brustkorb öffnet, kommt die Antwort aus der Ausdehnung und der Lebensdynamik. Wenn Sie sich hingegen körperlich verschließen, indem Ihre Schultern wieder nach vorne kommen und Sie eher flach atmen, kommt die Antwort aus dem Rückzug und aus der Angst.

Phase 3: Gehen Sie nicht mehr dual vor. Sie verlieren viel Handlungsenergie, wenn Sie weiterhin auf die positiven und die negativen Antworten hören. Es gibt keine »richtige« und auch keine »falsche« Wahl. Die Antworten spiegeln den Grad Ihrer Bewusstheit wider. Wenn Sie sich dagegen auf Ihren Körper konzentrieren, schaffen Sie es, auf den einzigen hilfreichen Kompass zu hören: den des Herzens, des Selbst.

Die letzte Frage zur Befreiung von der Angst lautet: »Bin ich angesichts meiner Wahl offen, lebendig, kreativ und gelassen?«

Wenn Sie Ihrem Herzen folgen, werden Ihre Zweifel, Ihr Zögern und Ihre Ängste zwar nicht zum Schweigen gebracht, aber auf Distanz gehalten. Indem Sie auf Ihren inneren Piloten hören, gelangen Sie in einen anderen, weiteren und freieren Raum, in dem Sie nicht mehr mit dem verknüpft sind, was Sie zu sein glaubten. Sie können die angepassten und eingeschränkten Bereiche in Ihnen hinter sich lassen.

DRITTER TEIL

Die kindlichen Ängste

» Sie können mit Ihren kindlichen Ängsten wieder in Verbindung treten. Dies ist eine wesentliche Etappe des Heilungsprozesses. Über diesen Umweg mobilisieren Sie die heilenden Fähigkeiten Ihrer Vorstellungskraft und Symbolisierung in vollem Umfang. Sie werden entdecken, dass die Ungeheuer Ihrer Kindheit Ihre innere Wahrheit bewachen. «

TAG 7

Das Kind und die Angst

Was enthüllt die kindliche Angst?

>»Alle großen Leute waren einmal Kinder.
>Aber nur wenige erinnern sich daran.«
>Antoine de Saint-Exupéry

Die Angst ist Teil der Entwicklung

In seinem 1917 veröffentlichten Buch *Einführung in die Psychoanalyse* berichtet Freud über eine bewegende Geschichte. Ein kleines Kind ist sehr ängstlich. Es ist allein in einem dunklen Zimmer und kann nicht einschlafen. Es ruft seine Tante, die im Nebenzimmer ist:

»Tante, sag was, ich habe Angst.«
Die Frau fragt das Kind:
»Was nützt dir das, wenn du mich nicht siehst?«
Darauf antwortet das Kind:
»Es ist heller, wenn jemand spricht.«

Beim Kind ist die Angst ein Teil seiner Entwicklung. Seine Reaktion unterstreicht, wie wichtig dafür die zwischenmenschliche Welt ist. All seine Emotionen erzeugen ein affektives Band, in erster Linie zu seinen Eltern, später auch zu anderen Menschen. Eine gesunde Bindung zu einem anderen Menschen ist das Ergebnis zahlreicher Wechselwirkungen in Bezug auf das Verhalten, die Gefühle und die phantasmatische Dimension.

Das Kind braucht es, als vollständige Person anerkannt zu werden. Es erwartet, dass die erwachsene Bezugsperson, in der Regel ein Elternteil, an seiner Welt Anteil nimmt, um es auf dem Weg zum Erwachsenen zu begleiten. Es gibt nichts

Schlimmeres für ein Kind, als gesagt zu bekommen, seine Angst sei lächerlich, es müsse endlich groß werden und aufhören, sich kindisch zu benehmen. Die wichtigste Funktion der kindlichen Angst ist das Herstellen einer Bindung.

Die Symbolsprache des Kindes

Der Erwachsene vergisst, dass sich das Kind, symbolisch gesprochen, wie ein Fisch im Wasser entwickelt. Seine Fantasiewelt wird von Ungeheuern, Drachen, wilden Tieren, Wölfen, Dieben, Geistern und Hexen bevölkert. Diese Märchenbilder finden sich anfangs auch in der kindlichen Sprache wieder, indem das Kind sie einsetzt, benutzt, verändert und entwickelt.

Für das Kind ist die Angst noch etwas sehr Plastisches. Jedes Mal, wenn das Kind ängstlich ist, erfindet es in seiner Vorstellung Bilder, die seinen Ängsten eine Gestalt geben. Es versucht, sie besser zu beherrschen. Kindliche Ängste sind ganz normal. Sie begleiten die zahlreichen Lernetappen auf dem Weg zur Autonomie.

Françoise Dolto behauptete: »Das Unbewusste kann man nicht belügen, es kennt immer die Wahrheit.« Die Symbolsprache spiegelt das Unbewusste wider. Das Kind erfasst intuitiv die Wahrheit über seine Herkunft und seine Familiengeschichte. Das Gehirn kann bereits in der Kindheit den Unterschied zwischen dem, was die Eltern sagen, und dem, was sie wirklich empfinden, empathisch wahrnehmen. Deshalb hat Françoise Dolto alle Eltern dazu aufgefordert, mit dem Kind eine »ehrliche Gesprächskultur« zu entwickeln. Es ist überaus wichtig, dem Kind zuzuhören und mit ihm über seine Ängste zu sprechen.

Zahlreiche Ängste entstehen in der Kindheit, wenn die natürliche Furcht (Angst vor Wasser, Angst vor anderen, Angst vor dem Keller etc.) nicht erkundet und nicht durch schrittweises Lernen mit einer wohlwollenden Person begleitet wurde. Wenn konkrete Ängste nicht angepackt werden, erzeugen sie beim Erwachsenen diffuse Ängste oder verfestigen sich schließlich in Form von Phobien.

Die Suche nach dem Sinn ist für den Menschen wesentlich. Märchen und Mythen leben von Symbolen, für die das Kind besonders empfänglich ist, da sie aus dem kollektiven Unbewussten stammen und seit jeher überliefert wurden. Diese Darstellungen helfen dem Kind, bestimmte schwierige Wahrheiten anzunehmen. Unter diesen Symbolen nimmt der böse Wolf einen bevorzugten Platz ein.

Die Angst vor dem bösen Wolf

Der Wolf ist ein archetypisches Bild, d. h., dieses Bild ist Teil des kollektiven Unbewussten. Seit dem frühen Mittelalter ist der Wolf die Inkarnation der Grausamkeit und der blutrünstigen Instinkte. Die Kirche ging sogar so weit, ihn mit dem Bösen und dem Teufel in Verbindung zu bringen. Märchen wie *Der Wolf und die sieben Geißlein* oder *Rotkäppchen* von den Gebrüdern Grimm lassen die Legende vom großen bösen Wolf fortleben.

Die Geschichte von Rotkäppchen zeigt die zweite Funktion der kindlichen Ängste auf, nämlich die Natur der menschlichen Wünsche und Triebe zu erhellen.

> *Es war einmal ein kleines süßes Mädchen, das hatten alle lieb, die es nur ansahen, am allerliebsten aber hatte es seine Großmutter; die wusste gar nicht, was sie alles dem Kinde geben sollte. Einmal schenkte sie ihm ein Käppchen aus rotem Samt, und weil ihm das so gut stand und es nichts anderes mehr tragen wollte, hieß es nur noch das Rotkäppchen.*

Rot symbolisiert Lebensdrang und kreative Energie, die Vivance*, die wie ein Lebenssamen von den Eltern gepflanzt wurde und für die jeder selbst verantwortlich ist. Das Märchen enthüllt, welchen Einfluss die Vorfahren auf ihre Nachkommen ausüben können. Hier eignet sich die Großmutter den Platz der Mutter an, die diese Situation akzeptiert.

> *Eines Tages sprach seine Mutter zu ihm: »Komm, Rotkäppchen, da hast du ein Stück Kuchen und eine Flasche Wein.[1] Bring das der Großmutter hinaus; sie ist krank und schwach und wird sich daran erfreuen. Beeile dich, bevor es zu heiß wird. Und sei artig und lauf nicht vom Wege ab, sonst fällst du und zerbrichst die Flasche, und die Großmutter hat nichts. Und wenn du in ihre Stube kommst, so vergiss nicht guten Morgen zu sagen, und guck nicht erst in allen Ecken herum.«*
>
> *»Ich will schon alles gut machen«, versprach Rotkäppchen der Mutter, bevor es sich verabschiedete und auf den Weg machte.*

Das Kind, dessen Name sich ausschließlich auf das Kleidungsstück bezieht, das sie von ihrer Großmutter geschenkt bekommen hat, wird aufgefordert, sich den

Wünschen ihrer Mutter unterzuordnen, die ihr eine Aufgabe auf Kosten ihrer Freiheit, ihres natürlichen Drangs und ihres Lebens überträgt. Sie opfert ihr Kind.

Währenddessen erfährt der Wolf, wo die Großmutter wohnt, verschlingt sie und nimmt ihren Platz ein.

»Guten Tag, Großmutter!«
Da es keine Antwort bekam, ging es zum Bett und zog die Vorhänge zurück. Da lag die Großmutter und hatte die Haube tief ins Gesicht gesetzt und sah so wunderlich aus.
»Ei, Großmutter, was hast du für große Ohren!«
»Dass ich dich besser hören kann.«
»Ei, Großmutter, was hast du für große Augen!«
»Dass ich dich besser sehen kann!«
»Ei, Großmutter, was hast du für große Hände!«
»Dass ich dich besser packen kann!«
»Ei, Großmutter, was hast du für einen großen Mund und entsetzlich große Zähne!«
»Dass ich dich besser fressen kann!« antwortete der Wolf. Sodann tat er einen großen Sprung aus dem Bett und verschlang das arme Rotkäppchen.

Der Wolf repräsentiert die verschlingenden Wünsche der Großmutter gegenüber ihrer Enkelin. Dieses Märchen warnt das Kind vor den Absichten der Erwachsenen, die nicht immer im Dienst seiner Entfaltung und Erfüllung stehen. Das Kind weiß intuitiv, dass sich die Eltern oder Großeltern in einen Wolf oder ein verschlingendes Ungeheuer verwandeln können. Das Kind ist gewarnt. Die Gefahr besteht. Das Kind verschlingen heißt, seine Kindheit zu töten.

Am Ende des Märchens tötet ein Jäger den Wolf, öffnet seinen Bauch und befreit Rotkäppchen und die Großmutter. Der Jäger rettet das Kind vor den Wünschen und unberechtigten Erwartungen seiner Verwandten. Das Kind kann seine kreative Lebensenergie* zurückgewinnen und sich nutzbar machen.

Mit seiner Angst wachsen

> »Erwachsen zu werden bedeutet nicht, etwas Neues hinzuzugewinnen, sondern zu entdecken, was man bereits in sich trägt.«
> Alexandre Jollien

Angst als Lehrmeister

In seiner Verbundenheit mit seinen Eltern wird das Kind mit den Wünschen und Trieben des Erwachsenen konfrontiert. Der Blick des Erwachsenen, der auf dem Kind ruht, ist nicht immer gesund. Er kann irregeleitet und verfälscht sein. Kindliche Ängste sind dazu da, um all diese unsichtbaren Gefahren, die in der Eltern-Kind-Beziehung lauern, ans Licht zu bringen und ihnen Gestalt zu geben. Das Kind ist seinen Eltern vollkommen treu und vergöttert sie bis zum Alter von vier Jahren. Ein Kleinkind kann seine Eltern nicht infrage stellen. Es bleibt ihnen bedingungslos verbunden.

Das Kind braucht einerseits die Sicherheit der umsorgenden Bindung zu seinen Eltern, gleichzeitig jedoch wird es von seinem Unbewussten gewarnt. Die kindlichen Ängste hinterfragen nicht nur die Eltern-Kind-Beziehung, sie zeigen auch, dass Autonomie erlernt wird.

Jedes Kind hat bereits unheimlich viele Fähigkeiten. Die Pädagogin Maria Montessori war die Erste, die den aufnahmefähigen Geist des Kindes erkannte, der auch unbewusste Informationen automatisch, mühelos und schnell registriert. Das Kind ist wie ein Schwamm. Es saugt seine Umgebung auf, und all diese Eindrücke, Empfindungen und Emotionen nehmen in ihm Gestalt an.

Die kindlichen Ängste sind quasi die Geysire dieser intensiven psychischen Aktivität. Das Kind lernt durch seine Angst, deshalb ängstigt es sich gerne. Die kindliche Angst lehrt, dass die Emotion Angst keine Dysfunktion ist. Sie wird nur manchmal dysfunktional, wenn das Kind nicht den nötigen Raum und keine ausreichende Aufmerksamkeit erhält, um sich dieser Angst zu stellen.

Kindliche Ängste haben eine Kraft, die ein Erwachsener nicht mehr verstehen kann. Sie sind die treibenden und instinktiven Kräfte, das wilde Pferd quasi, auf das sich das Kind schwingt und das es zähmt.

Jedem Alter seine Angst

Die kindlichen Ängste entwickeln sich mit dem Alter und der Umgebung. Erinnern Sie sich noch an die Ängste, die Sie als Kind gekannt haben?[2]

0-6 MONATE Angst vor dem Hinfallen, vor lauten Geräuschen

7-12 MONATE Angst vor unbekannten Gesichtern, vor Objekten, die unvermittelt im Sichtfeld auftauchen

1 JAHR Angst vor der Trennung von den Eltern, vorm Baden, vor Verletzungen, vor unbekannten Gesichtern

2 JAHRE Angst vor lauten Geräuschen, Tieren (großen Hunden), Dunkelheit, vor der Trennung von den Eltern, vor plötzlichen Veränderungen des Umfelds

3 JAHRE Angst vor Masken, vor der Dunkelheit, vor Tieren, vor der Trennung von den Eltern

4 JAHRE Angst vor der Trennung von den Eltern, vor Tieren, Dunkelheit, nächtlichen Geräusche

5 JAHRE Angst vor Tieren, bösen Leuten, Dunkelheit, vor der Trennung von den Eltern, vor körperlichen Verletzungen

6 JAHRE Angst vor übernatürlichen Wesen (Gespenstern, Hexen), vor körperlichen Verletzungen, Gewitter, Dunkelheit, davor, alleine zu schlafen oder alleine zu bleiben, vor der Trennung von den Eltern

7-8 JAHRE Angst vor übernatürlichen Wesen, vor der Dunkelheit, vor Ereignissen, über die in den Medien berichtet wird, davor, alleine zu bleiben, vor körperlichen Verletzungen

8-12 JAHRE Angst vor Schulaufgaben, -kontrollen und -ergebnissen, vor körperlichen Verletzungen, Gewitter, Tod, Dunkelheit

Die kindlichen Ängste sagen nichts über die künftigen Fähigkeiten als Erwachsener aus. Ein sehr furchtsames Kind kann im Erwachsenenalter eine innere Kraft und beispielhaften Mut ausstrahlen. So war es beispielsweise bei Gandhi. Kindliche Ängste sind tatsächlich gelegentlich der Nährboden, um zu wachsen.

Angst vor der Dunkelheit

Bei einigen Menschen ist die Angst vor der Dunkelheit nie ganz verschwunden. Der Verlust visueller Orientierungspunkte verstärkt die Vorstellung von Leere, Nichts, Trennung und einer fehlenden Bindung an etwas Beruhigendes. Die Nacht oder die Dunkelheit in einem Zimmer weckt bei manchen Erwachsenen manchmal kindlichen Schrecken, der bei anderen mit zunehmendem Alter vergangen ist. Im Dunkeln gerät die Vorstellungskraft außer Kontrolle und produziert ängstigende Bilder. Eine Person, die Angst vor der Dunkelheit oder der Nacht hat, wurde als Kind seiner Furcht allein überlassen.

Philippes Geschichte

»Schon immer fürchtete ich den Augenblick des Zubettgehens. Ich fühle mich lächerlich dabei, mit achtundzwanzig Jahren ein kleines Nachtlicht brennen zu lassen, um einschlafen zu können«, gesteht sich Philippe selbst ein. Philippe, der sich allein und schutzlos fühlt, weiß nicht, dass in ihm ein Kind noch immer nach seiner Mutter ruft. Er findet diese schmerzliche Erinnerung wieder: »Zwischen acht und zwölf Jahren habe ich vor dem Einschlafen regelmäßig geweint. Ich hatte Angst, dass meine Mutter stirbt. Sie hatte eine Krebserkrankung. Sie hat nie geklagt, aber manchmal stieß sie einen kleinen Schrei aus, und ihr Gesicht verzog sich vor Schmerz. Dieses Bild hat sich in mir eingegraben.«

Philippe therapiert seine Angst mit einem Plüschbären, der das besorgte Kind in ihm darstellt. Er macht aus dem Zubettgehen ein Ritual. Er beginnt, den Bären zu beruhigen, ihn an sich zu drücken und zärtlich zu umarmen. Er kann ausdrücken, was er als Kind nie verbalisieren konnte. Das besorgte Kind, symbolisiert durch das Plüschtier, erhält so alle Zeichen der Zuneigung und Aufmerksamkeit, die ihm gefehlt haben. Seine Angst vor der Dunkelheit lässt innerhalb eines Monats nach. Über den Umweg des Plüschbären kümmert er sich heute weiterhin um sein inneres Kind*.

Was ein Plüschtier bewirkt

Nachdem bekannt wurde, dass im Laufe nur eines Jahres 75.000 Plüschbären in Hotelzimmern der Hotelkette Travelodge vergessen wurden, führte die Hotelkette eine Umfrage unter 6.000 erwachsenen Kinder durch. Die Ergebnisse sind erstaunlich: Die Plüschtiere, die in den 452 Hotels in England gefunden wurden, gehörten größtenteils Erwachsenen. Laut der Umfrage besitzen 35 Prozent der erwachsenen Briten ein Kuscheltier, 51 Prozent der Engländer geben zu, ihren Teddybären aus der Kindheit aufgehoben zu haben, und 56 Prozent der Teilnehmer an der Umfrage finden es legitim, im Erwachsenenalter ein Kuscheltier zu besitzen. Und das aus gutem Grund, denn das Plüschtier wirkt stressabbauend.[3]

Stellt man sich einen Teil von sich selbst mit einem Plüschtier vor, ruft dies die zerbrechliche und verletzliche Natur des wahren kindlichen Ichs wieder in Erinnerung. Es ist die Antwort auf ein tief verwurzeltes Sicherheitsbedürfnis angesichts der Emotion Angst. Wenn es Nacht wird, wirkt dieses Plüschtier wie das echte Kuscheltier der Kindheit: als imaginäre Unterstützung, um sich dem zu stellen, was in der Dunkelheit verborgen ist. Auch wenn diese Konfrontation mit der Dunkelheit, den Träumen und Albträumen dem Erwachsenen völlig normal erscheint, behält doch jeder die Beunruhigung der Kinderzeit in solchen Situationen in Erinnerung.

Viele Erwachsene nehmen ein Plüschtier als Übergangsobjekt, um sich ihre Angst oder Furcht abzugewöhnen.[4] Das ist nicht nur gesund, sondern zeigt auch große Reife. Sie greifen zurück auf eine kreative Kraft aus der Kindheit, die Symbolisierung. Das Plüschtier ist kein Kuscheltier mehr, sondern eine Brücke zu sich selbst, eine Gelegenheit, Bindungen wiederherzustellen und den Austausch mit seinem kindlichen Wesen zu pflegen.

Übung des Tages: Hören Sie sich um

Machen Sie doch einmal eine eigene Umfrage bei Ihren Verwandten, Arbeitskollegen oder Bekannten. Diese Umfrage kann Ihnen ein verkanntes, häufig heimliches Phänomen enthüllen und die Gelegenheit zu einem lehrreichen und authentischen Austausch über ein unausweichliches Thema bieten, den Teil der Kindheit, der für immer in uns ist:

- Habt ihr zum Schlafen einen Teddybären?
- Haltet ihr einen eurer Teddybären oder eine eurer Puppen aus der Kindheit noch immer in Ehren?

TAG 8

Die Monster im Schrank

Die Angst vor Ungeheuern

> »Echte Angst ist so etwas wie eine Rückerinnerung an die eingebildeten Schrecken von früher.«
> Guy de Maupassant

Das Ritual des Zubettgehens

In seinem Film *Aliens – die Rückkehr*, der 1986 in die Kinos kam, zeigt der Regisseur James Cameron eine anrührende Szene zwischen seiner Heldin Ellen Ripley (Sigourney Weaver) und Newt, einem kleinen Mädchen und der einzigen Überlebenden der 157 Siedler der Firma Weyland-Yutani, die auf den Planeten LV-426 geschickt worden waren.

»[...] Ins Bett mit dir. Ohne Diskussion. Schau, alles ist gut. Du kriechst schön unter deine Bettdecke und schläfst jetzt. Du bist ja sehr müde.«
»Ich will nicht schlafen. Ich habe immer Albträume.«
»Ich wette, dass Carole (Newts Puppe) nie Albträume hat. Wir wollen mal schauen. Nein, da ist alles gut, wie du siehst. Also machst du es wie sie.«
»Ripley, Carole hat keine Albträume, weil sie nur ein Stück Kunststoff ist.«
»Du hast recht. Entschuldige, Newt.«
»Meine Mama hat gesagt, es würde keine Ungeheuer geben. Das sei lächerlich, aber es gibt welche.«
»Ja, es gibt welche.«
»Warum sagen die Erwachsenen dann so etwas?«
»Weil es für gewöhnlich stimmt.«
»Hier, nimm das. (*Sie gibt ihr einen GPS-Tracker*). Das bringt Glück. Schlaf gut.«

»Bitte bleib noch.«

»Nein, ich gehe ja auch nicht fort, ich bin gleich nebenan. Siehst du diese Kamera direkt über dir? Mit dieser Kamera kann ich alles sehen. Sie sagt mir, dass bei dir alles in Ordnung ist. Ich lasse dich niemals im Stich, Newt. Niemals. Hörst du? Das verspreche ich dir.«

»Du versprichst es, ja?«

»Großes Indianerehrenwort!«

»Wenn du lügst, kommst du in die Hölle.«

»Wenn ich lüge, komme ich in die Hölle.« (*Sie umarmen sich und geben sich einen Kuss.*)

»So, und jetzt wird ganz ohne Träume geschlafen.«

(*Die Kleine tippt ihr auf die Stirn. Lachen.*) »Frechdachs!«

Vor dem Einschlafen kann die Angst überhandnehmen. Das Kind braucht ein Übergangsobjekt (hier die Puppe), das eine beruhigende Wirkung hat. Die Eltern beruhigen das Kind, das durch schlechte Träume verängstigt ist. Sie versichern ihm zärtlich, das sie es lieben, und entwickeln so ein Ritual, um das Kind an die Schwelle zum Schlaf zu begleiten.

Die Filmszene ist eine Metapher für die imaginären Ungeheuer der Kindheit. Durch einen Vergleich dieser Ungeheuer mit den im Film realen Aliens hinterfragte der Regisseur den Ursprung des Bedürfnisses, Angst zu haben. Angst einflößende Geschichten sind ein ausgezeichnetes Heilmittel gegen die Angst – als würden sie eine innere Anspannung lösen und so von der Angst befreien.

Monster gibt es wirklich

Die Ungeheuer der Kindheit, die sich im Schrank oder unter dem Bett verstecken, strukturieren, verwurzeln und entwurzeln zugleich auch unsere tiefen Ängste. Der Psychologe und Psychoanalytiker Marcel Sanguet präzisiert: »Da der Mensch eine Psyche besitzt, d. h. ein Bewusstsein und ein Unterbewusstsein, legitimiert sich die Furcht und verlangt, im Unterschied zur Angst, ein Objekt, um ihr eine Form zu geben, um sie zu ›informieren‹, indem sie begrenzt wird und indem Raum und Zeit der Gefahr definiert werden.«[1]

Die Ungeheuer verkörpern latente Wünsche und unterschwellige Triebe, die schwer zu beherrschen sind. Sie transportieren alle Gefühle von Scham, Schuld,

Machtlosigkeit und Eifersucht, die das Kind quälen. Indem das Kind diese Gefühle nach außen projiziert, kann es diesem Überschäumen des »Ungeheuerlichen« in sich besser entgegentreten.

Die Ungeheuer der Kindheit sind, psychisch gesehen, ab dem Alter von zwei Jahren sehr lebendig. Im Dunkeln streifen sie umher und kommunizieren mit dem verängstigten Kind. Das Kinderzimmer in der Nacht ist eines ihrer liebsten Spielfelder.

Ein ruhiger Raum zum Schlafen

Das Schlafzimmer oder, wie es früher hieß, die Schlafkammer ist ein persönlicher und intimer Raum. Es ist ein Hafen der Ruhe, wo man mit seinem tiefen Selbst in Berührung kommen kann. Das Wort »Kammer« stammt vom lateinischen *camera* und bedeutet »Gewölbe«. Die Kammer ist so etwas wie ein geschützter Raum, eine Matrix, wo man in sich gehen und sich stärken kann.[2]

Das Kind ist in seinem Bett seiner Angst vor der Dunkelheit und vor den übernatürlichen Wesen, die sich im nächtlichen Kinderzimmer verbergen, ausgesetzt. Diese Konfrontation ist nötig, damit das Kind ohne die ständige Präsenz seiner Eltern wachsen kann. Es lernt, dieses Abgeschnittensein, diese von der Nacht herbeigeführte Trennungsangst in den Griff zu bekommen. Das Schlafzimmer wird ein Raum der Selbstbesinnung.

Marie-Frances Geschichte

»Ich habe im Schlafzimmer meiner Eltern geschlafen, bis ich sieben Jahre alt war. Als kleines Mädchen war ich bei ihren Liebesspielen anwesend, ohne jemals wirklich zu verstehen, worum es dabei ging. Später schlief ich im Wohnzimmer, dann im Esszimmer, wo alle vorbeigingen. Mit fünfzehn Jahren wurde ich zu meinen beiden älteren Schwestern mit ins Zimmer gesteckt. Ein eigenes Zimmer hatte ich erst mit achtzehn Jahren.

Später spürte ich, dass mich diese scheinbar unbedeutenden Ereignisse zutiefst geprägt hatten. Da ich in meiner Kindheit kein eigenes Zimmer und keine Intimsphäre hatte, konnte ich innere Erfahrungen nicht ausreichend erleben. Meine Aufmerksamkeit, meine Wünsche und Befürchtungen konzentrierten sich auf meine Eltern und meine Geschwister. Als Erwachsene war ich lange ängstlich und langweilte mich schnell. Ich habe viele Jahre gebraucht, um mich kennenzulernen und zu finden. Heute bin ich stärker in mich gekehrt, ich habe eine tiefere und friedlichere Beziehung zu mir selbst bekommen.

> Heute ist mein Schlafzimmer ein Heiligtum, in dem ich Zeit verbringe, um zu lesen, zu meditieren und der kleinen Marie-France zuzuhören. Seit ich eine Verbindung zu ihr entwickle, kann ich anerkennen, was sie empfunden hat. Ich versetze mich in sie hinein und gebe ihr, was ihr gefehlt hat. Wenn in mir ein Gefühl von Verunsicherung auftaucht, nehme ich es wohlwollend an. Es ist ein Appell von der kleinen Marie-France, die mir sagt: ›Kümmere dich um mich!‹ Ich höre sie. Ich sage leise zu ihr: ›Ich bin ja da‹, und meine Unruhe nimmt rasch ab.«

Die wirkliche Vertrautheit pflegt man in der Beziehung zu sich selbst. Wenn ein Kind es nicht lernen kann, allein zu sein, ist die zwischenmenschliche Beziehung (die Beziehung zu anderen) vorherrschend. Die Fähigkeit des Kindes, sich selbst zu verstehen und seine eigenen Motivationen, Gefühle, Bedürfnisse, Stärken, Schwächen und Ziele zu unterscheiden, ist beeinträchtigt.

Menschen mit einer starken intrapersonellen Intelligenz hingegen können mit größerer Mühelosigkeit ihre Furcht, ihre Ängste sowie ihre Wünsche und Triebe annehmen und mildern. Die vertrauensvolle und sichere Verbindung mit sich selbst wird gepflegt, indem an das kindliche Erleben angeknüpft und indem dieses anerkannt wird.

Die Reise ins Land der Ungeheuer

> »Es gibt nur recht wenige Ungeheuer, die die Angst
> wirklich verdienen, die wir vor ihnen haben.«
> André Gide

Der Film *Die Monster AG*

Es ist schwierig, ganz erwachsen zu werden, ohne erneut die Pfade der eigenen Kindheit zu betreten. Die Ungeheuer im Schrank oder unter dem Bett müssen neu interpretiert werden. Diese Fantasiegestalten waren ein Teil Ihres Innenlebens, manchmal Ihres wunderbaren tiefsten Inneren. Sie sind unglaublich reichhaltige Quellen der Selbsterkenntnis.

Die Ungeheuer gehören zum psychischen System des Kindes und bereichern jeden Erwachsenen, der ihre früheren Funktionen aufdeckt. Der computeranimierte Film von Pixar/Disney *Die Monster AG*, der 2001 herauskam, bietet eine erfreuliche und tiefgründige Sicht auf die kindlichen Ängste.

1. Dieser Film beschreibt das Leben einer Monster-Gemeinde in Monstropolis. Einige Monster arbeiten in der Firma Monster AG im Stadtzentrum. Indem sie durch die Schränke in die Kinderzimmer eindringen, erschrecken sie die Kinder. Die Schreie der Kinder werden gesammelt und zu Energie verarbeitet, die unverzichtbar ist für das gute Funktionieren ihrer Welt. Das große Monster Jacques Sullivan (genannt Sulley), das als echter »Elite-Schreck« betrachtet wird, versteht es, die Kinder zu erschrecken, ohne sie je zu berühren. Jeder körperliche Kontakt mit einem Menschenkind ist für die Monster angeblich tödlich. Der Slogan der Firma lautet »*We scare because we care*« (»Wir erschrecken zu guten Zwecken«).

Analyse: Die Ängste der Kinder setzen Lebensenergie frei. Sie sind gesund und tragen zur psychischen Gesundheit bei.

2. Es kommt zu einem Zwischenfall. Ein kleines Mädchen, das in dem Moment an seinen Schrank geht, als beide Welten in Kontakt miteinander sind, löst bei den Monstern Panik aus. Indem sie in die Monsterwelt eindringt, bringt sie die Ordnung in Monstropolis durcheinander. Sulley und sein Kumpan Mike tun alles, was ihnen möglich ist, um das alte Gleichgewicht wiederherzustellen, indem sie das Mädchen, das von Sulley »Buh« genannt wird, wieder in ihr Zimmer zurückbringen. Aber Buh hat keine Angst vor der Welt der Monster, die sich ihr enthüllt. Sie amüsiert sich prächtig. Sie und Sulley (den sie »Katze« nennt) freunden sich an.

Analyse: Die Monster sind nicht gefährlich. Sie können gezähmt werden. Dem Kind gelingt es, mit ihnen zu kommunizieren, und sie werden gute Kumpel.

3. Während wiederholter Zwischenfälle lernt Sulley, seine Angst vor dem Kind zu überwinden. Buh ist klein, und sie ist in Gefahr; er entscheidet sich dafür, sie zu beschützen. Ihr hat er die Entdeckung zu verdanken, dass das Lachen der Kinder zehnmal mehr Energie erzeugt als ihre Schreckensschreie. Nachdem er Chef der Monster AG geworden ist, stellt er den Monstern die neue Aufgabe, künftig die Kinder zum Lachen zu bringen.

Analyse: Die Monster im Schrank sind Beschützer und Wächter. Sie halten Verletzungen und Leid von dem Kind fern. Die Angst, die sie auslösen, liefert der Psyche ein Sicherheitsventil und wirkt wie eine primäre Verteidigung des Ichs. Angesichts der »bösen« Monster wird das Bild der »guten« Eltern bewahrt. Schließlich sind die Monster Freunde, deren Schicksal es ist, in die Vorhölle der Erinnerung zurückzukehren.

Denken Sie an Ihre Monster

Die Ungeheuer lehren uns, dass Angst eine normale Emotion ist. Sie ist eine Energie, die das Leben in Bewegung bringt, intensiviert und erweitert. Wird die Angst kanalisiert, trägt sie genauso wie Freude oder Wut als angeborener biologischer Motivator zur Vivance* bei.

Wie wäre es denn, wenn Sie heute Abend vor dem Einschlafen an Ihre persönlichen Monster denken? Eines davon versteckt sich vielleicht unter Ihrem Bett, in Ihrem Schrank oder in einer Schublade. Es ist zurückgekehrt, um Sie einzuweihen. Heute sind Sie bereit, gewisse vergessene Wahrheiten anzuhören.

Indem Sie lernen, mit Ihren vergessenen Ungeheuern zu kommunizieren und Zärtlichkeit für sie zu empfinden, werden Sie einen unverzichtbaren Teil des Kindes wiederfinden, das Sie einmal waren.

Übung des Tages: Zeichnen Sie Ihr persönliches Monster

Nehmen Sie ein Blatt Papier und einige Buntstifte. Zeichnen Sie Ihr Monster mit Ihrer nicht dominanten Hand. Die nicht dominante Hand macht es Ihrem inneren Kind leichter, sich auszudrücken. Bei einem Rechtshänder ist es die linke Hand, bei einem Linkshänder die rechte Hand. Wenn Sie beidhändig sind, wählen Sie die Hand, mit der das Schreiben und Zeichnen für Sie schwieriger ist.

Phase 1: Schließen Sie die Augen. Visualisieren Sie das Kind, das Sie waren. Sie können es sich vorstellen oder sich von Ihren Kinderfotos anregen lassen. Atmen Sie tief ein, und sprechen Sie dann laut den folgenden Satz: »Kleine/Kleiner (hier folgt Ihr Vorname), zeichne mir dein Monster.« Überlegen Sie nicht. Lassen Sie Ihre nicht dominante Hand, ohne zu warten und ohne zu urteilen, zeichnen. Versuchen Sie nicht, es besonders gut zu machen. Lassen Sie alles außer Acht, was Sie über das Zeichnen und über Ungeheuer gelernt haben. Zeichnen Sie die Formen, und benutzen Sie die Farben, wie es Ihnen spontan in den Sinn kommt. Egal, was Sie machen, es ist immer richtig.

Phase 2: Fragen Sie Ihr Monster: »Wie heißt du?« Schreiben Sie den Namen zu Ihrer Zeichnung.

Phase 3: Heute Nacht legen Sie zum Schlafen die Zeichnung Ihres Monsters unter Ihr Bett. Das mag Ihnen seltsam erscheinen, aber morgen werden Sie mehr wissen!

TAG 9

Seinen Schatten zähmen

Den eigenen Schatten entdecken

> »Eine innere Situation, die man sich nicht bewusst
> gemacht hat, taucht außen als Schicksal auf.«
> Carl Gustav Jung

Die Angst vor dem Schatten

In dem Film *Die Schöne und das Biest* von Jean Cocteau wird die Schöne von dem Biest geängstigt. Schließlich sieht sie jedoch hinter die Äußerlichkeiten. Sie betrachtet es, zähmt es und liebt es für das, was es im Grunde ist. Ihre Liebe verwandelt das Biest. Es wird ein schöner Mann.

Die ungeheuerliche Kreatur ist ein Symbol für den Schatten. Der Schatten ist das, was nicht erhellt wird. Er ist das, was das Individuum nicht erkennt und wovon es unablässig verfolgt wird. Der Schatten ist der Aufbewahrungsort der abgelehnten Aspekte der Persönlichkeit.

Alles, was nicht konform ist, ist dazu verurteilt, heimlich in der Dunkelheit der Psyche zu ruhen. Man vermeidet es, sich seinem Schatten zu stellen, denn man urteilt sehr streng über das, was er verbirgt. In Wirklichkeit hat man Angst vor seinen eigenen Anfälligkeiten und Schwächen. Das Monster ist ein verzerrtes Bild der menschlichen Grenzen. Man meidet seinen Schatten, um die eigenen ungeliebten Seiten nicht annehmen zu müssen.

Leugnet man den eigenen Schatten, läuft es darauf hinaus, dass man sich bemüht, ihn weder bei sich noch bei anderen zu sehen, was zu Fehlurteilen und falschen Wahrnehmungen führt, da man sich vom Schein trügen lässt. Am Ende besteht die Gefahr, dass alles, was man leugnet und bei sich und anderen nicht sehen will, die Macht übernimmt, indem es plötzlich ins Leben hereinbricht.

Alle Kinder haben Angst vor Monstern. Sie verstecken sich zutiefst erschrocken unter der Bettdecke. Sie lernen, die Monster zu beobachten, und bemerken, dass es hinter deren Erscheinungsbild etwas Vertrautes und Zärtliches gibt. So zähmt das Kind sich selbst, indem es seine Ängste in einen anderen Bereich überträgt.

Der Erwachsene muss denselben Weg gehen, um die Monster zu entdecken, die in seinem Schatten leben. Die Monster bilden ein wahres Heer von Fantasietieren.

Wer verbirgt sich im Schatten?

»Man wird nicht lichtvoll, indem man in das Licht blickt, sondern indem man sich in sein Dunkel versenkt. Diese Mühe ist oft allerdings unangenehm und folglich nicht besonders beliebt.«

Carl Gustav Jung

Das Reich der Schattenwesen

Die Symbolsprache bleibt für jeden ein grundlegendes Hilfsmittel. Der Erwachsene braucht Bilder, um die kühnen und erfinderischen Kräfte, die in ihm schlummern, wachzurufen und intuitiv zu verstehen. Der Erfolg von Sagas wie *Der Herr der Ringe* oder *Harry Potter* beweist den Bedarf an Metaphern und Symbolen.

Die modernen Mythen werden von monströsen Kreaturen bevölkert, die zum Verständnis der Psyche ebenso beitragen wie Helden.

Die Schattenkreaturen verfolgen uns gelegentlich bis in die Träume. Sie prangern gern die Fehler des angepassten Ichs und der Gesellschaft an. Dabei verursachen sie Ängste, Wünsche und Triebe, die gezähmt werden müssen. Und doch haben diese Monster eine Gemeinsamkeit mit ihrem Gegenstück, dem Engel: Sie sind Fürsprecher des Verborgenen. Ihr monströses Aussehen zeigt nicht ihre wahre Natur, sondern ihre Verbannung in die Dunkelheit. Durch ihr erschreckendes Aussehen will die Kreatur Aufmerksamkeit erregen. Sie stellt die Normalität infrage, wie sie vom familiären und sozialen Umfeld definiert wurde.

Die Schattenkreatur ist der Nachfahre des Monsters der Kindheit. Die Konfrontation mit dieser Kreatur bringt einen weiter auf dem Weg zur Ganzheit.

Kreatur	Entstehung	Bedeutung
Frankenstein	Die Kreatur von Dr. Frankenstein kommt 1910 ins Kino. 1918 wird sie in dem Roman *Frankenstein oder Der moderne Prometheus* von Mary Shelley verewigt. Der naive Riese in Menschengestalt wird von der Gemeinschaft und von seinem eigenen Schöpfer abgelehnt, der ihn beschuldigt, sein Leben zerstört zu haben.	Diese Geschichte beleuchtet die Illusion der Allmacht. Will man die natürlichen Grenzen des Menschen überwinden, besteht die Gefahr, überheblich und damit unmenschlich zu werden. Der Schatten wird nicht angenommen und nicht akzeptiert. Unvollkommenheit ist unbeliebt, wird abgelehnt und verbannt. Es kann ins Auge gehen, wenn man sich weigert, den Schatten zu sehen, denn er wird dann zu einer Grundlage der Persönlichkeit. »Wer einen Engel aus sich machen will, macht ein Tier aus sich«, schrieb Blaise Pascal.
Der Roboter	Das Wort wird 1920 erstmals von Karel Capek verwendet, einem tschechoslowakischen Schriftsteller. In den slawischen Sprachen bedeutet die Wortwurzel »Arbeit, Schinderei«. Roboter spuken seit Langem in der Vorstellung herum. Heute sind sie Realität.	Der klassische Roboter ist das Bild dessen, was unverändert fortbesteht, eine gut geölte Mechanik ohne organisches Leben und immer im Dienst. Er stellt den Teil eines Individuums dar, der dem anderen gegenüber gehorsam ist – ohne eigene Wünsche und ohne eigenen Willen. Mit dem technologischen Aufschwung repräsentiert er auch das idealisierte Ich und die Irrungen, die der Perfektionismus oder die Identifizierung mit einem perfekten, aber illusorischen Selbstbild mit sich bringen.
Der Vampir	Der Vampir ist eine sehr alte Gestalt des Volksglaubens. Populär wurde er im 18. Jahrhundert und erreichte mit dem Roman *Dracula* von Bram Stoker 1897 Berühmtheit. Heute ist der Vampir im Kino und im Fernsehen eine verbreitete Figur. Der ewige Untote ernährt sich vom Blut seiner Opfer, um sich zu regenerieren.	Das Blut symbolisiert die kreative Lebensenergie*. Der Vampir ist das Bild für die verborgenen Überzeugungen und Verhaltensweisen, die die Vivance* schwächen. Bestimmte Beziehungen können sich als schädlich erweisen, wenn ein Individuum ein anderes zu seinen eigenen Zwecken benutzt. Vampirismus in einer Beziehung beeinträchtigt Psyche und Lebensenergie.

Der Zombie	Erstmals erwähnt wurde ein Zombie 1697. In der haitianischen und der Voodoo-Kultur ist er sehr präsent. Es handelt sich um einen Toten, der durch die Macht eines Hexenmeisters wiederbelebt wurde und von diesem unter Kontrolle gehalten wird. Dieses Bild verwandelte sich und wurde im Westen 1968 durch den Film *Die Nacht der lebenden Toten* von George A. Romero populär. Seither ist der Zombie ein Gesellschaftsphänomen mit dem Comic von Robert Kirkman und der Fernsehserie *The Walking Dead*. Der Zombie ist ein hirnloser Untoter, ein Kannibale. Er hat keine Gedanken und keine Emotionen mehr. Er hat keine Psyche. Dieses Wesen ist auf seine organische Dimension reduziert, nur vom Instinkt getrieben, von dem niemals gestillten Bedarf nach Menschenfleisch.	Der Zombie ist eine Sonderform des Menschen. Vom Tod, von der Einsamkeit, dem Leid und der Suche nach Sinn und Bewusstsein befreit, geht er in einer unpersönlichen Horde unter. Der Untote warnt vor einer Gefahr, vor der Ansteckung mit einer entmenschlichenden Vereinheitlichung. Das Potenzial der menschlichen Person ist vergessen. Die Selbstverwirklichung als Antrieb für eine individuelle und gesellschaftliche Veränderung ist nicht mehr zugänglich.

Das verängstigte Kind in einem selbst

Ängste existieren, um das nicht ausgedrückte, verleugnete und vergessene Leid zu verbergen. Sie schrecken denjenigen ab, der nicht bereit ist, das verbannte und verletzte kleine Kind anzunehmen und zu lieben, das sich so sehr nach Liebe sehnt.

Dieses verletzte Kind erhofft sich ein offenes Ohr für seinen Schmerz und offene Arme, in denen es beruhigt wird. Es hat Angst, nie mehr nach Hause zurückkommen zu können. Einige Menschen wissen nicht, dass Selbstvertrauen und Vertrauen ins Leben in der Beziehung zum inneren Kind gepflegt werden. Diese intrapersonelle Kommunikation muss kreativ gestaltet werden. Zur vollen Entfaltung gelangt sie in der Symbolisierung, dem Zeichnen und spontanen Schreiben.

Je mehr man seiner Kindheit entkommen will, eine desto strengere Kontrolle übt das angepasste Kind* auf den Erwachsenen aus. Viele destruktive Beziehungen sind das Ergebnis der Leugnung des inneren Kindes, seiner Verletzungen, seines berechtigten Leids und seiner vergessenen Bedürfnisse. Es ist normal, dass Ihr inneres Kind* verängstigt ist. Es ist allein und verlassen. Es braucht Sie. Sie haben die Macht, es zu beruhigen, Sie sind stark genug, um es so zu lieben, wie es ist.

Übung des Tages: Kommunizieren Sie mit Ihrem Monster

Ihre in die Dunkelheit zurückgewiesenen vergessenen Monster der Kindheit warten ungeduldig auf Ihre Rückkehr. Sie sind ein symbolischer Ausdruck Ihrer vergessenen inneren Wahrheit, die Tür zum Unbewussten und Verdrängten.

Durch die Kommunikation mit diesen Monstern wird eine wichtige Lebensenergie freigesetzt, und die Wahrheit Ihres inneren Kindes wird bestätigt.

Phase 1: Nehmen Sie die Zeichnung Ihres Monsters von gestern zur Hand. Es hat die Nacht unter Ihrem Bett verbracht. Dort ist sein Platz, und es ist sicher sehr zufrieden, wieder zu Hause zu sein. Betrachten Sie Ihr Monster. Was empfinden Sie?

Phase 2: Nachfolgend eine Liste von Fragen, die Sie Ihrem Monster stellen werden. Legen Sie sich ein Blatt Papier zurecht, auf dem Sie die Antworten mit der nicht dominanten Hand aufschreiben:
- Welche Gefahr symbolisierst du?
- Welches Trauma verbirgt sich hinter dir?
- Welche Verletzung verbirgt sich hinter dir?
- Welches Bedürfnis schützt du?
- Welche Wahrheit lieferst du mir?
- Welche Botschaft hast du für mich?

Analysieren Sie Ihre Antworten nicht. Lassen Sie sich von dem berühren, was auftaucht.

Phase 3: Betrachten Sie Ihr Monster erneut. Was empfinden Sie? Hat sich an Ihrer Wahrnehmung und Ihrem Empfinden etwas verändert? Sind Sie bereit, es als Freund anzunehmen?

Phase 4: Mit Ihrer nicht dominanten Hand und Farbstiften fügen Sie nun in Ihre Zeichnung Figuren und Worte ein, um auf die Bedürfnisse Ihres Monsters einzugehen. So wird es nun friedlich in Ihnen leben können.

VIERTER TEIL

Die Beziehungsängste

》 *Ängste belasten Ihre Beziehungen und erlauben es der Gewalt, Eingang in Ihre Kommunikation zu finden. Gewalt, ob verbal, psychisch oder physisch, wird von Angst genährt und erzeugt sehr viel Unverständnis und Leid. Diese Etappe ist ein Leitfaden aus dem Teufelskreis von Angst und Gewalt, um mit sich und anderen zu einer harmonischen Beziehungen zu gelangen.* 《

TAG 10

Angst und Gewalt

Im Mittelpunkt der Beziehung

>*»Hinter der Gewalt verbirgt sich die Angst besonders gerne.«*
>Jacques Salomé

Don Quijotes Trugbild

Vergnügt auf seinem Pferd Rosinante reitend, bemerkte der kühne Ritter Don Quijote de la Mancha auf einer weiten Ebene dreißig oder vierzig Windmühlen. Er sprach zu seinem Knappen Sancho Pansa: »Uns lacht das Glück. Sieh nur diese gewaltigen und hochmütigen Riesen, die uns den Weg versperren. Ich werde ihnen den Garaus machen. Mit ihrem Tod wird unser Reichtum beginnen.« »Welche Riesen?«, fragte Sancho. »Seht ihr nicht, dass das Windmühlen sind? Was wie drohende Arme aussieht, sind ihre im Wind drehenden Flügel.« Wütend entgegnete ihm Don Quijote: »Offenbar bist du für die Kriegskunst nicht geeignet. Wenn du Angst hast, bleibe hier, während ich in den heftigen und ungleichen Kampf ziehe.« Die Lanze auf den Feind gerichtet, stürzte er sich im Galopp in den Kampf und gab seinem armen und verblüfften Reittier die Sporen. Er stieß seine Lanze in die Schaufel der ersten Mühle. Der Wind drehte sie mit solcher Heftigkeit, dass der Ritter und sein Pferd in die Luft geschleudert wurden. Sancho kam ihnen zu Hilfe. »Habe ich euch nicht gewarnt? Man konnte doch gar nicht übersehen, dass es sich hier um Windmühlen handelt, wenn man nicht etwas Ähnliches im Kopf hat.« Verärgert bestieg der Ritter wieder sein Pferd und machte sich auf zu neuen Abenteuern.[1]

Miteinander kommunizieren oder kämpfen

Die zwischenmenschlichen Beziehungen werden häufig durch das Bild verfälscht, das man sich von einem anderen gemacht hat. Der andere ist bereits ein komplexes Bild, noch bevor er als eine vollständige Person wahrgenommen wird. Man projiziert einen Teil der eigenen Familien- und Beziehungsgeschichte auf andere. Das »Gepäck« aus früheren Erfahrungen beeinflusst unvermeidlich, wie man andere Menschen wahrnimmt. Wenn man jemandem begegnet, hängt man ihm oft sehr schnell und einseitig ein Etikett an. Hunderte subtiler Informationen werden vom Gehirn verarbeitet. So wird der andere unter den schlechten Erfahrungen oder unter den guten Erinnerungen eingeordnet.

Bei bestimmten Beziehungen scheint sich folgendes Dilemma zu zeigen: Soll man miteinander kommunizieren, oder soll man kämpfen? Ohne sich dessen überhaupt bewusst zu sein, schwankt man gelegentlich zwischen diesen beiden Alternativen. An einem Tag bin ich froh, mich dem anderen zu öffnen, zu entdecken, wer er ist, und auszudrücken, was in mir lebt. Am nächsten Tag bin ich dem anderen gegenüber misstrauisch und verschlossen. Jedes Misstrauen erzeugt einen Kriegszustand im Sinne von »jeder gegen jeden«. An diesem Punkt kommt in der Kommunikation Gewalt mit ins Spiel.

Don Quijotes Trugbild ist eine Erzählung, bei der jeder mit Humor das Drama seines eigenen Lebens erkennen kann. Don Quijote will gegen Windmühlen kämpfen. Wer neigt nicht dazu, seine Kämpfe zu rechtfertigen? Der eine fühlt sich angegriffen, der andere will recht behalten. Einer will von etwas profitieren, ein anderer den gesamten Platz für sich beanspruchen. In einer Beziehung kommt es häufig zu unnützen unterschwelligen Streitereien. Warum? Weil im Mittelpunkt der Beziehung und der Kommunikation Beziehungsängste und Gewalt wohnen. Der Ursprung jeglicher Gewalt ist die Angst vor dem anderen.

Wir sind alle beziehungsintelligent

Der amerikanische Psychologe und Entwickler der Gewaltfreien Kommunikation (GFK) Marshall B. Rosenberg sagt, dass hinter aller »Gewalt – ob verbal, psychologisch oder physisch – eine Art von Denken steht, die die Ursache eines Konflikts dem Fehlverhalten des Gegners zuschreibt. Zudem weist er auf eine »Unfähigkeit hin, über sich selbst oder andere in Worten von Verletzlichkeit zu denken – was jemand vielleicht fühlt, befürchtet, ersehnt, vermißt usw.«[2] Die Empfindungen, Wünsche, Hoffnungen und Befürchtungen wahrzunehmen und auszudrücken, steht im Mittelpunkt der Beziehung. Es ist die Grundlage eines gesunden, bereichernden und respektvollen Austausches zwischen den Menschen.

Die neuesten neurophysiologischen Forschungen bestätigen, dass das menschliche Gehirn neurosozial ist.[3] Die Spiegelneuronen erlauben es, mit dem anderen empathisch mitzuschwingen, im Positiven wie im Negativen zu spüren, was er empfindet. Die Spindelneuronen geben auf die unglaublichen Wahrnehmungen des Individuums eine völlig unbewusste Blitzantwort. So erfasst beispielsweise jeder instinktiv, welche Bedeutung eine der achtzehn verschiedenen Arten des Lächelns hat. Meist sieht jeder nur das, was er sehen will.

All diese Entdeckungen machen uns offen für ein neues Verständnis der menschlichen Beziehungen:
- Ich bin für die Qualität einer Beziehung empfänglich, weil ich die Emotionen annehme, mit denen ich regelmäßig in Kontakt komme.
- Ich bin für das Leid eines anderen empfänglich, das mich an mein eigenes Leid erinnert. Indem ich dem anderen helfe, versuche ich im Grunde, mein eigenes Leid zu lindern.
- Indem ich den Charakter des anderen nachahme, wünsche ich ganz von selbst, was der andere wünscht.

Sich für den anderen zu öffnen, ist ein zentrales Merkmal der Gehirnfunktion. Das menschliche Gehirn ist nachahmend und empathisch. Jeder braucht einen direkten körperlichen und sensorischen Kontakt mit seinesgleichen. Die Anwesenheit des anderen ist für die Entwicklung der Beziehungsintelligenz unverzichtbar. Was noch wichtiger ist: Beziehungen und Kommunikation kann man lernen. Dieses Lernen ist entscheidend, um sich von den dysfunktionalen Modellen zu befreien, die zur Quelle von Ängsten und Gewalt in einer Beziehung werden.

Wegkommen von der Gewalt

> »Als Eltern sollten wir wissen, dass jede Form von Gewalt in der Erziehung, wie gut sie auch immer gemeint sei, die Liebe tötet.«
> Alice Miller

Gewalt in einer Beziehung

Kürzlich haben die Eltern eines zweijährigen Jungen uns ihre Sorge mitgeteilt. Sie fürchteten, ihr Kind sei geistig zurückgeblieben. Ihren Worten nach gelang es dem Kleinen nicht, »sich auf präzise Aufgaben zu konzentrieren, da er nur Gedanken dafür hatte, unbeschwert zu spielen«. Diese sichtlich besorgten und auf das Wohl ihres Kindes bedachten Eltern schienen es wirklich ehrlich zu meinen.

Wir haben ihnen geantwortet, dass die Aktivität ihres Kindes die intelligenteste und für seine Entwicklung auch die wichtigste sei. Mit zwei Jahren werden beim Spielen verschiedene Dinge gelernt. Wir haben sie ermutigt, ihre pädagogischen Prinzipien zu überdenken, und haben sie daran erinnert, dass das Spielen ein wunderbarer Beitrag zum Leben an sich und dessen Umfeld ist. Seinem Kind beim Spielen zuzusehen und mit ihm zu spielen, erlaubt es, eine gesunde und bereichernde Beziehung zu ihm aufzubauen.

Marshall B. Rosenberg ist der Überzeugung, dass »der Kern der Gewalt auf unserer Erde in einer fehlerhaften Erziehung liegt«, nicht in unserer Natur.[4] Eine Erziehung wird gewalttätig, sobald sie die Vivance* beeinträchtigt, diese wunderbare Lebensenergie, die jeden Menschen beseelt und motiviert. Die elterliche Erziehung ist ein Referenzmodell der Beziehung. Das Kind lernt, den von seinen Eltern geäußerten Wünschen zu gehorchen, und vergisst seine eigenen Bedürfnisse. Die meisten Eltern haben ihren Kindern gegenüber implizite oder explizite alltägliche Erwartungen. Ein Vater verlangt von seiner Tochter, mit dem Singen aufzuhören, damit er in Ruhe seine Zeitung lesen kann. Eine Mutter erträgt das Weinen ihres Sohnes nicht und wird überaus wütend. Die Wiederholung solcher Verhaltensweisen verletzt das Kind und zwingt es, sich zu verleugnen und auf seine eigenen Wünsche zu verzichten.

Die Negierung des Kindes erzeugt eine Form von Gewalt, die sich ihm ebenso sicher einprägt, wie sich ein Tintenfleck im Löschpapier verewigt.

Gewalt hat verschiedene Gesichter

Vivance* ist das ungehinderte Fließen von Empfindungen, Emotionen und Bedürfnissen. Jedes Mal, wenn eine Person in ihren wesentlichen Bedürfnissen behindert und zum Schweigen gezwungen wird, ist sie Opfer einer Form von Gewalt. Diese Gewalt erzeugt einen dumpfen und stummen Schmerz, der sich wie ein Deckel über das erstickte innere Erleben legt.

Gewalt entsteht hauptsächlich durch Angst vor dem anderen. Viele Menschen, die dazu erzogen wurden, kein Aufheben von ihren Empfindungen und Bedürfnissen zu machen, setzen die Gewalt fort, wenn sie sich bedroht fühlen. In den zuvor genannten Beispielen bringt der Vater, der sein Ruhebedürfnis nicht anders äußern kann, seine Tochter zum Schweigen. Die Mutter, die sich ihr eigenes Bedürfnis nach etwas Zeit für sich nicht eingesteht, hat kein Ohr mehr für ihren Sohn. Je weniger man auf seine eigenen Bedürfnisse eingeht, desto weiter dringt man in eine Zone der Intoleranz vor, in der der andere wie eine Bedrohung des inneren Gleichgewichts wahrgenommen wird.

Es ist schwierig, die eigene Verletzlichkeit zu erkennen und sich darum zu kümmern. Und es ist schwierig, sich selbst als unvollkommene Person mit vielfältigen und widersprüchlichen Empfindungen zu akzeptieren. Warum? Weil ein bedeutender Anteil der üblichen Erziehung sich darum bemüht, das innere Erleben des Kindes wegzusperren. Wenn dem Kind der freie und natürliche Ausdruck verweigert wird, fühlt es sich wie ein Gegenstand und nicht mehr wie eine Person. Das erzeugt in ihm einen großen Druck. Es muss die Erwartungen anderer erfüllen, anstatt seinen eigenen Wünschen nachzugeben. In künftigen Beziehungen wird es dasselbe einfordern. Die vielen »man muss« und »du musst« und die Sanktionen oder Strafen erziehen das Kind zu Gehorsam und Angst.

Der Schriftsteller Daniel Pennac berichtet offen über seine Erfahrungen als »fauler Schüler«: Bei ihm war es tatsächlich so, dass die Angst das große Thema, die Hürde seiner Schulzeit war.[5] Noch viel zu oft ist die Schule ein Raum, in dem Angst und auch Gewalt erlebt werden. Ein konditioniertes und angepasstes Kind verhält sich als Erwachsener gegenüber seinesgleichen genau so, wie sich seine Eltern und später seine Lehrer ihm gegenüber verhalten haben.

Jedes Mal, wenn Sie Ihr eigenes Empfinden nicht anerkennen, wenn Sie den anderen in seiner Andersartigkeit nicht akzeptieren und ihm nicht das Recht zugestehen, seine eigene Wahrnehmung zu haben, behandeln Sie ihn wie ein Objekt und nicht wie eine Person. Doch aus welchem Grund tun Sie das? Weil Sie sich in Ihrer Einmaligkeit, Ihrer Identität und Ihrem Überleben direkt bedroht fühlen. Genau das ist die grundlegende Quelle jeder Gewalt in den Beziehungen.

Angst und Gewalt beschädigen das innere Ich in seinem Zentrum. Sie bewirken die Verbannung des authentischen und spontanen Ichs. Dann bleibt nur eine Persönlichkeit erhalten, der es um Überleben und Wettbewerbsfähigkeit geht, wobei jeder andere als Bedrohung empfunden wird.

Gewalt in der Kommunikation

Der bekannte Sozialpsychologe Jacques Salomé hat einen Großteil seines Lebens und seiner Forschungen der Entwicklung eines »Programms gewidmet, das es jedem Menschen erlaubt, sich mit dem Besten in ihm und dem Besten im anderen zu verbinden.«[6] Um eine Beziehungsintelligenz und eine gewaltfreie Kommunikation zu entwickeln, schlägt er vor, zuerst einmal alles aufzuspüren, was das Wohlwollen in der Beziehung zum anderen behindert. Nachfolgend die fünf Grundpfeiler des Systems SAPPE,[7] das Gewalt in der Kommunikation erzeugt:

- Anordnungen wie »man muss« oder »du musst« diktieren dem anderen, wie er denken, fühlen, sich äußern und handeln soll.
- Abwertung und Disqualifikation mindern den Wert und die Wertschätzung des anderen. In der Schule beispielsweise ist es das vernichtende Abgestempeltwerden als »Null«, »fauler Schüler«, »schlechter Schüler« etc.
- Das Erwecken von Schuldgefühlen ist sehr präsent, wenn die Eltern meinen, das Kind sei ihnen etwas schuldig. Alice Miller erinnert sehr klug daran, dass jedes Kind seine Eltern liebt, ohne dass man es ihm befehlen müsste.[8] Das Erwecken von Schuldgefühlen wird eingesetzt, um Liebe und blinde Treue zu garantieren. Der andere soll glauben, die Verantwortung und die Schuld für das zu haben, was geschieht.
- Eine Drohung löst beim anderen Angst aus, wenn eine mögliche Gefahr heraufbeschworen wird: »Du wirst hinfallen«, »Das wird böse enden!« etc.
- Erpressung ist ein Versuch, durch eine Drohung Einfluss auf den anderen auszuüben: »Wenn dies und das geschieht, werde ich nicht mit dir in die Ferien fahren.«

Wir möchten noch drei weitere entfremdende Merkmale in der Kommunikation nennen, die wir in unserer Praxis regelmäßig festgestellt haben:
- Die gefährliche Opferrolle: Eine Person in der Opferrolle beklagt sich und zeigt, wie sehr sie leidet oder wie machtlos sie ist. Wenn Sie in dieses System einsteigen, geraten Sie entweder in die Rolle des Henkers oder des Retters, und Ihre Beziehung wird vergiftet und kräftezehrend.
- Die andere Person zu vergleichen ist ein wahres Gift, es ist das Krebsgeschwür einer Beziehung. Damit wird die Besonderheit als einzigartige Person negiert.

- Ein weiteres Beziehungsgift ist das Abgeben von Verantwortung. Dabei bürdet man dem anderen die Verantwortung für die eigenen Empfindungen auf: »Ich bin nur deinentwegen so wütend.« Die Verantwortung für das eigene Empfinden liegt jedoch zu 100 Prozent bei einem selbst. Ich bin dafür verantwortlich, was ich empfinde. Niemand hat mir diese Emotion in irgendeiner Form zugeschoben.

Diese Grundpfeiler sind die Hauptzerstörer der Qualität, der Sicherheit und der Vertrautheit einer Beziehung. Jede echte Beziehung schafft Vertrautheit, d. h. tiefen Respekt, Austausch, Transparenz und Gegenseitigkeit. Diese Grundpfeiler hingegen erzeugen Gewalt, die direkt auf die Beziehungsängste wirken, beispielsweise auf die Angst, zurückgewiesen zu werden.

Erste Beziehungsangst: die Angst, zurückgewiesen zu werden

Die Angst vor dem anderen ist allgegenwärtig. Steht man dem anderen gegenüber, wird man mit seiner eigenen Menschlichkeit konfrontiert. Bin ich bereit, zu entdecken, was der andere von mir widerspiegelt? Lautet die Antwort Ja, ist die Angst vor dem anderen gesund. Die Furcht weicht, und man freut sich zu teilen, Unterschiede und Unstimmigkeiten zu akzeptieren und nach dem zu suchen, was eint und versöhnt. Lautet die Antwort Nein, wächst die Angst vor dem anderen und behindert die Beziehungen.

Emmanuels Geschichte

»Ich spiele jede Woche Badminton. Eines Abends habe ich mit einem erfahrenen Mitspieler im Doppel gegen ein anderes Team gespielt. Nachdem wir zwei Spiele verloren hatten, sagte er zu mir: ›Hör mal, Emmanuel, ich werde mit jemand anderem spielen, du bist zu schlecht!‹ Sofort fühlte ich in meinem ganzen Körper Angst. Eine innere Stimme wisperte mir zu: ›Da siehst du es, du bist eine Null. Niemand will dich.‹ Innerhalb einer Sekunde verfiel ich in einen tiefen Zustand der Trance. Ich war wieder der Jugendliche, dessen Schüchternheit ihn von den anderen Jugendlichen trennte. Ich stellte mir vor, dass künftig auch alle anderen sich weigern würden, mit mir zu spielen. Eine tiefe Traurigkeit überwältigte mich. Alte Dämonen tauchten wieder auf. Die Angst und der Schmerz, zurückgewiesen zu werden, überkamen mich. Ich war nicht mehr in der Lage, mit meinem Teamkollegen oder jemand anderem in dieser Sporthalle in einer Beziehung zu stehen. Ein Teil von mir war auf meinen Teamkollegen wütend. War das alles nicht schließlich seine Schuld? Was tun? Flüchten oder wie Don Quijote zum Angriff übergehen?

Die Beziehung zum eigenen inneren Kind steht im Mittelpunkt des Lebens. Jeder Mensch kann sein Leben und die Welt schöner machen, indem er die Verantwortung für die Heilung seines inneren Kindes übernimmt. Mit geschlossenen Augen saß ich auf den Stufen und fand den dreizehnjährigen Emmanuel wieder, verzweifelt und traurig. Ich fragte ihn: ›Was brauchst du?‹ Mit einem Blick voller Hoffnung murmelte er: ›Nimm meine Hand, und ermuntere mich.‹ Ich tröstete ihn mit beruhigenden Worten. Das verbannte Kind symbolisiert das Kleine und Zerbrechliche in einem Menschen, einen Teil des wahren Ichs, das zu sich sagen muss, dass es gehört und in seinem Empfinden bestätigt wird. Ich fühlte mich auf einmal viel besser, so als sei ich wieder eins, und so begann ich mit Freude ein neues Match mit einem anderen Teamkollegen.«

Jeder Mensch hat regelmäßig und mehr oder weniger bewusst das Gefühl, zurückgewiesen zu werden. Wie soll man also inmitten und mit anderen leben, ohne zu fürchten, dass man leiden wird oder leiden lässt? Wie kann man sich um sein inneres Kind* kümmern?

Übung des Tages: Beurteilen Sie die Gewalt in Ihren Beziehungen

Jede Veränderung beginnt bei einem selbst. Beobachten Sie sich in Ihren verschiedenen Beziehungen (Familie, Paarbeziehung, Beruf) und in Ihrem Verhältnis zu sich selbst.

In welchem Maß greifen Sie auf die genannten schädlichen Grundpfeiler zurück? Markieren Sie auf jeder der folgenden Skalen mit einem Bleistift zwei Punkte (einen für die Beziehungen zu anderen und einen für die Beziehung zu Ihnen selbst).

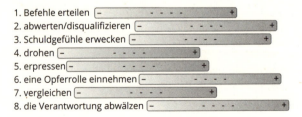

1. Befehle erteilen
2. abwerten/disqualifizieren
3. Schuldgefühle erwecken
4. drohen
5. erpressen
6. eine Opferrolle einnehmen
7. vergleichen
8. die Verantwortung abwälzen

Falls Sie in den kommenden Wochen Verbesserungen feststellen, denken Sie daran, die Markierungen zu verändern. Es ist auch möglich, dass die Bewertungen stärker Richtung Plus gehen. Machen Sie sich deshalb keine Sorgen, denn das Wichtige ist zunächst, dass Ihnen das Ausmaß der Gewalt in Ihren Beziehungen wirklich bewusst ist.

TAG 11

Reparenting

Sich selbst ein guter Elternteil sein

> »Ein aufmerksamer Elternteil ist eine innere Instanz,
> die in enger Beziehung zu unserem höheren
> Ich und unseren höheren Fähigkeiten steht.«
> Lucia Capacchione

Sein verbanntes inneres Kind wiederfinden

Jeder, der die Verantwortung für seine Empfindungen und sein inneres Kind übernimmt, entfaltet sein kreatives Potenzial in größerem Umfang und öffnet sich ganz von selbst den Erfahrungen, die sein Leben verschönern. Das innere Kind verkörpert eine Vivance* und Lebensfähigkeit, die der Erwachsene zu einem großen Teil verloren hat. Dieses innere Kind strebt nach vollständiger Erfüllung. Um erwachsen zu werden, braucht es einen neuen Elternteil, der das ausgleicht, was seine biologischen Eltern versäumt haben. Beim Reparenting*, der Neubeelterung, geht es darum zu lernen, sich um sich selbst und sein inneres Kind zu kümmern. Je mehr ich mein inneres Kind liebe, desto mehr liebt mich dafür das Leben.

Lernen, auf sich selbst zu hören

Um für sich selbst ein guter Elternteil zu werden, ist es nötig, auf den inneren Piloten, das Selbst* zu hören. Es ist schwierig, dessen Stimme aus dem allgemeinen Stimmengewirr herauszuhören, das im Kopf herrscht. Indem man sich in sich selbst zurückzieht, wird es leichter, auf diesen aktiven und mitfühlenden Anführer zu hören.

Die Arbeiten der amerikanischen Psychologen Malcolm Owen Slavin und Daniel Kriegman haben bestätigt, dass sich das wahre Selbst teilweise schon in der

Kindheit zurückzieht und so die wahren Bedürfnisse und kreativen Kräfte des Menschen zurückhält, wenn diese sich nicht ausdrücken können.[1]

Das Kind ist abhängig und passt sich an, um die affektive Nahrung zu bekommen, die es für seine Entwicklung braucht, selbst wenn diese mangelhaft ist und mit schlechter Behandlung einhergeht.[2] Die Verschleierung des Selbst hält im Erwachsenenalter an, da auch der Erwachsene seinen Elternfiguren verbunden bleibt und heimlich hofft, eines Tages zu bekommen, was ihm so sehr gefehlt hat. Die illusorische Hoffnung, von seinen Eltern eine Wiedergutmachung zu erhalten, hält in jedem ein emotionales Trauma aus Angst, Wut und Traurigkeit aufrecht.

Das Kind besitzt einen aufnahmebereiten und empfindsamen Geist. Für seine Weiterentwicklung hat es keine andere Wahl, als seine Empfindungen zu unterdrücken, um dem Bild zu entsprechen, das seine Eltern von ihm haben. Es lernt, seinen Schmerz und seine Angst zu verdrängen. Wenn im Erwachsenenalter die kindlichen Emotionen wieder auftauchen, werden die früher erworbenen Überlebensstrategien erneut aktiviert. Daher wird niemand instinktiv ein guter Elternteil für sich.

Der erste Reflex des Erwachsenen angesichts der Emotionen seines verletzten inneren Kindes ist:
- verdrängen oder leugnen mit einer Formulierung in der Art wie: »Ich erinnere mich nicht«, »Ich hatte eine schöne Kindheit«;
- ablehnen: »Sei still«, »Das ist ja lächerlich«;
- sich dem Schicksal ergeben: »Ja gut, na und, da kann man nichts machen«;
- kritisieren oder verurteilen: »Ich bin ja auch wirklich nicht nett«, »Das wird schon richtig sein«;
- und rationalisieren: »Ich habe weniger gelitten als andere«, »Meine Eltern haben ihr Bestes getan«, »Das war damals eben so«.

All diese Strategien zeigen, wie schwierig es ist, sein eigener Elternteil zu werden. Sie zeigen eine krank machende Bindung an die Elternfiguren und die schädlichen Erziehungsprinzipien, denen man in der Kindheit unterworfen war.

Sich selbst ein guter Elternteil zu sein, ist eine empathische und wohlwollende Antwort auf die Bedürfnisse des wahren Ichs. Es ist eine entscheidende

Etappe auf dem Weg zu richtigeren und reicheren Beziehungen. Lucia Capacchione präzisiert: »Inzwischen ist anerkannt, dass wir uns in Beziehungen mit Co-Abhängigkeit stürzen, wenn wir unsere gesamte Aufmerksamkeits- und Liebesfähigkeit (die unseres aufmerksamen Elternteils) zu unseren Lasten auf andere richten.«[3] Co-Abhängigkeit ist die Gesamtheit unangemessener Verhaltensweisen (den anderen verändern wollen, die eigenen Bedürfnisse leugnen, die Rolle des Retters einnehmen etc.) in einer Beziehung zu einer abhängigen Person.

Zweite Beziehungsangst: die Angst, verurteilt zu werden

Das verbannte innere Kind lebt zurückgezogen in einer fernen Vergangenheit. Isoliert wie es ist, hat es das Vertrauen in andere verloren. Die Angst vor dem anderen ist ein Schutz, der die schwerste Verletzung in der Kindheit verbirgt, den Mangel an Liebe.[4] Diese universelle Verletzung wird selten erkannt, und es vergiftet die Beziehungen, wenn man sie verdrängt. Jedes Mal, wenn ein Kind nicht als vollständige Person angesehen wird, empfindet es einen Mangel an Liebe und wächst mit der unbewussten Angst vor dem anderen auf.

Die Reaktionen vieler Erwachsener sind weiterhin von dieser Angst geprägt. Diese Erwachsenen fürchten, nicht zu bekommen, was ihnen als Kind gefehlt hat: Liebe, Achtung, ein offenes Ohr, Aufmerksamkeit, manchmal eine einfache Antwort auf ihre Fragen etc. Ihr Verhalten und ihre Forderungen gegenüber anderen zeigen, dass sie unfähig sind, ihre eigenen Bedürfnisse zu erfüllen. So wie die Frau, der es nicht gelingt, sich selbst zu beruhigen, und die von ihrem Mann verlangt, dass er sie mehrmals täglich anruft. Oder der Mann, der ständig aktiv und in Zeitnot ist, der im Eiltempo lebt, um dem Gefühl von Leere zu entkommen, das ihn sonst überfällt. Hinter diesen Verhaltensweisen verbergen sich echte Bedürfnisse. Warum ist es so schwierig, seine Bedürfnisse zu befriedigen? Sehr oft hindert uns daran die Angst, verurteilt zu werden.

Doch was sind das für Urteile, die wie ein Damoklesschwert über unserem Kopf schweben? Sie sind vielfältig, und sie verlangen, gehorsam und konform mit dem familiären, kulturellen und sozialen Herkunftsmilieu zu sein. Wenn Sie sich um sich selbst und Ihre Bedürfnisse kümmern, wird sich sofort eine urteilende Stimme vernehmen lassen: »Du bist egoistisch!«, »Du denkst nur an dich!«

Emmanuels Erfahrungsbericht

»Ich erinnere mich, wie mir meine Mutter die Worte, ich sei egoistisch, unzählige Male eingetrichtert hat. Heute kann ich diese Stimme nicht mehr in mir hören, sie schweigt. Ich habe eine sehr einfache Wahrheit entdeckt: Alles, was ein Mensch macht, macht er in erster Linie für sich selbst.

Der bedeutende amerikanische Psychotherapeut Irvin Yalom fügt hinzu, dass niemand auch nur ein einziges Mal ausschließlich für andere gehandelt hat. Jedes Handeln richtet sich auf den Handelnden selbst, jeden Dienst erweist man nur sich selbst, jede Liebe liebt nur einem selbst.[5] Der gesunde Individualismus stärkt die Autonomie des Ichs und verteidigt die Besonderheit jedes Einzelnen.«

Jedes Mal, wenn Sie die Angst überkommt, verurteilt zu werden, ist dies ein Zeichen für eine Schwäche Ihrer individuellen Grundfesten. Sagen Sie mehrmals laut zu sich selbst: »Ich bin ein lebendiger und einmaliger Mensch.« Kümmern Sie sich nicht um Leute, die etwas von Egoismus erzählen. Beobachten Sie diese Leute aufmerksam, und meditieren Sie über die Definition von Anthony de Mello, einem aus Indien stammenden Jesuitenpriester und Psychotherapeuten: »Wirklich egoistisch ist die Forderung, andere sollten ihr Leben so leben, wie ich selbst es mir vorstelle [...], nach meinem Geschmack oder zu meinem Vorteil oder zu meinem Stolz oder meinem Vergnügen.«[6] Dieser Gedanke wird Ihre Selbstwahrnehmung und die Wahrnehmung anderer unvermeidlich verändern.

In der Regel kritisieren solche Menschen egoistisches Verhalten, die andere meist als Objekt sehen. »Du bist egoistisch« oder »Du denkst nur an dich« sind kaum verschleierte Forderungen: »Kümmere dich vor allem um mich«, »Opfere deine Bedürfnisse für meine.« Wenn man Ihnen das nächste Mal Egoismus vorwirft, prüfen Sie Ihre innere Motivation. Wollen Sie tatsächlich, dass der andere etwas für Sie tut, oder drücken Sie einfach nur Ihre wesentlichen Bedürfnisse aus und verteidigen diese?

Alles, was ich tue, tue ich in erster Linie für mich selbst. Wenn ich auf mein inneres Kind höre und dem anderen gegenüber keine Forderung stelle, trage ich zur Vivance* und zu gesunden Beziehungen bei. Ich kann meine Bedürfnisse teilen und die der anderen hören. Wenn ich dagegen dem angepassten Kind* in mir gehorche, das alles, was ihm zusteht, von außen einfordert, verstärke ich Angst und Gewalt in der Beziehung zu mir selbst und zu anderen.

Ihr inneres Kind ist da, und zwar im Mittelpunkt Ihres Wesens. Es braucht einen guten Elternteil, der ihm den ersten Platz einräumt. Es sehnt sich nach Ihnen und Ihrer Liebe. Wie Alice Miller unterstreicht, braucht jeder Mensch für sein inneres Kind die Erfahrung von Liebe, sonst wird er in seinem Leben niemals wirklich verstehen, was das Wort »lieben« bedeutet.

Wie kann man sich neu beeltern?

> »Das Kind lebt weiterhin in uns, es ist mit uns verbunden: Es ist in jedem Augenblick da, mit all seiner Vitalität, eine innere Dimension, die nur auf unsere vollständige und bewusste Anerkennung wartet.«
>
> Jeremiah Abrams

Beispiel für eine Neubeelterung in aller Öffentlichkeit

Niki de Saint Phalle war eine weltweit anerkannte französische Malerin und Bildhauerin. 1930 in Neuilly-sur-Seine in eine Familie des Großbürgertums geboren, macht sie 1994 in ihrem Buch *Mein Geheimnis* den Bruch in ihrem Leben öffentlich. Mit elf Jahren wurde sie von ihrem Vater, einem angesehenen Bankier und Mann mit strengen moralischen Werten, sexuell missbraucht. Ihr gesamtes Werk ist ein Prozess der psychischen Heilung und Neubeelterung*. 1961 wurde die Ausstellung ihrer Schießbilder, *Les Tirs*, eine Weltpremiere. Farbbeutel, die auf eine Tafel montiert und mit Gips verkleidet waren, durchlöcherte sie mit Gewehrschüssen. So entstanden ihre Werke. Dieser Ansatz einer wirklich künstlerischen Performance ist eine Inszenierung der Gewalt, die sie als Kind erlitten hat, und eine Art, ihrem Vater diese Gewalt zurückzugeben (die Beutel sind ein Phallussymbol). Damals teilte sie mit, dass es tief im Inneren des Menschen den Wunsch gebe, zu zerstören. Zerstören heiße beweisen, dass man existiert, allen Widrigkeiten zum Trotz.

Sie setzt ihr Werk der Selbstheilung mit den berühmten *Nanas* fort. Ihre immer größer werdenden Skulpturen haben übergroße weibliche Attribute (Brüste, Po oder Vagina). Diese Wiederaneignung ihres eigenen Körpers findet 1966 ihren Abschluss. Niki de Saint Phalle stellt in Stockholm eine monumentale Frau aus, achtundzwanzig Meter lang, sechs Meter hoch und neun Meter breit. Die Besucher dringen durch die Vagina dieser mit geöffneten Beinen auf dem Rücken liegenden *Nana* ins Innere ein. Damit setzt sie die Inszenierung ihres kindlichen Leids fort, wobei sie gleichzeitig einen einmaligen Prozess der Resilienz erschafft.[7]

Tief verletzt durch den Missbrauch und die Gewalt ihres Vaters, vertreibt Niki damit ihre Furcht und ihre Ängste. Als Reaktion auf ihr Sicherheitsbedürfnis stürzt sie sich ab 1979 in ein gewaltiges Projekt, den *Tarot-Garten*. Die Neubeelterung* findet ihre Vollendung in der *Kaiserin-Nana*, einer bewohnbaren Skulptur, einem unglaublichen Haus, in dem sie jahrelang mit ihrer Familie lebt.

Jeder sexuelle Missbrauch eines Kindes ist ein Mord an seiner Seele, der das Ich zerspringen lässt. Die vielen tausend Spiegelsplitter, die die Wände von Nikis neuer Bleibe übersäen, symbolisieren ihr zerbrochenes Ich. Wie eine gute Mutter stellt die *Kaiserin-Nana* in ihrem einladenden mütterlichen Bauch wieder her, was verletzt wurde und in die Brüche gegangen ist. Niki de Saint Phalle hat durch ihr Werk ihr Recht verteidigt, die Macht über sich und ihr Leben vollständig zurückzugewinnen.

Die Symbolisation im Zentrum dieses Prozesses

Das gesamte Werk von Niki de Saint Phalle illustriert auf verblüffende Weise die Heilkraft der Symbolisation. Wenn Worte unzureichend bleiben, knüpft die Symbolisation wieder an das innere Kind an. So können eine Empfindung, eine Emotion, ein Gefühl, ein Bedürfnis, eine Verletzung und alles, was verloren ging oder was fehlte, dargestellt werden. Die Symbolisation baut eine Brücke, ein Bindeglied zwischen dem Bewussten und dem Unbewussten. Sie ermöglicht den Dialog mit der inneren Welt, das Wiederfinden einer lebendigeren, liebevolleren und energiespendenderen Verbindung mit sich selbst und die Wiederaneignung der eigenen Heilkraft.

In unserer praktischen Arbeit mit dem inneren Kind nutzen wir seit 1990 die Symbolisation. Die Verwandlungen und wohltuenden Wirkungen, die wir feststellen konnten, bestätigen deren Wirksamkeit und Bedeutung. Bestimmte Dimensionen des inneren Kindes brauchen die Symbolisation, um gehört, beruhigt und geheilt zu werden.

Das verbannte innere Kind ist ein verängstigtes, verletzliches Kind. Es lebt in einer Welt fundamentaler Ängste, die der Erwachsene hinter einem falschen Ich* tarnt. Die Symbolisation eines Teils des Kindes in uns ist die beste Möglichkeit, um auf frühe affektive Mängel zu reagieren.

Das Problem entsteht nicht durch die Angst selbst, sondern durch den Platz, den man ihr zubilligt.

Marie-Frances Geschichte

»Manchmal habe ich Angst, dass meine Nachbarn laut werden. Wenn dies tatsächlich eintritt, habe ich das Gefühl, sie würden mich überwältigen und in meine Privatsphäre eindringen. Dieser äußerst unangenehme Eindruck (diese Täuschung) weckt meine Angst. Ich stamme aus einer kinderreichen Familie. Als jüngstes von acht Kindern habe ich meine Mutter oft sagen gehört: ›Und das mir, die nur zwei Kinder wollte!‹, und sie fügte immer stolz hinzu: ›Auf jeden Fall ist mir eure Erziehung gut gelungen, denn ich habe euch nie herumgetragen.‹ Auch wenn damals bestimmte Erziehungstheorien die Eltern dazu ermunterten, ihr Kind nicht zu tragen, hat die kleine Marie-France unter diesem Mangel an Aufmerksamkeit und mütterlicher Wärme sehr gelitten. Heute weiß man, wie wichtig das Tragen[8] ist, das die tiefen Bedürfnisse nach Kontakt, Gewiegtwerden und Bindung zwischen Kind und Mutter erfüllt.

Ein Teil meines Wesens ist und bleibt beunruhigt. Wenn mich Angst überfällt, nehme ich ein Plüschtier, das mein inneres Kind symbolisiert, und beruhige die kleine Marie-France. Ich flüstere ihr zu: ›Ich bin da und kümmere mich um dich.‹ Innerhalb weniger Minuten löst sich meine Angst auf. Durch diesen Akt übernehme ich meine Rolle als gute Mutter und kümmere mich um den zerbrechlichsten und verletzlichsten Teil von mir. Das Leid und die Bedürfnisse der kleinen Marie-France sind legitim. Sie verdienen ein aufmerksames Ohr, sanfte, tröstende Worte und liebevolle Arme.

Indem ich das Kind in mir beruhige, erlaube ich mir als Erwachsener, frei zu leben und nicht mehr von Furcht und Angst gelähmt zu werden.«

Übung des Tages: Symbolisieren Sie Ihr verängstigtes inneres Kind

Symbolisation erfordert Geduld. Sie hat große Macht, daher bieten wir Ihnen diese Methode erst in diesem Stadium an. Das innere Kind ist eine zu große psychische Metapher, um als Ganzes symbolisiert zu werden: Wir empfehlen Ihnen, nur den verängstigten Teil des Kindes in Ihnen darzustellen. Hier nun die wichtigsten Schritte:

Phase 1: Kontakt zu sich selbst herstellen. Man kann nur das symbolisieren, was man empfindet. Es ist kein intellektueller Akt. Sie können sich Ihr verängstigtes inneres Kind vorstellen oder auch eine alte Angst, die noch in Ihnen präsent ist.

Diese Emotion dient als Zugang zu Ihrem inneren Kind. Beispiel: Angst vor der Dunkelheit, Angst, den anderen zu verlieren, oder Angst, zu leiden.

Phase 2: Darstellen, was in einem lebt. Dabei soll nach außen gebracht werden, was im Inneren erlebt wird, um dazu eine Beziehung aufzubauen. Bei diesem Schritt stellen Sie die Angst oder das verängstigte Kind plastisch dar, indem Sie ein repräsentatives Objekt aus Materialien Ihrer Wahl herstellen. Dieses Objekt muss nicht schön oder gut gemacht sein. Es ist lediglich der Ausdruck dessen, was in Ihnen lebt. Lassen Sie sich mit der Ausarbeitung Zeit.

Vielleicht bevorzugen Sie auch ein fertiges Objekt (das niemand anderem gehört). Unsere Kursteilnehmer entscheiden sich häufig für ein Plüschtier. Der Weg dorthin erfordert Zeit. Sie werden den richtigen Moment für den Kauf eines Plüschtiers daran erkennen, dass ein Plüschtier eher Sie auswählt als umgekehrt.[9]

Als Symbol für das, was in einem lebt, kann man kein Lebewesen nehmen, weder einen Menschen noch ein Tier oder eine Pflanze. Lebendiges kann Ihnen dabei nicht helfen. Sie können allerdings verschiedene Elemente aus der Natur wählen, solange diese verfügbar sind, ohne dass Sie Gewalt anwenden müssen (beispielsweise ein abgefallener Ast, eine bereits abgeschnittene Blume, ein leeres Schneckenhaus). Symbolisieren beruhigt und dämpft das emotionale Feuer.

Phase 3: Mit der Symbolisation kommunizieren. Das ist der erstaunlichste Schritt. Dabei geht es zuerst darum, mit dem Objekt durch konkrete Handlungen in Beziehung zu treten (ihm ein Gedicht schreiben, mit ihm spazieren gehen, ihm Musik vorspielen etc.). Nach und nach wird dieses Objekt mit Ihnen »sprechen«. Indem Sie es beobachten und befragen, weben Sie quasi ein unsichtbares Band und erreichen eine tiefe Kommunikation mit den entsprechenden Teilen in Ihnen. Fangen Sie nicht an, dies zu analysieren. Bleiben Sie einfach »auf Empfang« für eine Empfindung, ein Wort oder einen Satz, der auftaucht. Nehmen Sie die Botschaft an, ohne sie zu beurteilen oder einzuordnen.

Es können sich dabei auch bestimmte psychische Teile Ihres Selbst ausdrücken, die keine Verbindung zu der Symbolisation haben. Beziehen Sie sich auf Tag 6, um sie bewusst zu machen. Ist es ein Elternteil oder ein autoritärer Chef? Ist es ein »Manager« (Richter, Kritiker, Opfer etc.) oder ein »Feuerwehrmann«, der Sie von der Emotion trennt? Oder ist es das angepasste Kind, das nach seinem echten Elternteil verlangt?

Diese Teile wirken wie unpassende Beschützer, die Sie daran hindern wollen, Kontakt zu Ihrem ursprünglichen Schmerz aufzunehmen. Sie können ihnen sagen: »Heute bin ich die am besten geeignete Person, um mich um meine Angst und mein inneres Kind zu kümmern.« Der Zugang zu Ihrem inneren Kind hängt davon ab, wie zwingend Ihre Absicht ist.

Phase 4: Sich kümmern. Dieser letzte Schritt ist der wichtigste. Ihre Symbolisation verlangt, geachtet und respektiert zu werden. Geben Sie ihr Bedeutung, und pflegen Sie täglich einen bevorzugten Kontakt zu ihr. Ein Plüschtier kann neben Ihnen im Bett seinen Platz bekommen. Verhalten Sie sich dieser Symbolisation gegenüber, wie es ein guter Elternteil gegenüber seinem Kind tun würde.

Phase 5: Dann kommt die Zeit, wo die Symbolisation ihre Aufgabe erfüllt hat. Das Übergangsobjekt ist nicht mehr nötig. Wenn die Verbindung vom Selbst zum Selbst wiederhergestellt ist, genährt und respektiert wird, hat die Symbolisation nicht mehr dieselbe Intensität. Nun kommt die Zeit der Dankbarkeit. Danken Sie ihr dafür, eine Stütze gewesen zu sein. Wenn es ein Plüschtier ist, halten Sie es in Ehren. War es etwas aus der Natur (Kiesel, Zweig etc.), geben Sie es der Natur zurück. Ist es ein Objekt, das Sie selbst hergestellt haben, können Sie es aufheben oder vorsichtig zerlegen.

Die Symbolisation erlaubt es, sich seine Verantwortung bewusst zu machen. Sie führt zu mehr Autonomie und zur Heilung.

Pascales Geschichte

»Vor ein paar Jahren haben wir Pascale begleitet, die eine tiefe Verbindung zu ihrem Plüschtier aufgebaut hat. Sie schlief und aß mit ihm und nahm es ins Kino mit. Einmal kaufte sie für das Plüschtier sogar eine Theaterkarte. Pascale, die als Kind schlecht behandelt wurde, hat einen einzigartigen Heilungsprozess vollbracht. Indem sie ihrem Plüschtier den Status einer vollständigen Person verliehen hat, hat sie wieder eine lebendige Verbindung zu sich selbst und ihre Bedürfnisse geknüpft. Sie bekundet es mit diesen Worten: »Mein Plüschtier, das die kleine verletzte Pascale darstellte, hat mir das Leben gerettet. Ich habe meine Integrität und meine Freude wiedergefunden. Ich konnte mir endlich erlauben, in vollen Zügen zu leben. Ich fühle, dass die Liebe in mir lebt. Anfangs dachte ich, ich sei verrückt. Es erschien mir wahnsinnig, mit einem Plüschtier zu reden. Dann wurde mir wirklich bewusst, dass es sich um einen Teil von mir handelte. Heute lebe ich weiterhin mit der kleinen Pascale. Ihr Wohlbefinden, ihre Bedürfnisse und ihre Ängste haben bei mir Priorität.«

TAG 12

Mit den anderen leben

Herausforderungen in einer Beziehung

> »Um erwachsen zu werden, muss man sich von seinen
> Bindungen an Familie, Boden und Rasse befreien.«
> Erich Fromm

Wer ist der andere?

Uns ist bei unserer therapeutischen Einzel- oder Gruppenbegleitung immer bewusst, dass wir nur einem winzigen Teil einer Person begegnen. Der Mensch ist ein Geheimnis und die Beziehung ein Terrain für faszinierende Entdeckungen.

Den anderen zu entdecken heißt, sich selbst zurückzunehmen. Alle Menschen haben analoge Bedürfnisse, Gefühle und Verletzungen. Es ist unverzichtbar, sich mit dem gemeinsamen Kern der anderen zu verbinden, damit die spezifischen Empfindungen jedes Einzelnen keine unüberwindbaren Mauern errichten. Beziehungen zu lernen, macht aus dem anderen einen Verbündeten, nicht einen Feind.

Die Beziehung zum anderen ist eine entscheidende Herausforderung. Sie spiegelt wider, wie innig die Beziehung zum eigenen inneren Kind ist. Ohne eine bewusste Beziehung zu sich selbst kann es keine gesunde Beziehung zum anderen geben. Bei unserem Vorgehen nehmen zwei wichtige Gedanken von Carl Gustav Jung einen bevorzugten Platz ein:

- Erleuchtung erlangt man durch das Erkennen der eigenen Dunkelheit.
- Selbsterkenntnis ist ein Abenteuer, das in unerwartete Weiten und Tiefen führt.

Diese beiden Dynamiken werden durch die Beziehung zum anderen inszeniert.

Charlottes Geschichte

Bei einer Einzelsitzung gesteht mir die 45-jährige Charlotte:

»Ich stelle fest, dass mir die Männer oft nachlaufen«, sagt sie mit einem breiten Lächeln.

»Und was empfinden Sie in solchen Momenten?«

»Ich bin entzückt. Ich weiß, dass ich eine verführerische Seite habe. Ich produziere wohl Pheromone, die von den Männern wahrgenommen werden.«

Ich bitte sie, über das letzte Mal zu berichten, als dies geschehen ist.

»Ich war abends bei Freunden eingeladen. Es war sehr nett. Es war ein Mann da, der Gitarre spielte. Wir haben uns unterhalten und haben zusammen gesungen. Er war sehr sympathisch. Wir hatten dieselbe Wellenlänge. Nach der Hälfte des Abends bin ich schnell gegangen, ohne mich von ihm zu verabschieden. Ich bin zum Glück geflüchtet!«

»Aus welchem Grund?«

»Ich hatte Angst, dass es etwas zu weit gehen könnte. Ich habe sein Begehren gespürt.«

»Und Ihres?«

»Was meinen Sie?«

»Haben Sie Ihr Begehren auch gespürt?«

»Aber darum geht es doch gar nicht! Ich bin nicht so eine.«

»Was für eine?«

»Na ja, ein leichtes Mädchen, eine Nutte oder so! Das ist unmoralisch!«

»Wenn ich Sie richtig verstehe, ist es also unmoralisch, wenn man sein Begehren verspürt?«

»Ja, natürlich.«

Die Sitzung war zu Ende. Charlotte wirkte durcheinander. Eine Woche später erzählte sie mir einen Traum: »Ich gehe durch eine Tür und betrete eine wunderschöne Landschaft. Neben mir taucht eine Frau auf, und ich erhebe mich in die Lüfte wie ein Engel. Aber diese Frau spricht mich an, sie wolle mir einen See zeigen. Ich kehre zurück und beuge mich über das dunkle Gewässer. Zuerst sehe ich mein Spiegelbild, dann bemerke ich Hunde, die am Grund des Wassers bellen. Höllenwesen, könnte man sagen. Sie knurren. Ich habe Angst. Die Frau reicht mir eine Tüte voller Frischfleisch und sagt zu mir: ›Du musst sie füttern!‹ Da bin ich aus dem Schlaf aufgeschreckt.«

Ich schlage Charlotte vor, sie solle die wichtigen Bilder ihres Traumes mit der nicht dominanten Hand zeichnen. Die Hunde am Grund des Sees nehmen die Mitte der Zeichnung ein. Sie stellen ihre verdrängten Triebe dar. Ihre Weiblichkeit, verkörpert durch die Frau, von der sie gerufen wird, bittet sie, sich um ihre Triebe zu kümmern. Sie mit Frischfleisch zu füttern ist eine Einladung, sie zu besänftigen und zu transzendieren. Es scheint für Charlotte schwierig zu sein, die begehrende Frau in sich zu akzeptieren. Ihr Unterbewusstsein redet ihr zu, ihre dunkle Seite zu erkunden.

Durch diese Erfahrungen konnte sie ihre unsichtbare Treue gegenüber ihrer unterdrückenden Erziehung erkennen. Ihre von den Eltern übernommene, mit Scham besetzte Sichtweise des Begehrens hatte diverse Ängste entstehen lassen: Angst vor ihrer Lust, Angst vor der Lust des anderen, Angst vor Intimität mit Männern.

Das Erkunden des eigenen Schattens

Jede Beziehung, die man eingeht, konfrontiert einen mit etwas. Jeder erkennt beim anderen einen Teil von sich selbst (und umgekehrt). Wenn die Angst in einem vorherrscht, projiziert man auf den anderen die eigenen ungeliebten, vergessenen und nicht akzeptierten Subpersonalitäten, die anzuerkennen das ideale Ich ablehnt. Charlotte liebt es, gesehen zu werden und zu betören, aber wenn sie das Begehren des anderen zu stark spürt, ergreift sie die Flucht. Warum? Bei ihr ist das Begehren mit einem Vorhängeschloss weggesperrt. Es bleibt im Schatten und stellt eine Gefahr dar. Als sie diesen Gitarristen kennenlernt, akzeptiert sie es nicht, das Risiko einer Beziehung einzugehen. Ihre Ängste sperren nicht nur ihre schändlichen Triebe weg, sondern auch ihre Beziehungsfähigkeit.

Die andere Person ist ein Spiegel meines Schattens, das heißt der Dinge, die ich in mir nicht sehen will.

Sich auf das innere Abenteuer einlassen

Das menschliche Gehirn ist empathisch und neurosozial.[1] Die empathische Bindung besteht darin, sich mit dem Lebendigen in sich selbst und im anderen zu verbinden. Die Empathie erlaubt es, um einen Ausdruck des amerikanischen humanistischen Psychologen Carl Rogers zu übernehmen, »auf der Ebene der Brüderlichkeit mit anderen Menschen zu leben«. Der Kontakt zum inneren Kind* ist von großer Bedeutung, um sich anderen öffnen zu können.

Einige vernehmen den Ruf ihres inneren Kindes, zögern jedoch, sich auf dieses innere Abenteuer einzulassen. Warum? Sie befürchten Verletzungen und Schmerz. Der Gedanke, wieder an das Kind in sich anzuknüpfen, kann anfangs Angst einflößend wirken. Nicht selten hören wir: »Ich möchte mein inneres Kind schon wiederfinden, aber nur das fröhliche und kreative.« Das innere Kind stellt eine wesentliche Frage: »Was bist du für eine Person, wenn du nicht dazu fähig bist, das zu lieben und Mitleid mit dem zu empfinden, das in dir am kleinsten, zerbrechlichsten und am tiefsten verletzt ist?« Diese Frage treibt jeden dazu an, wachsam und verantwortlich für die Bedürfnisse seines inneren Kindes zu sein.

Das innere Abenteuer ist ein Nachhausekommen. Es ist eine Quelle der Freude und Komplettierung, sein Kind an die Hand zu nehmen, es zu hören und es ihm zu erlauben, sich voll und ganz auszudrücken. Jeder Mensch besitzt eine Lebensenergie*, die er viel zu oft in eine zerstörerische Energie, in eine Beziehungsgewalt verwandelt. Indem man sich mit dem anderen misst oder versucht, ihn zu beherrschen, lehnt man die Erfahrung der Intimität ab. Man fürchtet, zu sich, zu seinem Selbst zurückzukehren. Man übersieht, dass das verletzte innere Kind einen Teil der in Fesseln gelegten Vivance* symbolisiert. Sich um sein inneres Kind zu kümmern, ist ein Geschenk, ein Geschenk an das Leben. Jeder ist selbst dafür verantwortlich, wie er mit seinem Leben umgeht.

Gesunde Beziehungen pflegen

> »Wenn wir unsere Beziehungen verbessern, verbessern wir unsere geistige Gesundheit.«
> William Glasser

Dritte Beziehungsangst: die Angst vor Andersartigkeit

Von dem geheimen Wunsch beherrscht, sich selbst im anderen wiederzufinden, verstärkt jeder Mensch die Angst vor der Andersartigkeit. Was anders ist, macht Angst. Um die eigene Andersartigkeit besser akzeptieren zu können, verzichtet man auf gewisse Darstellungen nach außen, auf Überzeugungen und auf Sicherheiten. Es scheint einfacher zu sein, das abzulehnen, was der eigenen Wahrnehmung nicht entspricht – letztlich ist genau das aber noch destruktiver.

Claudes Geschichte

>> Der 30-jährige Claude stammt aus einer Familie, die den katholischen Traditionalismus praktiziert. Er leidet moralisch, denn seine homosexuelle Neigung lebt er nur heimlich aus. In dem Wunsch, Hilfe für sein Unbehagen zu finden, vertraut er sich einem kirchlichen Berater an. Dieser trägt ihm auf, »sich wegen dieser Störung behandeln zu lassen«. Als diesem Berater jedoch klar wird, dass Claude bereits sexuelle Beziehungen mit Männern gehabt hat, schlägt er einen völlig anderen Ton an und äußert mit aller Schärfe: »Das ist eine Schandtat, eine schwere Sünde. Sie müssen um jeden Preis den Weg zurück zu Gott finden.« Claude hatte sich Unterstützung und eine Lösung erhofft. Als er zu uns kommt, ist er ratlos. Dann begegnet er dem kleinen sechsjährigen Claude, der zu ihm sagt: »Ich liebe Jungen. Für mich ist das ganz natürlich, und ich zähle auf dich, damit wir glücklich zusammenleben können.« Diese Erfahrung war eine echte Befreiung. Bis zu diesem Tag fühlte sich Claude in der Pflicht, eine andere Person zu sein. Bei der Vorstellung, seine eigenen Bedürfnisse und seine eigenen Werte zu respektieren, war er verängstigt und schämte sich. Als er sein inneres Kind hörte, konnte er endlich all seine Not und seinen Schmerz ausdrücken. Einige Sitzungen später bekräftigte er: »Mag sein, dass ich Gott nicht kenne, aber ich kenne mich. Ich bin meinem wahren Selbst begegnet. Ich bin homosexuell. Das macht einen Teil von mir aus. Meine Aufgabe ist es, diesen Teil anzunehmen, um es dem kleinen Claude zu ermöglichen, frei und glücklich zu leben.«

Dieser Entwicklungsweg hat uns sehr bewegt und hat uns in Erinnerung gerufen, wie wichtig es ist, Andersartigkeiten zu akzeptieren. Unsere eigene Erfahrung als Paar ist eine Geschichte von Toleranz und Angleichung. Zu Beginn unserer Beziehung erschienen uns unsere Unterschiede wie ein ernstes Handicap: Altersunterschied, unterschiedliche soziale Herkunft, Erziehung, Bildung, Distanz und Bezugspunkte (Marie-France: »Erinnerst du dich, wie im Mai 1968 …«, Emmanuel: »Na ja, 1968 war ich noch nicht einmal auf der Welt!«). Wir haben gelernt, aufeinander zuzugehen. Der Schriftsteller Jacques de Bourbon Busset, Mitglied der Académie française, hat einmal gesagt: »Liebe ist, wenn Unterschiede nicht mehr trennen.«

Die Angst vor der Andersartigkeit ist die Angst, es nicht zu schaffen, die Wirklichkeit eines gemeinsamen menschlichen Bewusstseins mit der einmaligen Besonderheit jeder Person zu vereinbaren. Die Angst vor dem anderen verbreitet in all ihren Formen ein tiefes Gefühl des Isoliertseins und eine latente Aggressivität.

Im anderen spiegeln sich die Besonderheit und Einmaligkeit eines menschlichen Lebens.

Die Bedürfnisse in einer Beziehung

Bestimmte Bedürfnisse sind in der Beziehung zu sich selbst lebenswichtig, damit es dem Erwachsenen gelingt, eine Brücke zu seinem inneren Kind aufzubauen. Unter Berücksichtigung der Terminologie von Jacques Salomé[2] werden nachfolgend die sieben Bedürfnisse in einer Beziehung mit ihrer intrapersonalen Dynamik beschrieben:

- Das Bedürfnis, anerkannt zu werden. Ihr inneres Kind braucht es, als vollständige Person anerkannt zu werden, so wie es wirklich ist, und nicht so, wie man von ihm erwartet, dass es sein sollte.
- Das Bedürfnis, sich zu erklären. Ihr inneres Kind braucht es, sich erklären zu können, d. h., sich ausdrücken zu dürfen, ohne dass seine Worte und seine innere Wahrheit negiert, verzerrt oder lächerlich gemacht werden.
- Das Bedürfnis, gehört zu werden. Ihr inneres Kind braucht es, auf der Altersstufe gehört zu werden, die es bei seinen Emotionen, Empfindungen, Wahrnehmungen und Bedürfnissen hatte, und zwar ohne Interpretation, Veränderung oder Diskussion.
- Das Bedürfnis, wertgeschätzt zu werden. Ihr inneres Kind braucht es, dass Sie seiner Person großen Wert beimessen, nicht dem, was es tut oder nicht tut.
- Das Bedürfnis nach Vertrautheit. Wie wäre es, wenn Sie damit beginnen, mit Ihrem inneren Kind mindestens zehn Minuten pro Tag innig zu verbringen? Fragen Sie es, wie es ihm geht, was es braucht, was ihm Freude machen würde. Binden Sie es in Entscheidungen mit ein. Sie brauchen den Rat Ihres inneren Kindes, um nicht Gefahr zu laufen, ein tiefernster, überaktiver und blasierter Erwachsener zu werden.
- Das Bedürfnis, etwas zu gestalten und zu beeinflussen. Das innere Kind symbolisiert das freie und kreative Ich. Durch Kreativität kann jeder Mensch sein wahres Wesen ausdrücken. Spiel und Kreativität sind die Säulen der Selbstverwirklichung, die zur Vollendung des Selbst führen. Indem man sein eigenes Leben gestaltet, beeinflusst man ganz von selbst sich und die Welt.
- Das Bedürfnis, zu träumen, zu hoffen. Ihr inneres Kind flüstert Ihnen zu:

»Ich brauche es, dass wir gemeinsam eine bessere Welt erfinden.« Traum und Hoffnung stützen sich auf eine der wichtigsten kreativen Quellen, die Vorstellungsgabe. Indem der Mensch sich vorstellt, wie er auf seiner Ebene das Beste schaffen kann, trägt er zum Wohlbefinden der gesamten Menschheit bei.

Die Angst vor dem anderen

Angst beeinträchtigt den gesunden Austausch mit anderen. Alle gesellschaftlichen Systeme des Menschen (Familie, Arbeit, Gesellschaft etc.) uniformieren die Individuen und fördern die Angst vor Zurückweisung, die Angst vor Verurteilung und die Angst vor Andersartigkeit. Eine mangelhafte Kommunikation trägt nicht zu einer Beziehung bei, die darauf beruht, dass man das Sein und das Lebendige respektiert.

Wenn ich vor dem anderen Angst habe, habe ich keine Verbindung zu einer Person, sondern lediglich zu einem Verhalten, das ich interpretiere. Bestimmte Verhaltensweisen sind tatsächlich unangemessen oder gewalttätig. Andere Personen erwecken Teile in einem selbst, die man lieber nicht sehen und nicht anerkennen möchte. Es kann auch sein, dass das Verhalten des anderen nicht dem entspricht, woran man glaubt oder was man erwartet. In allen Fällen behindert es eine Beziehung, wenn man eine Person mit ihrem Verhalten verwechselt. Wenn ich die Person mit ihrem Verhalten verwechsle, sehe ich sie nicht mehr und kann nicht mehr mit ihr kommunizieren.

Verantwortung übernehmen

Mit dem anderen zu leben bedeutet, mit sich in Verbindung zu stehen und ein inniges Verhältnis mit seinem inneren Kind zu haben. Durch die Verbindung zum inneren Kind entstehen eine höhere Präsenz und mehr Bewusstsein. Jeder Mensch ist für sein Verhalten, sein Empfinden, seine Handlungen und seine Reaktion gegenüber dem anderen zu 100 Prozent selbst verantwortlich. Ein häufiger Fehler bei einem Konflikt besteht darin, die Verantwortung dafür durch zwei zu teilen. Dies ist gelegentlich eine Strategie, um die Opferrolle einnehmen zu können. Wer selbst die Verantwortung übernimmt, kann mit Respekt sich selbst und dem anderen gegenüber geben, empfangen, verlangen, akzeptieren oder ablehnen.

Jacques Salomé stellt fest: »Ich bin an allem beteiligt, was ich zwischen meiner Geburt und meinem Tod erlebe. Ich vermeide, wem auch immer die Schuld für die Ereignisse in meinem Leben zu geben. Ich weiß, dass ich die Möglichkeit habe, ihren tieferen Sinn und die Aufgabe, die sie mir stellen, zu entdecken und ihre möglichen Botschaften an mich zu entschlüsseln.«[3]

Übung des Tages: Kommunizieren Sie angst- und gewaltfrei

Diese Übung basiert teilweise auf der Methode der GFK (Gewaltfreie Kommunikation) von Marshall Rosenberg, der erklärt, wie man mit dem anderen eine Verbindung eingeht.[4] Üben Sie, sich mit sich selbst zu verbinden, sodass Sie sich dem anderen angstfrei öffnen können. Diese Übung wird während Ihrer Interaktion mit einem Partner durchgeführt.

Phase 1: Beobachtung. Ich beobachte, was ich sehe, was ich höre, was ich sage, was ich tue, woran ich mich erinnere und was ich mir vorstelle. Ich bleibe auf mich konzentriert. Ich vermeide es, zu analysieren und zu urteilen. Wenn ich es doch tue, nehme ich meine Interpretationen, meine Urteile und Vorwürfe mit Wohlwollen auf.

Phase 2: Gefühle. Ich mache mir bewusst, was ich in Bezug auf meine Beobachtungen empfinde. Welche Emotion habe ich? Welches Gefühl habe ich? Was empfinde ich?

Phase 3: Rückzug in sich selbst. Dieser Rückzug ist häufig nötig. Er kann erfolgen, während ich mit der anderen Person in Verbindung stehe. Wenn die Beobachtungen zu starke Emotionen oder Gefühle auslösen, muss der Rückzug auch körperlich erfolgen. Wir bieten Ihnen folgenden Satz an, den Sie äußern können: »Ich fühle mich nicht gut. Ich brauche eine Pause in unserem Austausch, um herauszufinden, was in mir vorgeht.« Es ist nicht immer leicht, die Verantwortung für das zu übernehmen, was man empfindet. Häufig setzt man den Austausch fort und riskiert damit, sich schlecht zu fühlen, von der Emotion überwältigt zu werden, aufzubrausen und dem anderen Vorwürfe zu machen.

Phase 4: Neubeelterung*. Ich trete wieder in Kontakt mit meinem inneren Kind. Ich nenne es beim Vornamen. Ich stelle ihm folgende Fragen und achte gut auf seine Antworten: »Kleine(r) …, was passiert da? Was empfindest du? Was brauchst du? Wie kann ich dein Bedürfnis erfüllen?« Es gibt zwei Möglichkeiten:
- Dieser Kontakt mit Ihrem inneren Kind bringt eine frühere Verletzung ans Licht. Sagen Sie Ihrem inneren Kind, dass Sie seinen Schmerz hören und sich

darum kümmern werden. Ihr inneres Kind zählt auf Sie und erkennt Sie als einzige Person an, die fähig ist, ihm ein guter Elternteil zu sein. Diese Phase wirkt beruhigend und verlangt, dass Sie wirklich Taten folgen lassen.
- Wenn das innere Kind sich wütend, voller Groll oder Hass gegenüber dem anderen äußert, ist das angepasste Kind* (und nicht das innere Kind) gegenwärtig. Das angepasste Kind ist dem anderen vollständig zugewandt mit ungerechtfertigten Erwartungen und Forderungen. Sie stehen nun nicht mehr in Beziehung zum anderen, sondern zu den Defiziten Ihrer eigenen Vergangenheit. In diesem Fall gehen Sie auf Abstand, sonst besteht die Gefahr, dass Sie die Beziehung beschädigen. Kehren Sie erst zum anderen zurück, wenn sich Ihre Emotionen beruhigt haben.

Phase 5: Bedürfnis und Positionsbestimmung. Äußern Sie Ihr Bedürfnis, und beziehen Sie Stellung: »Ich brauche es, dass …, deshalb entscheide ich mich dafür« oder: »Mir ist wichtig, dass …«. Die Antwort auf Ihre Bedürfnisse betrifft den anderen nicht. Bestätigen Sie Ihre eigenen Bedürfnisse, und akzeptieren Sie es, dafür die Verantwortung zu übernehmen. So mobilisieren Sie Ihre eigenen Ressourcen, um auf Ihr Bedürfnis zu reagieren.

Falls das angepasste Kind den gesamten Platz einnimmt, erklären Sie dem anderen, was in Ihnen vorgeht. Beispielsweise: »Wenn ich deinen Vorschlag höre, wird etwas in mir wütend.« Oder: »Wenn ich dein Verhalten sehe, wird in mir etwas wach, was sich nicht anerkannt fühlt.«

Phase 6: Bitten und Fragen. Damit können Sie sich positionieren und dabei den anderen mit einbeziehen: »Kannst du mir erklären, was du damit sagen willst?« Oder Sie schlagen etwas vor, was die Beziehung bereichern wird: »Bist du damit einverstanden, dass …?«

Wenn Sie merken, dass Ihre Bitte dem anderen nicht die Freiheit zu eigenem Empfinden oder zu einer eigenen Wahl lässt, gehen Sie zurück zu Phase 3, dem Rückzug in sich selbst. Wenn es nicht gelingt, loszulassen, ist es manchmal besser, eine Kommunikationspause einzulegen. Der größte Feind der Kommunikation ist schlichtweg, um jeden Preis recht behalten zu wollen.

Vergessen Sie nicht, in der Beziehung zum anderen Ihre Absicht zu hinterfragen. Haben Sie diese Beziehung, um zu glänzen oder um etwas zu bekommen? Wollen Sie wirklich in einer Beziehung mit dieser Person sein? Fühlen Sie sich zu dieser Beziehung verpflichtet?

FÜNFTER TEIL

Die Grund-ängste

» *Als Erbe der menschlichen Erfahrungen gibt es verschiedene Grundängste: die Trennungsangst, die Angst vor Veränderung und die Angst zu verschwinden. Sie sind die Säulen einer einzigen Angst, mit der jedes Lebewesen eines Tages konfrontiert wird, der Angst vor dem Tod. Sich seinen Ängsten zu stellen, ist eine starke, regenerierende und belebende Initiationserfahrung.* «

TAG 13

Die Trennung

Die Geschichte eines kleinen, verlorenen Mädchens

»Wenn die Seele etwas erfahren möchte, dann wirft sie ein Bild der Erfahrung vor sich nach außen und tritt in ihr eigenes Bild ein.«

Meister Eckhart

Zoyas Geschichte

Vor drei Jahren konsultierte mich, Emmanuel, eine dynamische und energische 36-jährige Frau, Zoya (was etymologisch »das Leben« bedeutet), um ihr inneres Kind wiederzufinden. Nachdem sie einige Referenzwerke zu diesem Thema aus ihrer großen Tasche gezogen hatte, erklärte sie mir: »Das Wesentliche habe ich schon gelesen, und jetzt möchte ich diese Erfahrung machen.«

Ihre Entschlossenheit und ihr Glaube überraschten mich. Vorsichtig kündigte ich ihr die möglichen Schwierigkeiten an, die sie erwarten könnten: »Den Weg zum inneren Kind* findet man nicht über den Intellekt. Er verlangt die Entwicklung bestimmter Eigenschaften wie Loslassen und Mut, d. h. die Fähigkeit, trotz der Angst zu handeln.« Zoya erwiderte, sie könne nicht mehr warten und sie sei bereit.

Weil sie diesen inneren Ruf vernahm, begann sie ihren Initiationsweg, um ihre ursprüngliche Lebensenergie wiederzufinden und ihr Leben in die Hand zu nehmen.

Ein Weg voller Prüfungen

Zoya stammt aus einfachen Verhältnissen und einer sehr großen Familie. Als vorletztes von zwölf Kindern hat sie alles getan, um sich aus ihren ursprünglichen Verhältnissen zu lösen. Der Suizid einer ihrer Schwestern hat sie stark geprägt. Sie hat sich enorm bemüht, einen hohen Bildungsstandard zu erreichen.

Zoya stellte eines Tages fest, dass sie Probleme mit Beziehungen hat und unter einer Phobie leidet: »Ich habe Angst vor kleinen Tieren. Alles, was am Boden kriecht oder in der Luft herumfliegt, macht mir Angst. Ich kann nicht in den Wald gehen. Dort habe ich das Gefühl, ich wäre einer Gefahr ausgesetzt, die ich nicht rechtzeitig kommen sehe.« Diese Beschreibung lässt mich aufhorchen, und ich denke: »Emmanuel, das ist ein kraftvolles archetypisches Bild. Das musst du näher untersuchen.«

Eine phobische Reaktion entsteht in der Regel in der Kindheit und wird im unbewussten Teil des Gehirns einprogrammiert. Die Angst ist ansteckend. Ein Kind »lernt« die Angst vor Schlangen, wenn es einem Freund nahe ist, der sich vor Reptilien fürchtet. Eine Phobie kann auch einem Elternteil abgeschaut werden. Das Kind ahmt seine Eltern nach. In einer dysfunktionalen Umgebung richtet das Kind selbst erlebte Gewalt und seine daraus resultierende Angst auf ein äußeres Objekt, vor dem es sich dann fürchtet. Es ist nicht nötig, den Ursprung der Phobie zu kennen, um sie heilen zu können. Allerdings kann die Phobie die Tür zu einem Trauma öffnen, das wie eine Wunde versorgt werden muss.

Zoya wird durch ihre Angst behindert. Es ist wie eine weitere Prüfung in ihrem Leben.

Der Weg zur Heilung

Zoya möchte ihre Angst wirklich überwinden. Es erscheint ihr sehr schwierig, aber ihr innerer Pilot, das Selbst, begleitet sie: »An dem Tag, an dem ich beschlossen habe, diese Angst zu bekämpfen, habe ich in mir eine sehr laute und deutliche Stimme gehört. Sie klingt noch immer in mir nach: ›Nähere dich vorsichtig, und mach Fotos von den kleinen Tieren.‹« Ihr tiefes Inneres ermutigt sie, ihre Angst durch das Fotografieren zu besänftigen und sich dem zu stellen, was sich dahinter verbirgt.

Zoyas Angst vor »kleinen Tieren« wird besonders im Wald spürbar. Tierchen, denen sie anderswo begegnet, machen ihr weniger Angst. Der Wald ist ein archetypisches Bild, das ein universelles, die Psyche strukturierendes Motiv enthält. Der Wald ist »[...] ein Ort der Einsamkeit, des Wirrwarrs, der Heilung, der Regression, der Höhe und Behinderung, des spontanen Wachstums und ständiger Auflösung«.[1] Der Wald als zeitloser und ursprünglicher Raum ist die »Wüste«, in der der Wegsuchende sich aufmacht und etwas sucht. Es ist außerdem der Ort, wo sich das Rohmaterial befindet, das Holz, das für jedes Bauwerk gebraucht wird.

Ich schlage Zoya eine Arbeit in Form einer aktiven Imagination[2] vor, um in den dunklen Wald ihrer Psyche vorzudringen. Ein archetypisches Bild wie den symbolischen Wald zu erkunden, kann eine großartige Verwandlung herbeiführen.

Nach einer Phase körperlicher Entspannung mit geschlossenen Augen lade ich Zoya ein, einen Wald zu betreten: »Sie gehen auf einem Weg, der Sie in einen sehr alten Wald führt. Betrachten Sie rings um sich herum die Bäume und die Farben der Blätter. Nehmen Sie sich die Zeit, die Gerüche dieses Waldes in sich aufzunehmen. Wie fühlen Sie sich?«

»Ich habe Angst. Es werden immer mehr Bäume, und ich höre beunruhigende Geräusche.«

»Womit bringen Sie die Geräusche in Verbindung?«

»Ich würde sagen, es ist ein Stöhnen. Ja, genau! Das Brummen der Insekten ähnelt einem langen Klagelaut.«

»Hören Sie sich diese Klage an.«

Bei diesen Worten beginnt Zoya zu schluchzen. Ich bitte sie, zu äußern, was sie sieht und empfindet.

»Ich bin nicht mehr in dem Wald, sondern bei meinen Eltern im Flur. Ich bin sechs Jahre alt und ganz allein.«

Sich selbst annehmen

Die Begegnung mit dem inneren Kind ist eine Initiation, eine »Wiedervereinigung« mit dem Selbst*. Diese Phase verlangt, den Verstand loszulassen und neue Wahrnehmungen über frühere Erlebnisse zuzulassen. Ich fordere Zoya auf, auf das kleine Mädchen zuzugehen.

»Das ist unmöglich. Mir geht es zu schlecht. Es schmerzt zu sehr. Meine Eltern haben sich nicht um mich gekümmert. Ich war mir selbst überlassen. Meist musste ich in einer Ecke bleiben. Meine Mutter beglückwünschte sich zu meinem Gehorsam. Ich könnte schreien.«

Der Erwachsene hat die Illusion, das verbannte innere Kind würde in der Vergangenheit erstarrt bleiben. Angesichts des Schmerzes dieses Kindes fühlt er sich wie gelähmt und machtlos.

»Zoya, Sie scheinen vom Verhalten Ihrer Eltern hypnotisiert zu sein. Richten Sie Ihre Aufmerksamkeit auf das kleine Mädchen. Können Sie erkennen, was es empfindet?«

»Oh mein Gott, die Kleine fühlt sich verloren. Es ist niemand da, der mit ihr spricht, sich um sie kümmert, ihr zuhört oder mit ihr spielt. Ich kann sie nicht so allein lassen!«

Das Selbst entfaltet sich in einer Haltung von Empathie und Wohlwollen. Jeder kann lernen, vergiftete Bindungen loszulassen, die ihn lediglich mit dem Verhalten des anderen verbinden. Auf diese Weise entsteht Mitgefühl.

Mit dem inneren Kind mitfühlen

Mitgefühl ist keine Eigenschaft und auch kein Gefühl, sondern eine Tugend: Man fühlt mit jemandem mit. Man macht einer anderen Person damit ein Geschenk und drückt sich gleichzeitig selbst aus. Ohne eine liebende und unerschütterliche Unterstützung für das traurige und verletzte innere Kind kann kein echtes Mitgefühl entstehen. Das Mitgefühl überträgt den Schmerz, indem es erlaubt, den verletzten Teil in sich zu erkennen. Diese Tugend ist herzlich, macht menschlicher und mildert das ursprüngliche Leid.

Ich ermuntere Zoya, auf die kleine sechsjährige Zoya zuzugehen und sie in die Arme zu nehmen. Damit ein Kind sich geliebt fühlt, müssen die Eltern mit ihm weinen, sie müssen sein Leid aufnehmen und teilen. Aus dem Weinen entsteht der Mut zur Reife.

Frei fürs Leben werden

Am Ende der Sitzung strahlt Zoya. Sie sagt: »Ich bin im Frieden mit mir und erkenne die Dinge jetzt besser.« Ihr wird bewusst, dass ihre Probleme mit Beziehungen ihren Ursprung in ihren Erfahrungen als Kind haben. Ihre Angst, allein und von den anderen getrennt zu sein wie in ihrer Kindheit, haben dazu geführt, dass sie anderen gegenüber eine Haltung angenommen hat, die nicht authentisch ist. Sie kommt zu dem Schluss: »Ich habe solche Angst, für den anderen nicht zu existieren, dass ich alles tue, um mich unverzichtbar und unvergesslich zu machen. Ich mache Geschenke oder provoziere manchmal auch.«

In den folgenden Wochen ändert Zoya ihr Verhalten. Sie akzeptiert ihr Bedürfnis zu teilen nun ohne Probleme. Zu ihrer Phobie berichtet sie mir: »Ich habe angefangen, Insekten zu fotografieren. Es geht mir viel besser damit. Es ist nicht einfach, aber auch irgendwie amüsant.«

Als Zoya an diesem Tag meine Praxis verlässt, fällt mir ein altes Gedicht wieder ein. Es erzählt die Geschichte eines Fischers, der ein Kind in seinem Fischernetz findet. Dieses Kind sagt zu ihm:
»Kein Mensch sieht, wer ihn unterstützt ...
So schwach und so klein ich auch sein mag,
Am Ufer, über das die Gischt des Ozeans hinwegspült,
Werde ich am Tag des Kummers für dich
Nützlicher sein als dreihundert Lachse ...«[3]

Indem Zoya ihrem inneren Kind zugehört hat, konnte sie einen Großteil ihrer Lebensenergie* befreien und so umleiten, dass sie ihr zu Diensten ist. Ihre Phobie hat sich in eine leichte Furcht verwandelt, an der sie weiterarbeitet, indem sie ihr Leben ruhiger und freier führt.

Die Trennung überwinden

»*Das tiefste Bedürfnis des Menschen ist demnach, seine Abgetrenntheit zu überwinden und aus dem Gefängnis seiner Einsamkeit herauszukommen.*«

Erich Fromm

Die erste Trennung

Das Kind entwickelt sich im Verhältnis zum anderen, meist seiner Mutter, deren Verlust es fürchtet, von der es sich jedoch eines Tages trennen muss. Die Trennung gehört zum Lebenszyklus. Wenn eine Mutter Leben schenkt, schenkt sie zugleich auch den Tod. Jeder lebendige Prozess ist eine Geschichte von Trennung, Endlichkeit und Wiedergeburt.

Kürzlich hat eine Freundin uns ihre Erfahrung mitgeteilt. Als Trainerin für zwischenmenschliche Beziehungen ist sie in einer Montessori-Schule tätig. Nachdem sie die Kinder gebeten hatte, sie sollten malen, was in ihren Augen das Wichtigste ist, fesselte das Bild eines fünfjährigen Jungen ihre Aufmerksamkeit. Sein Blatt war mit grünen Strichen bedeckt. Sie fragte ihn: »Was hast du da gemalt?« Mit einem breiten Lächeln antwortete er: »Gras!«

Diese reizende Geschichte illustriert eine der einfachsten und tiefgründigsten Wahrheiten. Genau wie dieser Junge, der eine Verbindung zum Gras hat, ist jeder mit den anderen, mit seiner Umgebung und der Natur vernetzt. Hier nun eine Erinnerung von Jung, in der er seine enge Beziehung zum Lebendigen zur Sprache bringt: »Zuzeiten bin ich wie ausgebreitet in die Landschaft und in die Dinge und lebe selber in jedem Baum, im Plätschern der Wellen, in den Wolken, den Tieren, die kommen und gehen, und in den Dingen. [...] Ich sehe das Leben als Ganzes, wie es entsteht, wächst und vergeht.«[4]

Die Verbindung mit dem Lebendigen ist nicht nur ein grundlegendes Bedürfnis, sondern auch eine Realität. Wenn das Kind größer wird, verliert es das Bewusstsein für seine Verbindung mit allem, was es umgibt. Die Trennungsangst entsteht, weil dieses Vertrauen vergessen wird.

Erste Grundangst: die Trennungsangst

Bestimmte alltägliche Gewohnheiten verstärken diese Angst. Ein Beispiel ist die Cyberkommunikation (E-Mails, SMS, soziale Netzwerke etc.). Die zunehmende Leistungsfähigkeit dieser Kommunikationsmittel führt zu einer Verarmung der emotionalen Interaktion beim zwischenmenschlichen Austausch. Die Kommunikation zwischen den Menschen ist unendlich subtil. Gesichtsmimik, Wortwahl, Körperbewegungen, Blicke, Tonfall – das alles sind Elemente, die zur Beziehungsintelligenz beitragen.

Kürzlich vertraute uns eine Frau ihre Wut und ihren Schmerz an. Sie war seit einigen Monaten in einer Liebesbeziehung und bekam von ihrem Freund eine SMS, mit der er das Ganze mit wenigen Worten beendete: »Ich ziehe es vor, unsere Beziehung zu beenden. Viel Glück.« Eine Beziehung per SMS zu beenden, ist auch eine Form von Gewalt. Sie hatte ihm gegenüber ihre Empörung geäußert. Er war über ihre Reaktion erstaunt. Das war der Schlusspunkt.

Es besteht oft eine Verwechslung zwischen Vernetzung und Bindungsbedürfnis. Die Kommunikationsmittel machen unseren Planeten zu einem Dorf, noch nie gab es einen so zahlreichen und so schnellen Austausch. Das ist ein klarer Fortschritt, aber die lebendige Beziehung, die echte Verbindung zwischen Individuen wird hinter der Technik tendenziell ausgelöscht. Die technische Verarbeitung der Kommunikation kann eine verheerende psychologische Wirkung auf den Menschen und die Beziehung haben. Ohne die Vertrautheit und Empathie, die für einen Austausch zwischen den Menschen nötig sind, wird man zu einer »Nichtperson«.

Die Trennungsangst ist paradox. Man hat das Bedürfnis, mit dem anderen verbunden zu sein, und hat gleichzeitig Angst vor der natürlichen Vertrautheit, die dabei entsteht. Viele Menschen schaffen eine Distanz oder trennen sich sogar, um den Schmerz eines eventuellen Verlustes zu vermeiden. Trennungsangst ist ein Verlust mit Ankündigung, der Verlust von Mutter und Vater, der Verlust einer Liebe, eines Kindes, eines Freundes, eines Tieres etc.

Der Bruch mit dem eigenen Wesen

Hinter der Trennungsangst steht das Gefühl, von seinem Wesen abgeschnitten zu werden, die unsägliche Sehnsucht nach einem verlorenen Paradies. Der Bruch mit dem eigenen Wesen ist eine der Hauptverletzungen der Kindheit.[5]

Der Kontaktverlust zum authentischen Ich ist allgegenwärtig. Jeder Mensch passt sich an, um seinen Platz in einem System (Familie, Arbeit, Gesellschaft, Welt) zu finden. Die Angst bleibt so lange lähmend, wie man von sich selbst abgeschnitten bleibt.

Der indische Meister Ramana Maharshi versicherte: »Deine wahre Natur zu vergessen, ist der wahre Tod, sich wieder an sie zu erinnern, ist die Wiedergeburt.«[6] Durch das Wiederanknüpfen an das innere Kind können Teile des vergessenen oder verdrängten Selbst wiederhergestellt werden. Für diese erneute Verbindung muss man die Bereiche der Psyche loslassen, die trennen und isolieren. So gelangt man zu einem anderen, inneren, intuitiven und spontanen Dasein, das harmonisiert und vereint. Es ist eine Initiation in die Präsenz des Selbst*.

Übung des Tages: Lesen Sie die Wolken

Die Trennungsangst ist eine nicht sichtbare Selbstverstümmelung. Die Überwindung dieser Angst ist ein ständiger Lernprozess. Heute werden Sie sich mit einer spielerischen und kreativen Übung mit sich selbst und der äußeren Welt wieder verbinden, indem Sie erstaunliche Ressourcen mobilisieren, die Ihre Angst vertreiben. Zwar bezieht sich diese Übung auf Ihre Trennungsangst, sie ist jedoch auch für alle anderen Ängste geeignet.

Phase 1: Wählen Sie für die Übung einen Tag mit blauem Himmel, an dem einige Wolken unterwegs sind. Halten Sie ein Blatt Papier und Farbstifte bereit. Machen Sie es sich im Freien bequem, legen Sie sich nach Möglichkeit ins Gras. Vermerken Sie oben auf dem Blatt, welche Ihrer Ängste Sie bearbeiten wollen. Zum Beispiel: Ich will meine Angst überwinden, meinen Mann zu verlieren; ich will meine Angst loslassen, dass meine Tochter weit wegzieht; ich will keine Angst mehr haben, meine Arbeit zu verlieren.

Phase 2: Lassen Sie, auf dem Rücken liegend, Ihre Gedanken schweifen, während Sie die Wolken betrachten. Sie werden Tiere, Gegenstände oder Personen erkennen, die Ihnen eine Geschichte erzählen. Schreiben Sie die Geschichte auf, oder zeichnen Sie sie. Schauen Sie abwechselnd in den Himmel und auf Ihr Blatt Papier. Nehmen Sie die auftauchenden Worte oder Bilder auf, auch wenn sie scheinbar keinen Sinn ergeben.

Diese Übung ist eine Form von ursprünglicher Erfahrung, Sie werden dabei den Geist der Kindheit wiederfinden. Wenn Sie den Himmel befragen, um Botschaften Ihres Unbewussten zu erhalten, tauchen Sie tief und intensiv in die Sprache der Symbole ein.

Phase 3: Warten Sie ein paar Tage, bevor Sie Ihre Geschichte wieder lesen. Sie werden feststellen, dass Ihnen das Wolkenlesen einige wichtige Hilfen zur Überwindung Ihrer Angst liefert. Sie haben sich mit Ihrer Geschichte einen inneren Raum, einen Daseinszustand ohne Angst erschlossen, der Ihre Wahrnehmung verändert. Versuchen Sie nicht, die näheren Umstände zu verstehen. Profitieren Sie einfach nur davon.

Um noch weiterzukommen, beobachten Sie im Alltag alles, was um Sie herum ist. Betrachten Sie Gesichter, Vögel, Bäume, das Gras, Flüsse, Häuser. Interessieren Sie sich für Details. Treten Sie mit der Welt in Kontakt. Schauen Sie die Dinge einfach nur bewusst an, ohne sie zu analysieren oder in Schubladen zu stecken. Durch Ihre übliche Wahrnehmung leben Sie eingesperrt in einem Käfig und erleben eine Abbildung der Realität und nicht die Realität selbst.

TAG 14

Die Veränderung

Die Wand der Veränderung

»Es gehört oft mehr Mut dazu, seine Meinung
zu ändern, als ihr treu zu bleiben.«
Friedrich Hebbel

Ich verändere mich/Mein Leben verändert sich/Ich verändere mich/Mein Leben verändert sich
Ich verändere mich/Mein Leben verändert sich/Ich verändere mich/Mein Leben verändert sich
Ich verändere mich/Mein Leben verändert sich/Ich verändere mich/Mein Leben verändert sich
Ich verändere mich/Mein Leben verändert sich/Ich verändere mich/Mein Leben verändert sich
Ich verändere mich/Mein Leben verändert sich/Ich verändere mich/Mein Leben verändert sich
Ich verändere mich/Mein Leben verändert sich/Ich verändere mich/Mein Leben verändert sich
Ich verändere mich/Mein Leben verändert sich/Ich verändere mich/Mein Leben verändert sich
Ich verändere mich/Mein Leben verändert sich/Ich verändere mich/Mein Leben verändert sich
Ich verändere mich/Mein Leben verändert sich/Ich verändere mich/Mein Leben verändert sich
Ich verändere mich/Mein Leben verändert sich/Ich verändere mich/Mein Leben verändert sich
Ich verändere mich/Mein Leben verändert sich/Ich verändere mich/Mein Leben verändert sich
Ich verändere mich/Mein Leben verändert sich/Ich verändere mich/Mein Leben verändert sich
Ich verändere mich/Mein Leben verändert sich/Ich verändere mich/Mein Leben verändert sich
Ich verändere mich/Mein Leben verändert sich/Ich verändere mich/Mein Leben verändert sich
Ich verändere mich/Mein Leben verändert sich/Ich verändere mich/Mein Leben verändert sich
Ich verändere mich/Mein Leben verändert sich/Ich verändere mich/Mein Leben verändert sich
Ich verändere mich/Mein Leben verändert sich/Ich verändere mich/Mein Leben verändert sich
Ich verändere mich/Mein Leben verändert sich/Ich verändere mich/Mein Leben verändert sich

Übung des Tages: Hören Sie auf Ihr Gefühl

Was empfinden Sie beim Betrachten dieser Wand der Veränderung? Ermüdung, Machtlosigkeit, Wut oder vielleicht Ungeduld, Verwunderung, Freude?

Hören Sie auf Ihre verschiedenen inneren Stimmen. Was sagen sie? »Das schaffe ich nicht«, »Verändern, aber wozu?«, »Was wird mir das bringen?«, »Ich weiß gar nicht, wo ich da anfangen soll«, »Ja, aber wie?«, »Ja, das ist möglich«, »Das wird mir gelingen«, »Toll, ich atme auf«, »Ich bin schon ganz ungeduldig«, »Ich habe viele neue Ideen« etc.

Haben Sie bemerkt, dass es in dieser Wand der Veränderung eine andersfarbige Tür gibt? Betrachten Sie die Wand erneut. Was ist auf der anderen Seite der Tür? Es ist die Selbstverwirklichung. Die einzige Möglichkeit, die Tür zu öffnen, ist, dass Sie Ihre Sichtweise und das Verständnis der Dinge verändern.

Die Veränderung ist keine Option, sondern eine Notwendigkeit. In einer Welt, in der immer alles schneller wird, wäre es gefährlich zu glauben, die Veränderung bestünde in einer immer stärkeren Anpassung. Viele Menschen, die das Gefühl haben, die Zeit werde immer knapper, laufen immer schneller. Sie häufen die Lebenserfahrungen in kürzerer Zeit an. Andere fühlen sich nicht angepasst und atemlos. Der Mensch kann Geschwindigkeit und Stress jedoch nur bis zu einer gewissen Grenze aushalten. Dieser Wettlauf ist eine neue Form der Flucht vor sich selbst. Jede Veränderung geht von einer tiefen Beziehung zu sich selbst aus. Was ich in mir verändere, öffnet mir nach außen neue Möglichkeiten. Wie kann ich Veränderungen hören, die sich in meinem Innersten ankündigen, wie kann ich mich voll entfalten und mich den verschiedenen Facetten der Angst vor Veränderung stellen?

Die Veränderung willkommen heißen

>»Alles ist Veränderung, nicht um zu enden,
>sondern um zu werden, was noch nicht ist.«
>Epiktet

Die Schritte der Verwandlung

Schritt 1: Die eigenen Erwartungen prüfen. Es ist ganz natürlich, Erwartungen zu haben, aber es wichtig zu wissen, ob sie berechtigt sind oder nicht.

Claire erinnert sich: »Als ich zweimal nacheinander beim Auswahlverfahren für Lehrer gescheitert bin, brach eine Welt für mich zusammen. Ich war davon überzeugt, dass es dabei um mein Leben ging – und daher verlor mein Leben seinen Sinn. Mehrere Monate lang war ich deprimiert. Eines Morgens wachte ich verändert auf. Die Enttäuschung war einer neuen Überzeugung gewichen: Ich war für diesen Beruf nicht gemacht. Mein Kindheitstraum war es, Schauspielerin zu werden. Heute bin ich Profischauspielerin.« In Claires Fall entsprach ihre Erwartung an sich selbst nicht ihren tiefen Neigungen. Trotz ihrer schmerzlichen Enttäuschung verstand sie es, ihren Weg neu zu finden.

Hat sich eine Erwartung erst verfestigt, will man häufig gegen den Strom des Lebens schwimmen. So weigert sich eine Frau, das Scheitern ihrer Ehe zu sehen, und tut alles, um die Illusion eines harmonischen Paares aufrechtzuerhalten. Ein Mann verschuldet sich weiter, während sein Restaurant bankrottgeht. Diese Menschen widersetzen sich einer Veränderung und stoßen gegen eine Mauer. Die Welt erscheint ihnen ungerecht oder bedrohlich. Das Leben ist Bewegung, Veränderung und ständige Wandlung. Das kann Angst machen, es sei denn, man nimmt es anders wahr. Es gibt immer eine Tür, die sich zu neuen Gelegenheiten öffnet.

Jede Erwartung erzeugt Angst vor dem Scheitern. Es ist wichtig, dass Sie Ihre Erwartungen prüfen, um keine Angst mehr zu haben. Beobachten Sie, was Sie sich wünschen. Ist das für Sie wirklich gut und richtig? Haben Sie für das, was Sie sich wünschen, wirklich die Fähigkeiten?

Schritt 2: Kleine Schritte machen. Bestimmte Veränderungen wirken wie ein ferner Berggipfel. Auch wenn es wichtig ist, das gesetzte Ziel nicht aus den Augen zu verlieren, ist es auch klug, auf jeden einzelnen Schritt zu achten. Wenn Sie zu sehr auf den Gipfel blicken, empfinden Sie Angst, es nicht bis dorthin zu schaffen, und laufen Gefahr, ein wertvolles Projekt aufzugeben, das Ihr wahres Sein ausdrückt. Ein Leben wird Schritt für Schritt und mit Geduld (der Wissenschaft der kleinen Schritte) aufgebaut. So bietet es verschiedenen Gelegenheiten mehr Raum.

Schritt 3: Belastungsproben akzeptieren. Wenn Sie das Leben eines bedeutenden kreativ tätigen Menschen aufmerksam studieren, werden Sie entdecken, dass es neben jedem geglückten Werk auch abgebrochene und missglückte Projekte gibt. Der Filmregisseur Jean-Pierre Jeunet berichtet über die lange Vorbereitungszeit für den ambitionierten Film, *Life of Pi. Schiffbruch mit Tiger*. Im Auftrag von 20th Century Fox begann er mit der Arbeit: »Viereinhalb Monate lang habe ich mehr als dreitausend Aufnahmen gemacht [...].«[1] Angesichts der finanziellen Zwänge des amerikanischen Studios war er gezwungen, seine Arbeit zu korrigieren: »Der Chef von Fox fragte mich, ob ich diesen Film in Europa produzieren könnte. Daher habe ich zweieinhalb Monate lang mit meinem Team eine Studie in Europa durchgeführt [...]. Dann habe ich diesen Satz gehört, der mir einen Schauder über den Rücken gejagt hat: ›Fangen wir noch einmal bei null an und suchen neue Lösungen!‹ In diesem Moment habe ich verstanden, dass ich den Rest meines Lebens mit der Arbeit an diesem Projekt zubringen könnte.« Mit Bedauern gab er diesen Film auf, der später von dem Filmemacher Ang Lee realisiert wurde.

Das Scheitern ist Teil jedes kreativen Prozesses. Was wie ein Scheitern aussieht, ist zudem häufig die Vorbereitung für ein anderes kreatives Werk.

Schritt 4: Offen bleiben. Eine Veränderung verlangt einerseits, loszulassen, um für Signale und Gelegenheiten offen zu bleiben, und sie verlangt andererseits Vertrauen, um zu akzeptieren, dass man nicht weiß, was geschehen wird. Es geht darum, zusammen mit dem Leben die eigene Existenz zu gestalten. Das Leben liefert in Form unerwarteter Geschenke und Begegnungen all das, was man braucht. Es genügt, all diese Schätze einzusammeln. Wie ich mein Leben wahrnehme, spiegelt meine Beziehung zu mir selbst wider. Wenn ich die Welt wie eine Bedrohung oder einen Feind auffasse, schließt sich die Tür zu den Möglichkeiten.

Zweite Grundangst: die Angst vor Veränderung

Die Angst vor Veränderung ist in jedem Menschen verankert. Sie ist unsichtbar. Hinter jeder überzogenen Erwartung verbirgt sich ein Kontrollwunsch und zugleich eine Angst vor Veränderung.

Bestimmte schmerzliche Veränderungen drängen sich mit Gewalt auf und verstärken mehr denn je die Angst vor Veränderung. Der Mensch, der auf ein Ereignis nicht vorbereitet ist, durchlebt gelegentlich eine Krise: Eine Krankheit, ein Unfall, der Verlust eines geliebten Menschen oder Tieres oder eine Kündigung können ein ganzes Leben auf den Kopf stellen und das, was man für gesichert hielt, in Schutt und Asche legen. Diese Krisen erinnern jeden Menschen daran, wie illusorisch der Glaube ist, man habe sein Leben unter Kontrolle. Was tun? Geben Sie nicht dem Ereignis, das sinnlos zu sein scheint, sondern der Krise einen Sinn.

Die französische Schriftstellerin Christiane Singer stellte fest: »Die Krise dient in gewisser Weise als Rammbock, um die Tore der Festungen aufzustoßen, in denen wir eingemauert sind, mit dem gesamten Arsenal unserer Persönlichkeit, mit allem, was wir zu sein glauben.«[2] Die Krise bringt die Dissonanz zwischen der Lebensenergie* und dem falschen Ich* zum Ausdruck. Wenn Sie Ihre Beziehung zu sich selbst und zum Leben nicht verändern, werden Sie von den Krisen, die zum Leben dazugehören, mit voller Wucht getroffen.

Bestimmte Krisen sind der Ausdruck eines inneren Konflikts. Das Streben nach Veränderung muss befreit, ausgedrückt und verwirklicht werden. Werden diese Energien erstickt, erzwingt ein Ereignis die Veränderung, man ist gezwungen, auf einem anderen Weg weiterzugehen. Jeder kann selbst die schmerzlichsten Erfahrungen in neue Wahrnehmungen verwandeln. Niemand behauptet, dass es einfach ist. Das Leben ist in vielerlei Hinsicht schwierig, aber die Angst ist ein Verbündeter. Sie lehrt uns, wie wir teils noch unbekannte Ressourcen mobilisieren können, um Bewährungsproben und Krisen zu überwinden.

Wenn der Schmerz angenommen wird und man Mitgefühl mit diesem Schmerz empfindet, entsteht ein neues Verständnis. Den Schmerz ausdrücken zu können, sich wohlwollend zu unterstützen, sich zu ermutigen und weiterzugehen, sind Anzeichen dafür, dass die Angst kein Feind mehr ist.

TAG 15

Die Nichtexistenz

Eine Geschichte übers persönliche Scheitern

>*»Aus der Nichtexistenz kann die Existenz ihren Anfang nehmen.«*
>Donald W. Winnicott

Die Geschichte von Theo ist bezeichnend. Als das angepasste Kind* sein Leben selbst in die Hand nimmt, steuert der in die Falle gegangene Erwachsene auf ein unvermeidliches persönliches Scheitern zu. Wir haben uns entschlossen, diesen Lebensweg mit Ihnen zu teilen. Es ist der detaillierte Erfahrungsbericht eines Mannes, der nur knapp dem Schlimmsten entgangen ist, bevor er eine Wiedergeburt erfahren hat.

Theos Geschichte

»In meiner Herkunftsfamilie habe ich mich nie anerkannt gefühlt. Mein Vater, mein Bruder und meine Schwester sind nach den gesellschaftlichen Kriterien ›sozialer Status‹ und ›Geld‹ alle sehr erfolgreich. Ohne mir dessen bewusst zu sein, habe ich gelebt, um gesehen und bewundert zu werden. Mehr als alles andere wünschte ich mir, mich geliebt zu fühlen. Dieser Mangel, diese gewaltige Leere waren der Ursprung meines verzweifelten Wettlaufs.

Ich habe immer versucht, in den Augen meiner Umgebung zu glänzen. In der Schule wurde ich von meinen Mitschülern geschätzt und von meinen Lehrern belohnt. Als ich älter wurde, hat sich daran nichts geändert! Ich wurde der Vorzeige-Angestellte, lächelnd, höflich und effizient.

Bei Frauen suchte ich verzweifelt nach Anerkennung. Ich tat so, als würde ich lieben. Mir war das nicht klar, aber ich überzeugte mich selbst davon, dass ich liebte. Ich hoffte, damit meine Defizite ausgleichen zu können.

Man hat mir immer gesagt, man müsse geben, um etwas zu bekommen. Diese Lektion habe ich gut gelernt! Ich habe Geld ausgegeben, um den Frauen und meiner Familie zu gefallen (Reisen, Restaurantbesuche, Geschenke ohne Ende).

Auf meiner endlosen Suche nach Anerkennung, Bewunderung und Liebe gab ich vor, glücklich, reich und charmant zu sein. Dass ich das alles jedoch nicht war, war mir nicht bewusst – bis zu diesem schrecklichen 8. Januar 2007, einem Montag.«

Meine finanzielle Depression

»Ich sehe mich noch auf meinem Sofa sitzen: Ich öffne einen Brief von meiner Bank. Ich lese, dass ich Bankverbot habe. Ich kontaktiere meinen Bankberater, der mir zu verstehen gibt, dass da nichts mehr zu machen sei. Ich hatte seine zahlreichen Warnungen und auch die einiger Familienangehöriger nicht hören wollen. Meine Welt ist zusammengebrochen, und die Realität hat sich mit brachialer Gewalt durchgesetzt. Ich bin völlig überschuldet.

Ich war allein auf der Welt. Ich hatte das Gefühl, ich würde verschwinden. Ich hatte solche Angst, nichts mehr zu sein, niemand mehr zu sein. Ich fühlte mich verloren und hatte jede Hoffnung verloren. Das Schlimmste war, mir die Enttäuschung meiner Umgebung vorzustellen, die mein wahres Gesicht entdecken würde. Das Bild des perfekten Theo würde in tausend Scherben zerspringen. Ich schämte mich entsetzlich.

Ich schlief wenig und weinte ohne Grund, aber ich klammerte mich an mein Image. Mehrere Tage lang dachte ich ernsthaft an einen Suizid. Ich zog den Tod den vorwurfsvollen Blicken und dem Mitleid der Leute vor.

Ich hatte die Freude am Leben verloren. Vor den Leuten, mit denen ich verkehrte, tat ich so, als wäre alles in Ordnung. Ich wurde immer unglücklicher und verzweifelter. Ich fühlte mich wertlos.

Später habe ich diese dunkle Phase meines Lebens als meine ›finanzielle Depression‹ bezeichnet, eine seltsame Kombination aus meiner Niedergeschlagenheit und meiner finanziellen Pleite.«

Meine Wiedergeburt

»Allmählich begann ich mit einem therapeutischen Verfahren, bei dem mit dem inneren Kind gearbeitet wurde. Als ich es wagte, meine Not, meine Verletzlichkeit, meine Schwächen und meine Mängel zu enthüllen, zerbrach die Maske, die ich vor anderen ständig aufgesetzt hatte.

Von meinen Ängsten geleitet, hatte ich vergessen, ich selbst zu sein, auf meine natürlichen Bedürfnisse zu hören und das zu entfalten, was in mir lebte. Ich konnte die Hilferufe des kleinen Theo hören und darauf antworten. Ich bin erwachsen geworden. Ich habe Verantwortung für mein Leben übernommen. Mir war nicht klar gewesen, dass ich bisher eigentlich gar nicht existiert hatte.«

Wieder man selbst werden

Viele Erwachsene, die von alten Defiziten geleitet werden, ersticken ihre Vivance*. Ihre Wünsche richten sich nur nach außen. Ihr Leben wird von Ängsten geleitet. Diese Ängste sind die Anzeichen einer Nichtexistenz.

Wenn die Empfindungen und Bedürfnisse eines Kindes nicht bestätigt werden, verspürt es Angst. Ablehnung, Trennung oder Verlust werden beängstigend und unerträglich. Als Erwachsener wird dieses Kind das Annehmen seiner Person in Liebesbeziehungen oder in der Zugehörigkeit zu einer Gruppe suchen.

Dieses Kind, dem es an Liebe und Anerkennung mangelt, überlebt im Erwachsenen und übernimmt die Macht. Der Erwachsene, der von seinen Defiziten und Ängsten wie hypnotisiert ist, übernimmt unwissentlich Strategien, Normen und Werte, die ihm Glück verheißen.

Ein überangepasster Erwachsener fällt ins Stadium vor der Individualisierung zurück. Seine Wünsche nach Nähe zu anderen, Abhängigkeit und Besitz erzeugen innere Konflikte. Theo ist durch diese Abgründe gegangen, um als er selbst wiedergeboren zu werden. Er ist nun eine eigenständige, menschliche, freie, nicht zur Perfektion gezwungene und glückliche Person geworden.

Als Person existieren

> »Die eingestandene oder unbewusste, jedoch beständige Angst vor dem Tod kennzeichnet also die gewöhnliche Angst.«
> Jean-Baptiste Édouard Gélineau

Dritte Grundangst: die Angst, zu verschwinden

Die Angst, zu verschwinden, äußert sich in einer tiefen Furcht, die den Eindruck des unmittelbar bevorstehenden Todes vermittelt. Man findet ihren Ursprung beim Kind in den primären Trennungsängsten (Verlassenwerden, Ablehnung und Bindungsverlust), in der Angst vor Missbilligung (Demütigung, Scham) und in der Angst vor Vernichtung (Autonomieverlust, Verstümmelung, Verschwinden). In einem Buch über seine Kindheit berichtet Jacques Salomé: »Die ganze Hoffnung, das Licht, die Leichtigkeit, der Honig der Kindheit verlieren sich plötzlich in einer dunklen Angst, die sich auf ein einziges Bemühen konzentriert: zu überleben, nicht verschlungen zu werden. Ich will nicht fallen, nicht in einem schwarzen Loch verschwinden, nicht von einer Unwägbarkeit des Lebens überwältigt werden oder mich in einer Nacht oder im Labyrinth eines zu finsteren Tages verlieren.«[1]

Die Angst, zu verschwinden, kommt in Situationen zum Vorschein, in denen das falsche Ich hinterfragt wird. Wie in Theos Beispiel mobilisiert der Mensch die meiste Zeit seine Wandlungsfähigkeit, um die Belastungsproben des Lebens zu bestehen.

Jede Verwandlung bringt auch die Angst zu verschwinden mit sich. Wenn Überzeugungen, Werte und die Treue zur eigenen Person für familiäre Normen zusammenbrechen, kann man fürchten, vernichtet zu werden. Das ist schmerzhaft. Jeder, der zu seiner inneren Wahrheit gelangt, beraubt sich dessen, was er bis dahin glaubte zu sein. Er klammert sich nicht mehr an ein mentales Ich, das sich mit inneren Zuständen identifiziert. Er hält sie auf Distanz. Indem Theo wieder er selbst geworden ist und auf sein inneres Kind achtet, hat er aufgehört, seine Identität den Wertvorstellungen seiner Eltern anzupassen. Geld und Erfolg verloren ihre Macht.

Die Angst, zu verschwinden, kündigt eine Verwandlung an, die nötig ist, um zur Erfüllung zu kommen. Sie unterscheidet sich von der Angst, zu sterben.

Die Angst zu sterben

Die Trennungsangst, die Angst vor Veränderung und die Angst, zu verschwinden, sind atavistisch, d. h., sie sind das Erbe der menschlichen Erfahrung. Diese Grundängste verbergen eine primäre existenzielle Angst, die uns allen innewohnt: die Angst, zu sterben.

Diese Angst ist normal. Alle Menschen haben Angst zu sterben. Diejenigen, die das Gegenteil behaupten, geben ihrem eigenen Tod keinen richtigen Platz in ihrem Leben. Um voll und ganz leben zu können, muss man Angst vor dem Sterben haben. Die Angst zu sterben bedeutet nicht, dass man in dem Augenblick des Todes Angst haben wird. Man kann in Frieden gehen, mit dem Gefühl, sich bestmöglich nach seinen Fähigkeiten und Kompetenzen entfaltet zu haben. Am Lebensabend, am Rand der Klippe zu diesem einmaligen Abflug, wird jeder Mensch ganz natürlich Angst empfinden. Ein letztes Mal muss dieser Verbündete in den Griff bekommen werden, bevor die andere Seite entdeckt werden kann.

Marie-Frances Geschichte

»Zeit ihres Lebens hatte meine Mutter große Angst vor dem Tod. Mit acht Jahren hatte sie ihre Mutter durch die Spanische Grippe verloren. Anschließend hatte sie zahlreiche weitere Todesfälle miterlebt. Im Augenblick ihres Todes jedoch war sie ruhig und hatte ihren Frieden. Zuvor hatte sie mir anvertraut, dass sie Angst habe. Ich habe ihr einfach geantwortet: ›Ich hätte auch Angst, wenn ich an deiner Stelle wäre.‹ Sie ist sanft ins Koma geglitten. Einige Stunden später ist sie mit einem Lächeln auf den Lippen wieder aufgewacht. Sie hat ein lustiges Lied gesummt, das ihr Vater ihr vorgesungen hat, als sie klein war. Dann ist sie gegangen. Als meine Mutter gestorben ist, hatte sie ihren starken religiösen Glauben aufgegeben. Sie wollte keinen Priester sehen. Sie war ganz bei sich. Sie strahlte. In der Nacht nachdem sie gestorben war, habe ich ein letztes Mal ihre Stimme gehört, die geflüstert hat: ›Mach dir keine Sorgen, alles ist gut. Es geht mir gut.‹ Ich weiß jetzt, dass der Tod nur ein Übergang ist.«[2]

Leben ohne Reue

Kürzlich stellte mir, Emmanuel, eine Frau bei einem Vortrag eine Frage über den Tod. Ich sagte spontan: »Ich werde Angst haben, aber das ist nicht das Wichtigste. Ich werde diese Erde nicht allein verlassen. Ich werde den kleinen Emmanuel an der Hand halten. Dieser Glaube erfüllt mich mit Freude und Vertrauen.« Diese Antwort kam aus meinem Herzen, aus meiner Mitte, und ich habe mich gefragt, welche Tragweite meine Worte haben. Ich habe einmal mehr die absolute Notwendigkeit gespürt, mein Leben selbst zu gestalten, die echte Person zu verkörpern, die ich in meinem tiefsten Inneren bin.

Der Tod appelliert an die Verantwortung für das eigene Leben. Bronnie Ware, eine ehemalige australische Krankenschwester in einem Palliativkrankenhaus, hat viele Menschen am Ende ihres Lebens begleitet. In intensiven und authentischen Gesprächen haben ihr diese Patienten ihre Erinnerungen, ihre Ängste und ihre Reue anvertraut. Die fünf wichtigsten Dinge, die diese Menschen in ihrem Leben gern anders gemacht hätten, hat sie in einem Buch niedergeschrieben:[3]

1. Ich wünschte, ich hätte den Mut gehabt, mir selbst treu zu bleiben, statt so zu leben, wie andere es von mir erwarteten.
2. Ich wünschte, ich hätte nicht so viel gearbeitet.
3. Ich wünschte, ich hätte den Mut gehabt, meinen Gefühle Ausdruck zu verleihen.

4. Ich wünschte, ich hätte den Kontakt zu meinen Freunden behalten.
5. Ich wünschte, ich hätte mir mehr Freude gegönnt.

Bronnie Ware bekräftigt: »Das Leben ist zu kurz, um ihm einfach nur beim Verstreichen zuzusehen, aus einer Angst heraus, die man durchaus bewältigen könnte, wenn man sich ihr stellen würde.«[4]

Ziehen Sie eine Bilanz Ihres bisherigen Lebens. Gibt es heute (unter diesen fünf Punkten) ein oder zwei Dinge, die Sie ebenfalls bereuen oder von denen Sie sich wünschen, es anders gemacht zu haben? Dann werden Sie noch heute aktiv. Sagen Sie beispielsweise jemandem, den Sie sehr mögen, wie sehr Sie ihn lieben, oder rufen Sie eine Freundin oder einen Freund an, um zu hören, wie es ihr oder ihm geht.

Das Leben ist ein Potenzial an Freude und Liebe, an Ausdruck und Erfüllung, das nichts weiter verlangt, als genutzt zu werden. Wenn Sie gut für Ihr Leben sorgen, werden Sie den Mut entwickeln, etwas zu ändern, um in Harmonie mit Ihrem inneren Kind zu leben. Umso mehr werden Sie alle Geschenke des Lebens zu schätzen wissen. Es ist ein Leben, von dem Sie sich einmal ohne Reue werden verabschieden können.

Übung des Tages: Sehen Sie dem eigenen Tod ins Auge

Bei unserer therapeutischen Arbeit wundern wir uns oft, wie viele Menschen sich nicht für den Tod interessieren oder das Thema meiden. Dabei ist dies ist eine wesentliche Etappe, um die Verantwortung für das eigene Leben zu übernehmen.

Hier nun eine erstaunliche Übung, inspiriert von einer Anleitung von Anthony de Mello:[5]

Legen Sie sich auf den Boden. Schließen Sie die Augen, und stellen Sie sich vor, in einem Sarg zu liegen. Es ist vorbei. Sie sind tot und beerdigt. Nehmen Sie sich die Zeit, zu beobachten, wie sich Ihr Fleisch zersetzt und wie Ihre Knochen zu Staub zerfallen. Ihr Körper verschwindet. Bald ist nichts mehr übrig. Zurück bleibt nur ein ruhiges, friedliches Bewusstsein. Atmen Sie mehrmals tief ein und aus. Öffnen Sie die Augen. Stehen Sie langsam auf.

DIE NICHTEXISTENZ

==Was für neue Wahrnehmungen haben Sie von sich selbst, von Ihrem Leben und dem, was Sie umgibt? Hat sich in Ihnen etwas verändert? Es ist vielleicht kaum wahrnehmbar, aber nehmen Sie sich einen Moment Zeit, um es sich bewusst zu machen.==

SECHSTER TEIL

Hinter der Angst
verbirgt sich die Lebensenergie

》 Hinter jeder Angst verbirgt sich eine großartige Lebensenergie, die die Grenzen des Seins nach außen verschiebt. Wenn man lernt, auf sein wahres Ich zu hören und zu antworten, ist dies ein Ausweg aus vielen Ängsten. So werden Sie Ihrer kreativen Lebensenergie freien Lauf lassen, um sich voll und ganz zu entfalten. 《

TAG 16

Angst und Scham

Die Scham in sich vertreiben

> »Die Selbstablehnung ist wahrscheinlich das tiefste
> und zerstörerischste Element der neurotischen Scham.«
>
> John Bradshaw

Moniques Geschichte

Monique ist fünfzig Jahre alt und fühlt sich in ihrem Leben eingesperrt: »Ich möchte mich von meinem Mann scheiden lassen, da ich ihn nicht mehr liebe, aber ich schaffe es nicht. Ich würde gerne arbeiten. Ich habe viele Ideen für meine künftige Aktivität, aber sobald ich etwas in die Tat umsetzen soll, fühle ich mich zu erschöpft, um irgendetwas zu tun. Ich habe auch Lust zu malen. Eine kreative Aktivität würde mir guttun, aber ich kann mich nicht aufraffen.«

Monique ist hilflos angesichts des Paradoxons, das ihr Leben leitet. Sie hat den Wunsch, auf ihre tiefen Bedürfnisse zu antworten, aber sie fühlt sich machtlos: »Ich weiß nicht, warum, aber ich schaffe nichts. Ich weiß, was gut für mich wäre, aber ich bin unfähig, mich zu verändern oder wirklich etwas zu bewegen.« Wir schlagen Monique vor, die Motivation ihrer verschiedenen psychischen Bereiche in Form einer Aufstellung ihrer inneren Landschaft zu entdecken.

Bei einer Aufstellung der inneren Landschaft werden ein kraftvoller Raum und Bedingungen geschaffen, damit sich das Unbewusste ausdrücken, man seinem inneren Kind* begegnen und die schädlichen inneren Bilder durch heilende Bilder ersetzen kann. Diese Methode der Gruppentherapie haben wir im Lauf unserer Praxis erarbeitet. Die anderen Teilnehmer der Gruppe verkörpern die Personen, Emotionen, Gefühle, Gedanken und Symbole der Person, bei der die Aufstellung vorgenommen wird. So visualisiert man im Außen intrapsychische Elemente und interagiert mit ihnen. Die Verwandlung der inneren Landschaft verändert die äußere Realität.

Monique akzeptiert den Vorschlag und nennt sofort ihren Wunsch, glücklich zu sein. Angesichts dieses Wunsches (der von einer Person der Gruppe verkörpert wird) spürt sie sofort eine große Kälte, die von ihr Besitz ergreift und sie lähmt. Diese Empfindung bringt das zum Ausdruck, was sie täglich erlebt. Auf die Frage, was diese Kälte hervorruft, äußert sie sofort: »Mein Vater!«

Der gefühlskalte Vater und die aufopferungsvolle Mutter

Moniques Vater ist ein kalter und distanzierter Mann. Vor dem Bild ihres Vaters (durch eine andere Person verkörpert) wagt sie es, ihn zu fragen, was er empfinde. Er antwortet ihr: »Du musst dir nur etwas mehr Mühe geben. Schau deine Mutter an, sie ist kein Faulenzer.«

Monique stellt fest: »Darin erkenne ich sofort meinen Vater. Immer aktiv. Von ihm habe ich gelernt, dass man immer stark sein muss und keine Emotionen zeigen darf.« Wir fragen sie nach ihrer Mutter: »Meine Mutter hat ihre Emotionen auch nicht gezeigt, aber sie war eine Frau mit Herz.« Wir laden sie ein, einen anderen Teilnehmer auszusuchen, der für ihre Mutter stehen soll.

Unbewusst wählt Monique eine Person mit einem auffallenden T-Shirt. Darauf ist über dem Herzen ein Strahlenmotiv mit vier Buchstaben zu sehen: »G-U-R-P«. Wir regen sie dazu an, diesen Buchstaben eine Bedeutung zu geben. Sie sagt, ohne weiter nachzudenken: »G wie Gehorsam, U wie Unterwerfung, R wie Regeln, P wie Pflicht.« Monique beginnt wieder zu frieren und fügt nun noch hinzu: »Meine Mutter war eine Frau mit Herz, sehr ergeben. Für andere tat sie alles.« Plötzlich wird ihr die Abweichung zwischen den wirklichen Werten ihrer Mutter und ihrer eigenen Wahrnehmung der Mutter bewusst. Schließlich räumt sie ein: »Als Rechtfertigung für ihr Verhalten, das von Pflichtbewusstsein und völliger Selbstverleugnung geprägt war, äußerte meine Mutter entschuldigend, sie habe eben geliebt. Manchmal glaube ich immer noch, was sie gesagt hat.« Monique wählt anschließend eine letzte Person aus, die für ihr inneres Kind, die kleine Monique, stehen soll.

Die weinende kleine Monique

Die Kleine weint. Monique ist sehr durcheinander: »Es fällt mir schwer, sie weinen zu sehen. Das soll sie nicht. Sie soll sich beruhigen.« Wir fragen sie, warum. »Weil sie so niedlich und hübsch ist. Sie soll nicht traurig sein.« Wir unterbreiten ihr die Idee, sie solle ihrem inneren Kind erlauben, zu weinen. Sie ist beunruhigt: »Nein, das tut man nicht! Das ist nicht gut. Sie soll brav sein. Ich habe Angst vor den Konsequenzen.«

Schließlich geht Monique auf ihre Kleine zu. Ihre Gefühle verändern sich: »Mir ist jetzt warm, sehr warm sogar! Ich fühle mich besser. Ich weiß, dass die kleine Monique das Recht hat, zu weinen. Als ich klein war, durfte ich das nicht. Ich werde aufhören, die *Superfrau* zu spielen. Jedenfalls bin ich in dieser Rolle nicht glücklich. Meine Eltern waren nicht glücklich, und ich will nicht so werden wie sie.«

In den folgenden Tagen weinte Monique viel, dann fand sie eine wohltuende Energie wieder. Zum ersten Mal in ihrem Leben konnte sie für sich handeln, ohne sich von der Angst beherrschen oder verraten zu lassen.

Wie viele andere Menschen auch gehorcht Monique unbewusst einer Erziehung, die sie von ihrer kreativen Lebensenergie* entfernt. Sie bleibt den Botschaften ihres Elternbildes treu, das sie in sich trägt. Ihre Lähmung und ihr Gefühl von Machtlosigkeit stammen von dieser Treue und der damit verbundenen traumatischen Scham.

Die traumatische Scham wirkt wie ein Gefängnis

Die traumatische Scham ist ein schwer aufzuspürendes Gefühl. Sie verbirgt sich hinter mehr oder weniger beeinträchtigenden Ängsten. Dazu gehören die Angst, den Anforderungen nicht gewachsen zu sein, die Versagensangst, die Angst, ein Niemand zu sein, oder die Angst vor Demütigung.

Ein Mensch, der sich schlecht, unwürdig oder unfähig fühlt, wenn er einen Wunsch, ein Gefühl oder ein Bedürfnis verspürt, ist voller Scham. Diese Scham zeugt von der Schwäche seines wahren Ichs.

Das Kind braucht die Bestätigung durch seine wohlwollenden, beschützenden und liebenden Eltern und Lehrer. Ein Kind spürt, wenn seine natürlichen Energien nicht akzeptiert werden. Ein Kleinkind kann seine Eltern nicht infrage stellen. Es nimmt für bare Münze, was sie ihm vermitteln. Die Scham breitet sich als Folge der zahlreichen Verbote aus, die das Kind verinnerlicht.

Die traumatische Scham ist der Riegel, der das verbannte innere Kind in seinem Gefängnis eingeschlossen hält. Als Monique die Kleine in sich entdeckt, ist sie zutiefst verunsichert. Endlich manifestiert sich diese lange verdrängte Verletzlichkeit und prallt auf die elterlichen Dogmen. Anfangs verteidigt Monique ihre Erziehung. Sie hatte immer geglaubt, durch die Kälte ihres Vaters und die Selbstverleugnung ihrer Mutter sei sie »gut« erwachsen geworden. Ein Teil von ihr sagt, es sei nicht »gut«, ihre Emotionen zu zeigen (väterliches Vorbild) und auf ihre Bedürfnisse einzugehen (mütterliches Vorbild). Jedes Mal, wenn eine Emotion oder ein wichtiges Bedürfnis auftauchen, greift ein »Manager« (ein Teil von Monique oder eine Subpersonalität) ein, um sie auf dem rechten Weg ihrer Erziehung zu halten. Jean Piaget, einer der Begründer der Entwicklungspsychologie, bekräftigte: »Nach der gängigen Sichtweise besteht Erziehung in dem Versuch, das Kind so zu formen, dass es dem Erwachsenentyp seiner Gesellschaftsschicht entspricht.«

Die traumatische Scham wird durch einen sehr häufigen und effizienten »Manager« garantiert: den inneren Richter. Wer urteilt nie über sich? Der Richter ist der Kerkermeister des inneren Kindes. Er erzeugt Scham bei demjenigen, der versucht, die Regeln seiner Eltern oder der Gesellschaft zu übertreten. Solche Verbote sind schädlich, wenn sie das wahre Ich und die kreative Lebensenergie unterdrücken. Selbstverständlich gibt es legitime und stichhaltige Regeln und Verbote, die den Einzelnen, die Gesellschaft und das Leben schützen. Die sollen hier natürlich nicht infrage gestellt werden.

Während eine gesunde Angst Energie freisetzt, um die Grundbedürfnisse zu befriedigen, wird diese Energie durch die traumatische Scham gelähmt. Diese Scham führt zu der lähmenden Angst davor, den Eltern nicht zu gehorchen, und damit zu einer Unterwerfung.

Sich Verboten widersetzen

»Ohne den Ungehorsam gegenüber Vorschriften gibt es keinen Wagemut.«
Jean Cocteau

Die Angst vor Ungehorsam

Je deutlicher die Scham, desto stärker die Angst. Die traumatische Scham ist die Überzeugung, das tiefe Ich sei mangelhaft oder sogar anormal. Dadurch entsteht der Eindruck, es sei gefährlich, sich den elterlichen Verboten zu widersetzen. Eine dysfunktionale Erziehung arbeitet mit Sanktionen und demütigenden Strafen, um das Kind in einem Zustand der Scham und willkürlichen Angst zu halten.

Kürzlich vertraute uns eine Frau an, dass sie im Alter von fünf Jahren friedlich spielte, als ihre Mutter wütend hereinplatzte. Ihre Angst, etwas falsch gemacht zu haben (auch wenn sie nicht wusste, was es gewesen sein könnte), lähmte sie so, dass sie sich in die Hose machte. Ihre Mutter zog ihr die Hose aus und legte sie ihr auf den Kopf. Sie zwang ihre Tochter, mit der Hose auf dem Kopf nackt auf dem Balkon zu stehen, bis die Hose trocken war. Diese Frau erinnert sich noch heute an die Hänseleien ihrer Brüder.

Emmanuels Geschichte

»Als Jugendlicher habe auch ich mich viel geschämt. Ich fühlte mich nicht wohl in meinem Körper, ich kam mir hässlich und nicht liebenswert vor. Während meiner Kindheit hat meine Mutter mich so oft geschlagen, dass ich es bis heute nicht vergessen kann. Diese ›gängige‹ Misshandlung hat lange Zeit Spuren hinterlassen: Ich hatte eine beschädigte Wahrnehmung von mir selbst und meinem Körper. Diese Gefühle erreichten ihren Höhepunkt im Teenageralter, einer Phase, die ohnehin schon heikel genug ist. Als junger Erwachsener erkannte ich eine bestimmte Verhaltensweise an mir: Wenn jemand neben mir eine lebhafte Geste machte, hob ich schützend den Arm. Durch diese unangemessene Reaktion habe ich den kleinen misshandelten Emmanuel wiedererkannt. Als ich mich um ihn kümmerte und ihn beruhigte, habe ich meinen Körper von der drückenden Last aus Scham und Angst befreit. Als Kind meinte ich, diese Strafen zu verdienen. Natürlich war ich darauf bedacht, ein netter Sohn zu sein. Heute macht mich die schlechte Behandlung, die ich erfahren habe, enorm wütend. Symbolisch konnte ich meiner Mutter diese Gewalt zurückgeben und mich von den Verboten emanzipieren, denen ich gehorcht hatte.«

Die Angst, ungehorsam zu sein, ist eine Angst vor einer allmächtigen Autorität, die dem Kind Pflichten auferlegt, bevor es ihm das Recht zugesteht, so zu sein, zu empfinden, sich auszudrücken und sein Leben zu gestalten, wie es seinem Wesen entspricht.

Muss man seine Eltern lieben?

Jeder Mensch fühlt sich verpflichtet, seine Eltern zu lieben, egal, was sie tun. Die »erzieherischen« Strafen hämmern uns ein, wie gefährlich Ungehorsam ist. Nach dieser Sichtweise ist das Kind von Natur aus »böse«. Es muss korrigiert werden, und die Sanktionen bestätigen, wie böse es ist. Dem Kind wird verboten, einfach nur ein Kind und ein vollständiger kleiner Mensch zu sein.

Alice Miller vergegenwärtigt uns: »Die größte Grausamkeit, die man den Kindern zufügt, besteht wohl darin, daß sie ihren Zorn und Schmerz nicht artikulieren dürfen, ohne Gefahr zu laufen, die Liebe und Zuwendung ihrer Eltern zu verlieren.«[1]

Der dysfunktionale Elternteil glaubt, das »Böse« durch strafende Gewalt besiegen zu können. Er setzt eine schwarze Pädagogik ein, um strenge Normen durchzusetzen, denen er selbst als Kind unterworfen war, ohne sie je infrage zu stellen. Daher ist die Scham etwas Generationsübergreifendes, sie betrifft ganze Generationen, solange der Einzelne sie nicht aus seinen familiären Werten und Normen streicht.

Wenn Sie Angst davor haben, die Liebe des anderen zu verlieren, heißt das, dass Sie große Scham für sich selbst empfinden. Sie glauben, nicht Sie selbst sein zu können, denn Sie haben das Gefühl, Ihr Innerstes sei nicht würdig, nicht ehrenwert und nicht liebenswert. Hinterfragen Sie in diesem Fall die Verbote, die Sie als Kind erfahren haben. Sehr wahrscheinlich hat man Ihnen weisgemacht, es sei nur zu Ihrem Besten. Daher rechtfertigen Sie diese Verbote gelegentlich, so wie Monique, indem Sie die guten Seiten dieser Erziehung vorbringen. Sie denken vielleicht, ohne diese strengen Regeln wären Sie ein weniger guter Mensch geworden. Ohne es zu wissen, unterstützen Sie Worte und Verhaltensweisen, die Ihnen Gewalt angetan haben. Sie empfinden zu wenig von der gesunden Wut und Empörung, die unverzichtbar sind, damit Sie sich von Ihrer Scham befreien können.

Ein Kind liebt seine Eltern von Natur aus. Es braucht keine Erziehung, die ihm diese Liebe beibringt. Viele Erwachsene ehren ihre Eltern regelmäßig für die Versorgung und Liebe, die sie als Kind erhalten haben. Sollte das auf Sie zutreffen, bewahren Sie insgeheim eine traumatische Scham in sich. Diese Scham überzeugt Sie davon, Ihren Eltern zu Dank verpflichtet zu sein, da sie Ihnen das Leben geschenkt haben. Das ist eine subtile, aber sehr lähmende Last, denn es gelingt Ihnen nicht festzustellen, was Ihnen wirklich am Herzen liegt. Gleichzeitig wirkt diese Scham mystifizierend: Sie gestalten Ihr Leben konform zu den Wünschen des elterlichen Vorbilds.

Die Angst hinterfragt die verfälschte oder idealisierte Sichtweise Ihrer Kindheit. Sie hätten keine Angst vor dem Leben, wenn Ihre ersten Erfahrungen reine Liebe und Freude gewesen wären. Die Angst ist eine Einladung, die gesamte kindliche Erfahrung mit ihren Schattenseiten und ihrem Licht anzunehmen.

Ein Kind braucht gesunde Grenzen, Raum, um sich auszudrücken, und eine Kommunikation, die auf Zuhören und Wohlwollen beruht. In einem solchen erzieherischen Rahmen wird seine angeborene moralische Intelligenz voll und ganz mobilisiert. Sanktionen oder Strafen sind unnötig. Ein Verbot ist keine Grenze. Während das Kind eine Grenze selbst infrage stellen kann, macht ein Verbot es mundtot und übt Zwang aus. Verbote führen dazu, dass ein Kind mit der Angst aufwächst, sich zu offenbaren.

Die Angst, sich zu offenbaren

Die Angst, sich zu offenbaren, geht häufig mit dem Risiko einher, verletzt, verraten, gedemütigt oder beschuldigt zu werden. Man fürchtet, verwundbar zu sein, wenn man seine Gefühle zeigt oder sie eingesteht. Indem man dadurch das authentische Ich verbergt, wird die Beziehung zu sich selbst und zum anderen in hohem Maße behindert.

Ob ein Bedürfnis befriedigt wurde oder nicht, lässt sich anhand vieler Gefühle beurteilen. Es gibt Menschen, die sich selbst daran hindern, ihre tiefen Bedürfnisse zu erfüllen, indem sie sie unterdrücken. Mithilfe der folgenden Tabelle können Sie prüfen, in welchem Maß Sie Ihre Gefühle anerkennen und ausdrücken.[2] So können Sie feststellen, ob Sie Ihren Bedürfnissen gerecht werden.

Gefühle in Zusammenhang mit erfüllten Bedürfnissen		Gefühle in Zusammenhang mit nicht erfüllten Bedürfnissen	
erstaunt	schwungvoll	sauer	unbehaglich
voller Selbstbewusstsein	glücklich	orientierungslos	verärgert
voller Energie	hoffnungsvoll	enttäuscht	besorgt
zufrieden	neugierig	bekümmert	entmutigt
inspiriert	bewegt	frustriert	verunsichert
fröhlich	stolz	verzweifelt	machtlos
erleichtert	angeregt	gereizt	ungeduldig
überrascht	voller Dankbarkeit	nervös	allein
berührt	vertrauensvoll	ratlos	überlastet
entspannt	euphorisch	traurig	zurückhaltend

Die Angst, sich zu offenbaren, ist eine Sozialangst. Sie schränkt den Austausch und den Kontakt mit anderen ein. Oft geht sie mit der Angst vor Nähe und der Angst vor Selbstbehauptung einher.

Sandrines Geschichte

Die 44-jährige Sandrine erinnert sich: »Ich habe mich lange in einer Gruppe unwohl gefühlt. Ich empfand mich als dumm und unfähig, zum einfachsten Gespräch etwas beizutragen. Ich hatte überhaupt keine eigene Meinung. Ich sagte nichts, und es endete immer auf die gleiche Weise. Ich spürte, dass die anderen mich verurteilten und sich fragten, was ich überhaupt da verloren hatte.

Ich bin oft von einem geselligen Beisammensein oder einer Fete geflüchtet oder habe eine Verabredung abgesagt. Ich war auf dieses Verhalten nicht stolz und ärgerte mich nur noch mehr.«

Die Angst, sich zu offenbaren, versetzt den Menschen in einen Teufelskreis aus traumatischen Scham- und Schuldgefühlen. Diese Gefühle sind Gift für die Seele. Um sich davon zu befreien, muss man aufhören, die Eltern als vollkommen zu betrachten. Alle Eltern sind Menschen und daher unvollkommen. Es ist nicht möglich, emotionale Reife zu erlangen, solange die Schwächen der Eltern und die Verantwortung für deren Handeln nicht anerkannt werden. Viele Erwachsene bleiben ewig die angepassten Kinder, indem sie das zweifelhafte erzieherische Verhalten ihrer Eltern billigen. Sie nehmen damit Verantwortlichkeiten auf sich, für die sie nicht zuständig sind. Sie verbieten es sich, Scham und Angst durch Wagemut zu ersetzen.

Angst in Wagemut umwandeln

Hinter jeder Angst verbirgt sich ein nicht vermutetes vitales und kreatives Potenzial. Wird diese großartige Energie durch Normen und Regeln unterdrückt, die wenig Entfaltung zulassen, leidet die betroffene Person.

Jede Angst kann zu Wagemut werden, wenn man sich seine Empörung zugesteht und sich traut, seiner Wut Ausdruck zu verleihen. Die gesunde Wut ist, wie die Angst, ein Alarmzeichen für ein unerfülltes Bedürfnis und zeigt, wie ein Denkschema den Zugang zur Befriedigung dieses Bedürfnisses behindert. Die Wut ermöglicht es, die Lebensenergie zu bündeln und auf neue Ziele umzuleiten, die besser zu einem passen. Angst und Wut können Urteilsvermögen und Weisheit den Weg bahnen. Sie tragen voll und ganz zur kreativen Intelligenz bei, das heißt zur Kunst, das eigene Leben zu inspirieren und zu gestalten, indem man die vielfältigen Möglichkeiten der Selbstverwirklichung erkennt.

Je mehr man auf sein inneres Kind hört, desto mehr entdeckt man, welche Grenzen ihm auferlegt wurden. Traurigkeit, Wut und Empörung sind unverzichtbar. Drückt man diese Gefühle sich selbst gegenüber und nicht auf andere gerichtet aus, befreien sie die Angst und wandeln sie in Wagemut um. Wagemut ist eine Form der Übertretung, eine Emanzipation, die den Erwachsenen frei und vollständig werden lässt. Aus den größten Ängsten erwächst der größte Wagemut.

Wenn Sie Ihrem inneren Kind mehr erlauben, kann es gegen die alten Verbote verstoßen. Sie stellen Ihr wahres Ich wieder her, indem Sie Ihre eigenen gesunden Grenzen anerkennen und auf das hören, was für Sie gut und richtig ist. Ihre Beziehung zu anderen wird authentischer, da Sie es nicht mehr nötig haben, erstarrte Rollen zu übernehmen, um sich zu verbergen oder um zu fordern, was Ihnen gefehlt hat. Sie werden nicht mehr versuchen, starr an Ihrem inneren System – und dem System Ihrer Herkunftsfamilie – festzuhalten und es vor Veränderungen zu schützen. Es gehört zu den kühnsten Vorhaben, die man im Leben in die Tat umsetzen kann, seinem inneren Kind mehr zu erlauben.

Übung des Tages: Erlauben Sie sich selbst mehr!

Der schamerfüllte Erwachsene hat das Gefühl, nicht er selbst sein zu dürfen und zu können. Er glaubt an den Gehorsam und die Pflicht, die ihm seine Eltern und Lehrer in der Erziehung eingeschärft haben. Dieser angepasste Erwachsene verbirgt ein verängstigtes Kind, das auf einen unterstützenden und liebenden Elternteil wartet.

Wir geben Ihnen hier die Möglichkeit, Ihrem inneren Kind mehr zu erlauben, damit es sich voll entfalten kann. Anhand der nachfolgenden Beispiele können Sie Bereiche in sich erkennen, die befreit werden müssen. Die Beispiele dienen als Leitfaden für die Formulierung dessen, was Sie sich erlauben wollen.

1. Erlauben Sie sich, Sie selbst zu sein und zu werden:
   - Ich bin ein Mann, und darauf bin ich stolz.
   - Ich bin eine Frau, und darauf bin ich stolz.
   - Ich habe das Recht zu sehen, zu hören, zu sprechen und zu fühlen.
   - Meine Sexualität verdient Respekt.
   - Ich habe das Recht, zu spielen und zu gestalten.

2. Erlauben Sie sich mehr Emotionen:
   - Ich habe das Recht, Traurigkeit, Wut und Freude zu empfinden und auszudrücken.
   - Ich habe das Recht, verletzlich zu sein.
   - Ich habe das Recht, meine Zuneigung oder meine Unzufriedenheit auszudrücken.

3. Erlauben Sie sich mehr Bedürfnisse:
   - Ich habe das Recht, für meine eigenen Bedürfnissen zu sorgen.
   - Ich habe das Recht, mir Freude zu machen und Freude an etwas zu empfinden.
   - Ich habe das Recht, mich an erste Stelle zu stellen.
   - Ich kann die Emotionen, Bedürfnisse und Wünsche des anderen respektieren, ohne mich zu verleugnen.

4. Erlauben Sie sich Lernprozesse:
   - Ich habe das Recht, mich zu verändern.
   - Ich habe das Recht, Neues zu lernen und neugierig auf das Leben zu sein.
   - Ich habe das Recht, Fehler zu machen.
   - Ich habe das Recht, meine Grenzen zu haben.
   - Ich habe das Recht, mir die Zeit zu nehmen, die ich brauche.

5. Erlauben Sie sich Ihre Selbstbehauptung:
   - Ich bin eine einzigartige Person.
   - Ich habe das Recht, etwas zu akzeptieren, abzulehnen, um etwas zu bitten und etwas zu geben.
   - Ich habe das Recht, stolz auf das zu sein, was ich unternehme.
   - Ich habe das Recht, die Verantwortung für die Folgen der Handlungen anderer abzulehnen.

Wir laden Sie ein, alles, was Sie sich neu erlauben, zu aktivieren, indem Sie es in großen farbigen Buchstaben auf große Blätter schreiben. Hängen Sie die Blätter so auf, dass Sie sie regelmäßig sehen. Behalten Sie sie gut im Blick, bis alles selbstverständlich geworden ist und Ihr Wagemut sich in Freude und Dankbarkeit sich selbst gegenüber verwandelt hat.

TAG 17

Angst, Wunsch und Bedürfnis

Das elementare Dreieck

> »Energie ist ein feuriger Elan, die Lebendigkeit des Lebens,
> die jeder Mensch im Moment seiner Zeugung empfängt.«
> Jacques Salomé

Hinter jeder Angst versteckt sich ein Wunsch, der wiederum ein Bedürfnis verbirgt. Bedürfnis und Wunsch werden häufig verwechselt, und doch liegen Angst, Wunsch und Bedürfnis nicht auf einer Ebene. Die Angst ist eine Emotion. Der Wunsch verwandelt den Trieb in die Suche nach Befriedigung. Das Bedürfnis ist eine Notwendigkeit in unterschiedlichen Bereichen wie Physiologie, Gefühlsleben oder Beziehungen. Das Bedürfnis ist für die Entfaltung des Individuums grundlegend, universal und notwendig.

Obgleich die drei Elemente unterschiedlich sind, sind sie miteinander verknüpft und wirken zusammen. Sie bilden ein elementares Dreieck, dessen Ausgewogenheit die richtige Verteilung der Lebensenergie sichert.

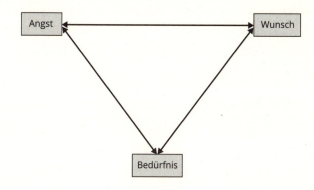

Die Lebensenergie ist Bewegung und wirkt wie ein Auftrieb. Steht sie einem Menschen zur Verfügung, kann er seine Angst überwinden und handeln. Nicht die Angst selbst macht den Menschen machtlos, sondern das, worauf sie sich richtet und wie sie sich äußert. Wenn Angst, Wunsch und Bedürfnis gut zusammenwirken, sorgen sie für eine innere Dynamik, die das Handeln und den Selbstausdruck begünstigen. Diese Dynamik ermöglicht es, das Objekt der Angst leichter loszulassen und Mut zu entwickeln.

Wie jedes System stützt sich auch die Kraft des elementaren Dreiecks auf vier universelle Prinzipien, die die Vivance* im Menschen fördern.[1] Umgekehrt beeinträchtigt eine Störung dieser Prinzipien auch die Lebensenergie.

Die vier Prinzipien der Vivance

> »Wenn ihr eure Wünsche unterdrückt, seid ihr nicht mehr lebendig.
> Ihr verliert eure Lebensenergie, und das wäre schrecklich.«
> Anthony De Mello

Prinzip 1: das Gleichgewicht finden

Wenn Sie sich eine Verkörperung der Gerechtigkeit ansehen, werden Sie bemerken, dass eines ihrer Attribute die Waage ist. Sie symbolisiert die ständige Suche nach einem Gleichgewicht zwischen Gegensätzen. Diese Sichtweise entspricht der Dualität im Menschen: »Soll ich eher meinem Verstand oder meinem Herzen folgen? Meiner Angst oder meinem Wunsch?« Ein einfacher Blick auf das elementare Dreieck ermöglicht es, aus dieser Ambivalenz herauszukommen. Solange die Frage zweigeteilt ist, ist es schwierig, ein Gleichgewicht zu erzielen. Indem man mit dem Bedürfnis noch ein drittes Element einbezieht, bietet sich eine entschieden dynamischere Perspektive.

Joséphines Geschichte

Joséphine ist eine junge Mutter von zwei Töchtern, die ältere ist fünf, die jüngere drei Jahre alt. Seit der Geburt ihrer Töchter wünscht sie sich, eine gute Mutter zu sein. Sie hat die besten Autoren zum Thema Elternschaft gelesen und verschiedene Dinge für das Wohlbefinden ihrer Töchter unternommen. Dennoch stellt sie fest, dass ihre Familie dysfunktional ist. Ihre Kinder sind sehr fordernd. Ihr Mann und sie fühlen sich oft überfordert und streiten regelmäßig über die Erziehung der Kinder. Sie werfen sich gegenseitig vor, nicht genug zu tun. Als Joséphine uns aufsucht, ist sie niedergeschlagen: »Ich habe die ganze Zeit Angst. Seit der Geburt meiner Töchter habe ich Angst, nur Fehler zu machen, keine gute Mutter zu sein. Manchmal werde ich vor meinen Töchtern wütend, und mein Mann sagt, ich sei verrückt. Danach vergesse ich alles, was war. Diese Situation erschreckt mich.«

Im Gespräch mit Joséphine erfahren wir, dass die Kinder zulasten der Paarbeziehung zum Mittelpunkt der Familie geworden sind. Auch wenn es sehr wichtig ist, das Kind als vollständige Person zu betrachten und ihm seinen Raum zu geben, ist sein Platz doch am Rand der Paarbeziehung, wie es Françoise Dolto ausgeführt hat. Im Beispiel von Joséphine erlebt das Paar eine Krise und kann den Kindern keinen beschützenden und strukturierenden Rahmen bieten. Angesichts dieser verfahrenen Situation bitten wir Joséphine, ihre Bedürfnisse zu nennen. Da ruft sie aus: »Aber ich habe doch überhaupt keine Zeit. Ich muss den ganzen Tag über irgendetwas erledigen.«

Die eigenen Bedürfnisse wichtig nehmen

Nach und nach lernt Joséphine, ihre Bedürfnisse wieder in den Mittelpunkt ihres Lebens zu stellen. Einige Zeit später berichtet sie uns von einem bedeutsamen Ereignis: »Als ich gestern nach Hause gekommen bin, habe ich es nicht so gemacht wie sonst, das heißt, ich bin nicht hin und her gerannt, um den Haushalt zu erledigen. Ich habe mich auf das Sofa zu meinen Töchtern gesetzt. Nach ein paar Minuten haben sie mir erzählt, wie ihr Tag gewesen ist. Sie haben mich an ihren Spielen teilnehmen lassen. Ich war von Emotionen überwältigt. Mir wurde bewusst, dass ich vor lauter Bestreben, alles gut zu machen, nicht wirklich für sie da gewesen war. Ich hatte meine eigenen Bedürfnisse vergessen und mir die Bedürfnisse meiner Töchter vorgestellt, ohne zu hören, was wirklich wichtig für sie ist.« Joséphine erkennt, dass ihre Angst mit ihrer eigenen schmerzlichen Kindheit zu tun hatte, wo niemand sich um sie gekümmert hatte. Dies hatte sie dazu getrieben, immer mehr und alles immer noch besser machen zu wollen, um nicht so zu werden wie ihre Eltern.

Joséphine und ihr Mann haben schließlich in ihrer Paarbeziehung ein neues Gleichgewicht gefunden, und auch ihre Kinder sind ausgeglichener. Heute nimmt Joséphine sich Zeit für sich selbst, ohne dass ihre Töchter ihre Anwesenheit fordern. In dieser Familie haben Wunsch und Angst wieder einen gesunden Platz erhalten, was der Berücksichtigung der Bedürfnisse zu verdanken ist. Dieses Gleichgewicht ist dynamisch geworden, das heißt, es erzeugt weder Spannungen noch Widerstand. Die Mitglieder dieser Familie sind nicht mehr die Gefangenen ihrer Frustration und ihrer Wut. Ihre Beziehungen sind harmonischer geworden.

Prinzip 2: Harmonie fördern

Der Mensch ist ein Wesen mit Wünschen, das heißt, er wird von einem Lebenstrieb motiviert, der ihn drängt, zahlreiche Befriedigungen zu suchen und auszuleben. Alle körperlichen Sinne (Sehen, Riechen, Hören, Berühren und Schmecken) sind eine Ode an den Genuss und die Lebensfreude. Auch empfindlichere Wahrnehmungen (Emotionen, Gefühle, Intuitionen und paroxystische Erfahrungen[2]) sind an diesem Lebensfeuer beteiligt. Wir können uns glücklich schätzen, einen Körper und einen Geist zu haben! Sie lassen so viele verschiedene Erfahrungen zu.

In allen Weltkulturen gibt es Überzeugungen, Normen und Werte, die die einfache, unbändige Lebensfreude einschränken. Welche Angst unterstützt die Systeme, die für Scham und Schuldgefühle sorgen? Die Angst vor der Freiheit. Viele Menschen wissen nicht, dass der Körper sozusagen die Rakete ist, die den Geist zu den Sternen katapultiert. Über den Körper wird die Freiheit erfahrbar. Durch seine Botschaften übermittelt der Körper dem Menschen seine Ängste, seine Wünsche und seine Bedürfnisse. Harmonie entsteht, wenn Ängste, Wünsche und Bedürfnisse gleichermaßen zugelassen werden.

Wünsche sind vielfältig und unterschiedlich. Sie bringen den Lebenselan zum Ausdruck, können sich jedoch in Fesseln verwandeln, wenn sie in dem elementaren Dreieck die Macht übernehmen. So ist es bei Hervé. Bei diesem 32-Jährigen nehmen die Wünsche den gesamten Platz ein.

Hervés Geschichte

Hervé hat ständig Wünsche gegenüber anderen. Er will, dass seine Freundin sich in seiner Gegenwart immer sexy kleidet. Er will, dass seine Freunde ihn zu einer bestimmten Zeit anrufen. Er will, dass seine Mutter seinen Vater verlässt. Er will, dass sein Chef ihm eine deutliche Gehaltserhöhung gibt. Er will, er will, er will. Seine Wünsche gehen als Forderungen gegenüber anderen in alle Richtungen. Je starrer und unflexibler seine Position wird, desto mehr meiden ihn die anderen. Als seine Freundin beschließt, mit ihm Schluss zu machen, spürt er die Angst hinter jeder seiner Forderungen. Hervé hält an seinen Wünschen fest und vergisst, sie zu teilen, was er in seinen Beziehungen ausleben könnte.

Wenn Wünsche den gesamten Platz in eigenen Leben einnehmen und man sich förmlich an ihnen festklammert, kommt es unweigerlich zu einer Abhängigkeit und zu der Angst, etwas zu verlieren oder nicht zu bekommen. Und diese Angst vernichtet die wahren Bedürfnisse, die die eigene Person und die Beziehungen zu anderen betreffen. Harmonie in einem System impliziert, dass jeder bereit ist, einen Teil seiner Erwartungen zugunsten der Gruppe zurückzustellen. Für Hervé existiert der andere nicht als Person, sondern als Objekt zur Erfüllung seiner Wünsche. Hervé selbst wird zur Marionette seiner Wünsche, die ihm das Glück vorgaukeln. Er ist das Opfer einer »Ersatzbefriedigung des Wunsches«,[3] das heißt, seine allgegenwärtigen, nicht erfüllten Wünsche versuchen, Defizite zu befriedigen. Sie sind der Ersatz für tiefere Bedürfnisse, zu denen er den Kontakt verloren hat. Diese Strategie ist nie lange wirksam. Hervé wird entdecken, dass der Minirock seiner Freundin keine Antwort auf seinen Mangel an Vertrauen geben kann und dass eine Gehaltserhöhung sein eigenes Selbstwertgefühl nicht spürbar verbessern wird.

Die neuesten neurowissenschaftlichen Forschungen haben neue Erkenntnisse über den Wunsch erbracht. Um es in der Fachsprache auszudrücken: Der Wunsch ist mimetisch. Das bedeutet, er wird von dem Wunsch des anderen inspiriert oder auf diesen übertragen. Der französische Neuropsychiater Jean-Michel Oughourlian kommt zu dem Schluss: »Ohne den Wunsch, der im Spiegel entsteht, würden wir als Personen ganz einfach nicht existieren.«[4]

Prinzip 3: Einfluss nehmen

Jeder, der lernt, sich selbst ein guter Elternteil zu werden, positioniert sich ausgehend von seinem Selbst* und wird wieder zum Piloten des Flugzeugs, das die Geschicke seines Lebens lenkt. Bei der Neubeelterung* schützt der gute Elternteil sein inneres Kind. Er erlaubt ihm Neues, damit es glücklicher leben kann. Schließlich befreit er den gehemmten Teil seiner kreativen Lebensenergie. Diese Dynamiken – das Zusammenspiel der 3P: Erlaubnis (Permission), Rückhalt (Protektion) und Kraft (Power) – erlauben es, Einfluss auf das eigene Leben zu nehmen.[5] Sie sind nötig, um das elementare Dreieck im Gleichgewicht zu halten.

Durften Sie Angst haben als Kind? Hat man Ihnen beigebracht, dass Angst normal ist? Hat man Sie dabei begleitet, die Angst zu zähmen, um sie in Mut und Wagemut umzuwandeln? Bevor man eine Angst überwinden will, muss man sie annehmen. Sie hat ihre Daseinsberechtigung und verdient Respekt. Indem man aus dem Spannungsfeld herauskommt, kann man sein wiedergefundenes Potenzial entfalten.

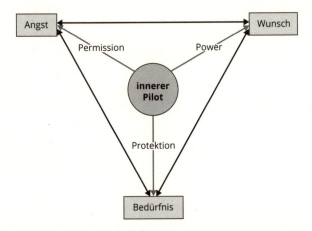

Die Lebenskraft in jedem Menschen ist viel zu oft unerkannt. Sich dem Wunsch zu öffnen heißt, dem Fluss des Lebens zu folgen. Lässt man sich von der Strömung des Lebens mitreißen, schafft man es, die Wünsche hinter jeder Angst zu erkennen.

Spüren Sie Ihre physiologischen und Ihre affektiven Bedürfnisse, Ihre Bedürfnisse in Bezug auf Beziehungen und Spiritualität? Halten Sie es für egoistisch, sich mit den eigenen Bedürfnissen zu beschäftigen? Wie Marshall B. Rosenberg bekräftigt: »Menschen eignen sich nicht so sehr als gute Sklaven, wenn sie in Kontakt mit ihren Bedürfnissen stehen.«[6] Die Bedürfnisse führen uns zu einem Leben in Freude und Freiheit. Jedes Element des elementaren Dreiecks (Angst, Wunsch, Bedürfnis) wird zu einem Verbündeten, wenn Sie Ihrem inneren Kind* die 3P Erlaubnis (Permission), Kraft (Power) und Rückhalt (Protektion) ermöglichen.

Prinzip 4: sich entfalten

Die Entfaltung des Menschen ist ein Entwurf, der im Lauf des Lebens ständig verändert werden muss.

Emmanuels Geschichte

»Ich erinnere mich, dass ich als Kind eine große intuitive Weisheit besaß (wie es bei vielen Kindern der Fall ist). Ich kommunizierte mit den Tieren. Ich hatte einen scharfen Blick für die Verrücktheit der Erwachsenen. Mein Streben nach Liebe ließ mich in langen Meditationen versinken. Ich beobachtete in mir die Angst, die Traurigkeit, den Schmerz, die Freude oder sogar das Göttliche. Ich

ANGST, WUNSCH UND BEDÜRFNIS

begegnete dem Leben mit einem Lächeln und kannte meine Zukunft, das Unterrichten, das Bücherschreiben, die Begegnung mit einer wunderbaren Frau, die therapeutische Begleitung etc. Ich las im Buch meiner Möglichkeiten. Alles erschien mir so natürlich. In meinen Jugendjahren war es plötzlich völlig anders!

Heute, als Erwachsener, setze ich meine Kinderträume in die Tat um. Ich habe neue Bestrebungen, neue Visionen. Ich entfalte mich und akzeptiere, dass es tausend Möglichkeiten gibt, wie ich mich verwirklichen kann. Alles, was ich als Kind gesehen oder vorherempfunden hatte, war keine Pflicht, sondern ein Vertrag von Ich zu Ich. Ich habe die Verantwortung, zu wachsen, mir die nötige Zeit zu nehmen, um meine Wunden zu versorgen, meine Talente und meine Beziehungen zu entwickeln. Ich habe die Verantwortung dafür, mein Wesen bestmöglich zu verkörpern, mich von dem, der ich zu sein glaube, zu dem zu entwickeln, der ich wirklich bin.

Als ich Marie-France bei einer Fortbildung das erste Mal begegnet bin, habe ich in ihr sofort die Eigenschaften erkannt, die mir für eine Liebesbeziehung wichtig waren. Wir kamen uns näher, aber meine Schüchternheit verbot es mir, den ersten Schritt zu machen. Marie-France ergriff vorsichtig die Initiative. Ich erinnere mich noch sehr gut an unseren Dialog bei einem Spaziergang in einem großen Park: ›Emmanuel, ich würde mit dir gerne in einer besonders engen Beziehung leben‹, sagte sie.

Von Angst wie gelähmt, antwortete ich: ›Aber das tun wir doch bereits.‹

›Ja, nur würde ich mir wünschen, dass wir uns noch näher sind. Ich spüre zwischen uns etwas sehr Starkes und würde es gerne noch mehr mit dir teilen, wenn du einverstanden bist.‹

›Nein! Mir gefällt es so, wie es ist.‹

Dieser Satz, diese Worte entschlüpften mir. Sie drängten sich mir unwillentlich auf. Während ich nach diesem Spaziergang allein nach Hause ging, spürte ich mein Herz wie wild schlagen. Ich hatte Angst, Angst davor, glücklich zu sein und die Liebe in mein Leben zu lassen. Über meine Angst hinaus schämte ich mich vor allem, Nein gesagt zu haben und damit vor einem möglichen Glück geflüchtet zu sein. Eine innere Stimme sagte mir immer wieder: ›Du wartest schon immer auf diese Begegnung, also wage es!‹ Ich war dabei, die Gelegenheit, die Liebe zu lernen, nicht zu nutzen. Ich war ängstlich und von Verlangen erfüllt. Ich habe mich isoliert. Ich hatte jetzt Angst, ein Opfer zu sein, ein einfacher Zuschauer, der sieht, wie ihm das Leben entgleitet. Ich erinnere mich, dass ich weinte und sogar schrie, um die Verbote auszutreiben, die in mir vergraben waren. Schließlich habe ich auf all meine gegenwärtigen Stimmen gehört. Ich spürte, dass ich frei war. Ich habe mich für die Entfaltung meines Wesens entschieden. Ich ging zu Marie-France, um ihr diese Worte ins Ohr zu flüstern: ›Hinter meinem Nein verbirgt sich ein riesengroßes Ja. Ja, ich will mit dir zusammen sein.‹ Mit diesen Worten begann unsere Liebesbeziehung.«

Manche behaupten, man müsse seine Ängste bekämpfen, um ihnen die Existenzgrundlage zu entziehen. In Wirklichkeit ist es vielmehr nötig, gewisse psychische Bereiche in sich zu bekämpfen. Es ist notwendig, die vielen irrigen Überzeugungen und schädlichen Gefühlen zu vertreiben. Sie nutzen die Ängste als Sichtblende, um den Menschen zu lähmen, ohne ihr wahres Gesicht zu zeigen, nämlich ihr treues Festhalten an dysfunktionalen Vorbildern und schmerzlichen Erfahrungen. Bietet man nur der Angst die Stirn, beschäftigt man sich lediglich mit der Spitze des Eisbergs. Die Angst ist keine isolierte Emotion. Die Angst betrifft das gesamte System: Sie gehört zu dem elementaren Dreieck, das im Zentrum jeder Subpersönlichkeit spürbar ist. Es ist also wichtig, sich dem zugrunde liegenden System zu stellen, anstatt schlichtweg die Angst zu bekämpfen.

Jeden Tag werde ich von Ängsten, Wünschen und Bedürfnissen beseelt.

Sie entstehen schneller als alles andere.

Sie nicht zu beachten läuft darauf hinaus, die eigene Vivance* zu ersticken.

Übung des Tages: Erkunden Sie das elementare Dreieck

Bei dieser Übung erkunden Sie die Dynamik Ihres elementaren Dreiecks. Sie überwinden die Machtlosigkeit und handeln leichter aus Ihrer Mitte, Ihrem Selbst oder Ihrem inneren Piloten heraus.

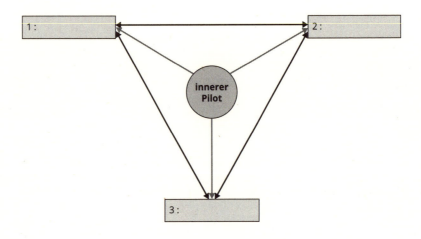

Phase 1: Füllen Sie die Kästchen 1–3 aus, indem Sie folgende Fragen beantworten:
- Kästchen 1: Wovor habe ich Angst?
- Kästchen 2: Welcher Wunsch steckt hinter dieser Angst?
- Kästchen 3: Welches Bedürfnis verbirgt sich oder wurde von mir vergessen?

Vermeiden Sie es, für Ihre Angst, Ihren Wunsch oder Ihr Bedürfnis dieselben Begriffe zu verwenden. Es ist wichtig, jedes dieser Elemente klar zu definieren. Nur so schaffen Sie eine echte Dynamik. Zwei Beispiele:

Beispiel A.
1. Angst, die Prüfung nicht zu bestehen.
2. Wunsch, das Studium erfolgreich abzuschließen.
3. Bedürfnis, das Studium erfolgreich abzuschließen.

In diesem Beispiel wurden Wunsch und Bedürfnis gleichlautend formuliert, daher besteht die Gleichung aus zwei Einheiten, und es fehlt das dritte Element. Das Bedürfnis muss genauer ergründet werden. Hinter der dritten Antwort verbirgt sich möglicherweise das Bedürfnis, autonom zu werden.

Beispiel B.
1. Angst, zu meiner Mutter Nein zu sagen.
2. Wunsch, zu meiner Mutter Nein zu sagen.
3. Bedürfnis, Flagge zu zeigen.

Hier sind Angst und Wunsch identisch. Der Wunsch muss genauer untersucht werden: Handelt es sich vielleicht um den Wunsch nach Freiheit oder um den Wunsch nach einer Konfrontation?

Phase 2: Sobald Sie das Dreieck ausgefüllt haben, können Sie in die Arena steigen und herausfinden, welche Subpersönlichkeit sich zuerst ausdrückt. Ist es das angepasste Kind, ein Manager, ein Feuerwehrmann, ein Elternteil oder eine andere Autoritätsperson, oder ist es Ihr inneres Kind?

Nennen Sie den Bereich, der Angst hat. Beobachten Sie ihn wie eine lebendige Person mit seinen Emotionen, Wünschen und Bedürfnissen. Erlauben Sie es ihm, sich auszudrücken, und respektieren Sie das Empfinden dieses Bereichs.

Wenn Sie ihn willkommen heißen, werden weitere Bereiche von Ihnen ins Spiel kommen.

Stellen Sie sich nun vor, dass Sie alle (Sie selbst und Ihre Subpersönlichkeiten) um einen Tisch sitzen, wo jeder das Recht hat, zu sprechen. Seien Sie ausschließlich mit dem präsent, sich auszutauschen und zu teilen. Sie werden sehr wahrscheinlich von bestimmten Äußerungen oder bestimmten Enthüllungen überrascht sein. Versuchen Sie nicht, deren Gehalt zu analysieren. Es werden neue Ängste, Wünsche und Bedürfnisse auftauchen.

Diese Übung führt Sie schrittweise zu Ihrem verbannten inneren Kind. Bestätigen Sie es mit seiner Angst, seinem Wunsch und seinem Bedürfnis. Anfangs kann es sein, dass dieses Kind sich alleine, verlassen, traurig, nicht geliebt und unzufrieden fühlt. Seine Empfindungen sind legitim. Wenn Sie es angehört und befreit haben, wird es fröhlich, treu ergeben, voller Zuneigung, kreativ und spontan werden. Wundern Sie sich nicht, wenn Sie auch Scham und Traurigkeit empfinden, es so lange vernachlässigt zu haben.

Phase 3: Gehen Sie jetzt wie ein wohlwollender und mitfühlender Pilot mit sich um, indem Sie sich Erlaubnis, Kraft und Rückhalt zugestehen. Entscheiden Sie sich für eine Positionierung, die die vier Prinzipien der Vivance respektiert:
- Gleichgewicht finden;
- Harmonie fördern;
- Einfluss nehmen;
- sich selbst entfalten.

Phase 4: Halten Sie Ihre Empfindungen mit wenigen Worten schriftlich fest. Lassen Sie jeden Bereich zu Wort kommen. Gehen Sie einfühlsam und respektvoll vor, ohne sich abzuwerten oder zu disqualifizieren. Versuchen Sie nicht, es besonders gut zu machen, indem Sie glauben, Sie müssten die Übung vollkommen verstehen. Diese Übung hat lediglich zum Ziel, Sie daran zu gewöhnen, zu Ihrer inneren Welt Nähe aufzubauen. Sie sollen lernen, Ihr vollständiges und vielfältiges Wesen sowie Ihre Ressourcen und Ihre Grenzen, Ihre Stärken und Ihre Verletzlichkeit zu akzeptieren.

TAG 18

Die Pyramide der Ängste

Leben oder sich anpassen

> »Verliert nicht euren Duft, euer Leben;
> versteht sie vielmehr sinnvoll zu nutzen!«
> Therese von Lisieux

Die Geschichte der beiden Kaminkehrer

Der erste Kaminkehrer war ein einfacher und glücklicher Mann. Er liebte seine Arbeit. Er achtete sorgfältig auf seine Leiter, mit der er auf die höchsten Kamine kletterte. Am Ende jedes Arbeitstages setzte er sich auf ein Dach, um den Sonnenuntergang über der Stadt zu betrachten, dann stieg er gemächlich herunter. Eigentlich sah ihn niemand. Wer kümmert sich schon um einen Kaminkehrer? Die wenigen Menschen jedoch, die ihm begegneten, erzählten alle dasselbe. Innerhalb weniger Augenblicke wurden sie allein durch seine Gegenwart friedlich und heiter. Äußerlich unterschied den zweiten Kaminkehrer nichts vom ersten. Er arbeitete in derselben Stadt, und auch ihn bemerkte man kaum. Er litt jedoch unter der Situation, dass seine Aufgabe nicht anerkannt wurde. Um Abhilfe zu schaffen, beschloss er, der beste Kaminkehrer der Stadt zu werden, und in seinem Kopf keimte eine geniale Idee. Wenn er die erste Sprosse seiner Leiter entfernte, wäre er schneller und effizienter als alle anderen Kaminkehrer. Er tat es, und es funktionierte. Wegen seines schnellen Tempos wurde man auf ihn aufmerksam, aber sein Glück war nur von kurzer Dauer. Bald wurde er für seine Arbeitgeber wieder unsichtbar. Also beschloss er, die zweite und schließlich die dritte Sprosse zu entfernen. Jedes Mal wurde ihm nur eine kurzfristige Anerkennung zuteil. An dem Tag, an dem er die vierte Sprosse entfernt hatte, kam es zu einem heftigen Brand in einem großen Fabrikschornstein unter ihm. Seine einzige Möglichkeit, zu entkommen, führte über die Spitze des riesigen Kamins. In diesem Moment wurde ihm etwas klar: Wegen der fehlenden vierten Sprosse konnte er nicht mehr auf seine Leiter klettern. Daher kam er in den Flammen um.

Das innere Kind strahlt nach außen

Alle Menschen streben nach Glück, Freude und Liebe. Das Herz eines jedes Menschen wünscht sich, dass seine menschliche Natur sich ohne Verstümmelung des Selbst entfalten und verwirklichen kann. Von der Geburt bis zum Tod durchläuft der Mensch bei diesem Bestreben verschiedene Etappen.

Das Bild des Kindes steht im Mittelpunkt des Lebenszyklus. Jung bekräftigt, dass das Kind ein erstes und letztes Wesen symbolisiert: ein Wesen des Anfangs, aber auch ein Wesen des Endes.[1] In jedem bleibt ein ewiges Kind erhalten.

Der erste Kaminkehrer aus unserer Geschichte steht für einen erfüllten Menschen. Er lebt in aller Einfachheit. Er kümmert sich um seine Leiter, das heißt um alle Elemente, auf denen sein Leben aufbaut. Träume, Ressourcen, Bedürfnisse, Emotionen (Angst, Traurigkeit, Wut, Ekel und Freude), Gefühle und alle Verletzlichkeiten sind Sprossen, um nach oben zu kommen und besser zu werden.

Ein vollständig entfalteter Mensch versöhnt sich mit seinem inneren Kind. Niemand, der sein Leben gestalten will, kann sich die Begegnung mit dem Kind ersparen, das er gewesen ist. Das innere Kind* hat zwei untrennbare Gesichter. Das traurige und verbannte Kind erlaubt es, den Schmerz, der dem Leben innewohnt, aus einem Bereich in einen anderen zu übertragen, während das freie und kreative Kind seine angeborenen Stärken einbringt. Es ist ein und dasselbe Wesen. Wenn Sie aufmerksam zuhören, wird es Ihnen zuflüstern: »Ich bin immer da.« Es ist an der Zeit, dass Sie es willkommen heißen, in die Arme nehmen, Partei für es ergreifen und es unter allen Umständen lieben. Dies ist eine einzigartige, zutiefst menschliche, von Bescheidenheit, Liebe und Mitgefühl geprägte Erfahrung.

Auf dem Weg zur Aussöhnung mit dem inneren Kind kann jeder Mensch außergewöhnliche Erfahrungen machen, als würde ihm das Leben zuzwinkern. Kürzlich war Gisèle in der Metro unterwegs zu einem unserer Kurse. Eine etwa 80-jährige alte Dame mit roter Mütze näherte sich dem Platz neben ihr, zögerte, lächelte sie an und taxierte sie freundlich. Gisèle sprach sie an: »Sie können sich gerne setzen, der Platz ist frei.« »Nein! Sie sehen doch sicher, dass Ihr kleines Mädchen dort sitzt«, antwortete ihr die alte Dame. Gisèle war verdutzt: »Da sitzt niemand!« Sie schaute sich um und sah auch im übrigen Wagon der Metro kein kleines Mädchen. Die Dame lächelte erneut und beharrte: »Aber ja doch, da sitzt Ihr kleines Mädchen.« Nach einem kurzen Moment nahm die alte Dame schließlich sehr vorsichtig Platz. Gisèle erlebte dies wie eine Synchronizität, das heißt, die Anwesenheit ihres inneren Kindes wurde ihr durch das scheinbar zufällige äußere Ereignis bestätigt. Es war, als würde ihr innerer Zustand nach außen hin gespiegelt.

Das innere Kind ist eine spürbare Realität, es ist die Erinnerung und Vivance des kleinen Menschen in einer Person. Je mehr diese Bindung genährt wird, desto deutlicher ist sie wahrnehmbar. Ein voll entfalteter Erwachsener strahlt, denn er hat das Herz eines entzückten und fröhlichen ewigen Kindes.

Die Illusion der kindlichen Allmacht

In einer Welt, in der man dazu neigt, sich dem Äußeren zuzuwenden, wird die Verdrängung des inneren Kindes zur Quelle von Ängsten und Niedergeschlagenheit. Der zweite Kaminkehrer aus unserer Geschichte symbolisiert den Menschen, der immer wegläuft und vor seinem Innersten flieht.

Häufig werden die eigenen Ängste und Schwierigkeiten wie Fehler aufgefasst, die korrigiert werden müssen. In unserem Berufsalltag stellen wir fest, dass viele Menschen nach einfachen, schnellen und schmerzlosen Lösungen suchen. Immer wieder werden scheinbare Wunderlösungen angeboten. Ein psychologisches Vorgehen ist vielleicht nicht der einzige Weg, um diese Schwierigkeiten zu lösen, aber es erweist sich als wertvoll, wenn man sein inneres System erkunden und seine ständige kindliche Anpassung aufspüren will.

Der zweite Kaminkehrer wünscht sich Anerkennung. Sein Verhalten wird von dem angepassten Kind* bestimmt, das nach Wiedergutmachung strebt. In diesem Beispiel kann sich jeder wiedererkennen. Frühere Defizite an Anerkennung, Liebe oder Zärtlichkeit bestärken diese Anpassung, in deren Zentrum die Illusion der kindlichen Allmacht steht.

Der Weg zum inneren Kind umfasst zahlreiche Etappen, vergleichbar mit den Sprossen einer Leiter, um die Beziehung zu sich selbst zu vertiefen. Eine dieser Etappen ist das Überwinden der Illusion der kindlichen Allmacht.

Das Kind ist von Natur aus egozentrisch. Es sieht sich als das Zentrum seiner Welt und entwickelt die Illusion, Macht über die Wesen und Dinge zu besitzen.

Es kann sich nicht vorstellen, dass ohne es etwas existiert oder dass es etwas gibt, was anders ist als es selbst. Bis zum Alter von etwa sechs Jahren ist sein Denken magisch. Wirklichkeit und Vorstellung vermischen sich. Wenn das Kind größer wird, erwirbt es neue Kompetenzen. Es unterscheidet, gliedert hierarchisch und erfasst die Dinge in Zeit und Raum. Sein magisches Denken zieht sich zurück, wird aber nicht völlig ausgelöscht. Es bleibt in jedem Menschen als natürliche Anlage erhalten.

Die Erwachsenen passen sich weiterhin der Welt an, wobei sie insgeheim eine mehr oder weniger kindliche Denkweise beibehalten. Ihre Energie wird sehr häufig dafür verwandt, zu wollen, zu fordern, zu erzwingen, zu nötigen oder zu nehmen. Sie verhalten sich anderen, der Erde und dem Leben gegenüber wie ein Kind, das keine Grenzen kennt und alles sofort bekommen will. Diese Tendenz ist gelegentlich subtil und versteckt sich hinter dem Anschein von Reife und Verantwortung.

Ein Kind braucht keinen Elternteil, der all seine Wünsche erfüllt. Seine Entwicklung benötigt einen Raum mit gesunden Grenzen, in dem es sich ausdrücken kann und gehört wird. Ein Erwachsener braucht kein Leben, das all seine Wünsche erfüllt. Seine Entfaltung ist eine Reise zu seinen Möglichkeiten, wobei er seine Empfindlichkeit, seine Verletzlichkeit und seine Grenzen akzeptiert.

Jeder Erwachsene ist zugleich ein freies und ein angepasstes Kind. Die Herausforderung besteht darin, auf seine inneren Stimmen zu hören, ohne alles von außen zu erwarten und ohne von den anderen oder vom Leben zu verlangen, dass es sich ihm anpasst. Durch die Aussöhnung mit dem inneren Kind findet man eine selbstverantwortliche Haltung. Die meisten Menschen befinden sich in einer Krise. Sie haben die direkte Verbindung zu ihrer Lebensenergie und damit der Kraft ihres Ursprungs verloren.

Vivance versus Anpassung

Alle Ängste hinterfragen genau, wo der Mensch steht und welche Verbindung er zum Leben hat. Wenn wir uns auf die Beantwortung dieser Frage und auf den Selbstausdruck unseres wahren Ichs konzentrieren, verwandeln sich die Ängste in Botschaften, die es uns erlauben, lebendiger zu sein und uns selbst und anderen gegenüber Empathie und Mitgefühl zu entwickeln. Dann wird das Leben zu einer Manifestation unseres innersten Potenzials.

Konzentrieren wir uns hingegen auf ein falsches Ich*, auf eine Persönlichkeit, die auf einem verhärteten System gründet, werden diese Ängste zu emotionalen Geysiren, zu psychophysischen Panzern und starren Überzeugungen. Dann ist Leben gleichbedeutend mit Anpassung. Wir übernehmen bestimmte Strategien, um einzufordern, was uns zusteht, oder um auf die Anforderungen von außen zu antworten. Dabei hoffen wir vergeblich, Defizite füllen und Verletzungen heilen zu können. Dieses Verteidigungssystem lässt uns leiden. Es begünstigt eher eine Beziehung, in der wir uns selbst und den anderen verletzen, und verhindert eine frei fließende Beziehung, die uns unterstützt und kreativ sein lässt.

Vivance* und Anpassung sind in jedem Menschen vorhanden. Angst, die zu den großen inneren Verwirrungen gehört, ist deren Messlatte. Sie fragt: »Stimme ich mit meiner wahren Natur überein?«

Die Pyramide der Ängste

> »Frage nicht, was die Welt braucht. Frage dich selbst,
> was dich lebendig macht, und dann gehe und tue es.
> Denn was die Welt braucht, sind Leute, die lebendig geworden sind.«
> Howard Thurman

Jeder Mensch hat Angst

Unterschwellige Ängste* sind unvermeidlich. Es gibt niemanden, der keine Angst hat. Wer Ängste verleugnet, verdrängt sie nur noch mehr. Wie im Beispiel des zweiten Kaminkehrers (siehe Seite 175) sind gewisse starke Ängste der Antrieb für dysfunktionale Strategien. Dieser Kaminkehrer hat nicht bewusst Angst, aber er handelt wie eine Marionette. Durch seine verzweifelte Suche nach Anerkennung zerstört er letztlich sein Leben. Er wendet seine Intelligenz gegen sich, indem er sie in eine zerstörerische Kraft verwandelt. Diese Anlage hat jeder Mensch.

Gefährliche Verhaltensweisen sind ein Flirt mit dem Tod, um der Angst vorm Leben zu entkommen. Ein Leben entfaltet sich, wenn es gelingt, die zahlreichen unterschwelligen Ängste zu meistern. Einige bieten keine großen Schwierigkeiten, bei anderen müssen Hindernisse überwunden werden.

Jérémys Geschichte

Jérémy erinnert sich: »Ich war ein Fan des Bungeejumpings. Ich hatte keine Angst. Ich pumpte mich mit Adrenalin voll, bis zu dem Tag, als mein Arzt schwere Schäden an meinen Halswirbeln diagnostizierte. Durch meine wiederholten Sprünge kam es zu Stößen wie bei einem Schleudertrauma. Ich riskierte eine schwere Verletzung des Rückenmarks. Ich musste mit dem Springen aufhören und stand nun ohne mein Hobby da, für das ich mich leidenschaftlich begeistert hatte. Nun spürte ich die Leere, vor der ich unwissentlich geflüchtet war. Ich hatte in Bezug auf das Leben viele Ängste. Mit 28 Jahren blieb ich der ewige Jugendliche, der nicht erwachsen werden wollte. Ich hatte geglaubt, durch das Bungeespringen die Angst besiegt zu haben, dabei fand ich mich verängstigter wieder als je zuvor.«

Jérémy hat sein Leben wieder in die Hand genommen. Er hat sich an Projekte gewagt, deren Realisierung er sich nicht zugetraut hätte. Er hat noch immer Angst, sein Leben aufzubauen, aber er hat wieder Lust, zu leben und sich zu verwirklichen.

Die Hierarchie der Ängste

Wie bei den Bedürfnissen gibt es auch bei den Ängsten eine Hierarchie. Je mehr man nach der Erfüllung seiner Bedürfnisse strebt, desto mehr wird man mit tiefen, manchmal schwer zu benennenden Ängsten konfrontiert.

Die folgende Pyramide bietet eine anschauliche Darstellung, auch wenn die psychische Realität weniger linear als dynamisch ist. Der Mensch baut sich wie ein Puzzle auf, nimmt hier ein Teil, dort ein Teil. Es gibt gewisse Etappen im Leben, aber nichts spricht gegen ein Hin und Zurück, die Erkundung von Sackgassen oder blitzschnelle Fortschritte. Das Leben gräbt sich sein Flussbett wie ein Sturzbach, umfließt Hindernisse und kommt auch einmal zum Stillstand.

Jeder Mensch ist einmalig und erlebt die unterschwelligen Ängste mehr oder weniger stark. Folgende Ängste gehören dazu:

kindliche Ängste	Angst vor der Dunkelheit, Angst vor Schatten, Angst vor Monstern (oder vor dem Ungeheuerlichen)
blockierende Ängste	Angst vor Kontrollverlust, Angst, den Schmerz als Kind wiederzuerleben, Angst, seine Grenzen zu überschreiten
Anpassungsängste	Angst vor dem Unbekannten, Angst vor Liebesverlust, Angst, sich lächerlich zu machen
Beziehungsängste	Angst vor Zurückweisung, Angst, verurteilt zu werden, Angst vor der Andersartigkeit
Grundängste	Trennungsangst, Angst vor Veränderung, Angst zu verschwinden

Je nach seinem Lebenszyklus, seinen Erfahrungen und Kompetenzen ist ein Mensch für bestimmte Ängste empfänglicher. Bei einer älteren Frau kann die Angst zu verschwinden stärker ausgeprägt sein als bei einem Jugendlichen. Ein Mann, der von seinen Eltern misshandelt wurde, wird eher fürchten, sein als Kind erlittenes Leid wiederzuerleben. Das Verhalten eines jungen Kindes, das seine Mutter sehr früh verloren hat, wird vielleicht seine Trennungsangst verraten.

Viele Menschen mobilisieren ihre Ressourcen, um eine Angst zu überwinden, andere leben insgeheim mit dieser Angst, und wieder andere fühlen sich machtlos. Jeder braucht es, in seiner persönlichen Empfindlichkeit, dort, wo er gerade steht, mit Empathie und Mitgefühl gehört zu werden.

Das Leben ist voller unterschwelliger Ängste. Dieser Realität kann sich niemand entziehen. Jede Angst ist eine Gelegenheit, die Bedürfnisse des wahren Ichs auszudrücken.

Was brauche ich wirklich?

Stellen Sie sich diese Frage regelmäßig? Wenn eine Angst Sie lähmt oder einschränkt, kann es sein, dass diese Frage und die dazugehörige Antwort noch nicht ausreichend im Mittelpunkt Ihres Lebens stehen. Die Pyramide der Ängste ist eine wertvolle Hilfe, um die Parallele zwischen den Ängsten und den Bedürfnissen anschaulich darzustellen. Bisher haben wir von den Bedürfnissen gesprochen, ohne sie zu benennen – mit Ausnahme der Beziehungsbedürfnisse. Das war Absicht. Vielleicht haben Sie festgestellt, dass es gar nicht so einfach ist, die eigenen Bedürfnisse zu erkennen, was überraschen mag, weil man ihre Bedeutung für eine Verbesserung des Lebens sehr wohl kennt. Die Bedürfnisse knüpfen an das wahre Ich an und steigern die Vivance*.

Mangel und Bedürfnis werden oft verwechselt: »Ich brauche Liebe« versus »Mir mangelt es an Liebe.«

Worin besteht der Unterschied? Der Mangel ist das Wiederaufleben eines unerfüllten Bedürfnisses, zu dem man keine Verbindung hat. Dieses Abgeschnittensein lässt ein Gefühl der Leere entstehen, das Zwänge bis hin zu einer Abhängigkeit mit sich bringt. Man versucht, ein Fass ohne Boden zu füllen. Das Bedürfnis hingegen erfüllt eine regenerierende Funktion im Sinne der Vivance* und der Selbstverwirklichung. Hört man auf seine Empfindungen und seine Ängste, wird es einfacher, Bedürfnis und Mangel zu unterscheiden.

Kleine Übung des Tages: Spüren Sie Ihre Bedürfnisse

Die Übung wird im Stehen durchgeführt. Denken Sie an eines Ihrer Bedürfnisse. Spüren Sie die Empfindungen Ihres Körpers. Sind Ihre Schultern und die Mitte Ihrer Brust locker, oder empfinden Sie im Gegenteil muskuläre Spannungen? Locker sind Sie mit Ihrem Bedürfnis in Verbindung und können durch Ihre Reaktion die Verantwortung dafür übernehmen. Angespannt befinden Sie sich im Mangel, im Wollen und Fordern.

Einige Grundbedürfnisse

Wir wollen Sie nicht länger auf die Folter spannen. Hier folgt eine Tabelle, in der einige Grundbedürfnisse aufgezählt werden. Das Bedürfnis, glücklich zu sein, ist eines der wichtigsten und stärksten. Ihr inneres Kind ist entzückt, wenn es glücklich neben Ihnen leben darf. Liegt Ihnen sein Wohlbefinden am Herzen, machen

Sie sich daran, auf seine Bedürfnisse und damit auch auf Ihre Bedürfnisse zu reagieren.

körperliche Bedürfnisse	essen, trinken, atmen, schlafen, sich anziehen, sich schützen, berühren, fühlen, sich körperlich betätigen, sich um sich und seine Gesundheit kümmern, seine Sexualität ausleben etc.
affektive Bedürfnisse	lieben, respektieren, unterstützen, mitfühlen, verstehen, sich amüsieren, lachen, sich sicher fühlen, einer Gruppe angehören, seinen Platz haben, empfinden, weinen, Emotionen und Gefühle ausdrücken, mitschwingen, sich bestätigen etc.
Beziehungsbedürfnisse (definiert von Jacques Salomé)	anerkannt werden, sich aussprechen, gehört werden, wertgeschätzt werden, miteinander vertraut sein, gestalten und Einfluss haben, träumen und hoffen
Bedürfnisse zur Selbstverwirklichung	autonom sein, seine Träume in die Tat umsetzen, seine Werte und Überzeugungen wählen, integriert sein, authentisch sein, sich entfalten, sich erfüllen, sich von Vorbildern befreien, seine Qualitäten mobilisieren, lernen etc.
spirituelle Bedürfnisse	Schönheit, Harmonie, Frieden und das Leben feiern, glücklich sein, die Trauer überwinden (um geliebte Wesen, abgebrochene Projekte etc.), mit der Natur kommunizieren, sich mit seinem tiefsten Inneren vernetzen, sich dem Unsichtbaren öffnen, Stärke und Verletzlichkeit miteinander vereinbaren, die Ganzwerdung erfahren (ein ganzer Erwachsener in seiner Vielfalt werden) etc.

Bestimmte starke Bedürfnisse sind Ausdruck tiefer Bestrebungen, die sich früh als Träume offenbaren, die man als Kind hat. Wenn man seine Kinderträume wiederfindet, ist dies ein Weg, um jenseits der Ängste zu spüren, was für einen wesentlich ist.

Übung des Tages: Hören Sie auf Ihre Kinderträume

Dies ist eine wertvolle Übung, um an den Teil der Kindheit wieder anzuknüpfen, der für Ihren Selbstausdruck unverzichtbar ist.[2]

Phase 1: Ergänzen Sie, ohne nachzudenken, und mit wenigen Worten die folgenden Sätze:
- Mein Lieblingsspielzeug als Kind war ...
- Mein Lieblingsspiel als Kind war ...
- Meine Lieblingsgeschichte als Kind war ...
- Mein Lieblings-Comic als Kind war ...
- Mein Lieblingsfilm als Kind war ...
- Bücher, die ich als Kind geliebt habe, waren ...
- Wenn man mich als Kind gefragt hat, was ich einmal werden will, habe ich geantwortet ...
- Heute träume ich insgeheim davon, ...
- Wenn ich nicht glauben würde, dass es zu spät ist oder ich dazu nicht fähig bin, würde ich ...
- Ich empfinde jedes Mal ein tiefes Wohlbefinden, wenn ich ...
- Ich habe Selbstvertrauen, wenn ich ...
- Ich bin froh und glücklich, wenn ich ...

Phase 2: Analysieren Sie nun Ihre Antworten. Einige davon entsprechen Dingen, die Sie heute noch schätzen. Andere sind sehr weit weg. Im Erwachsenenalter bewahren nur wenige ihre Kinderträume und setzen sie in die Tat um. Die anderen trauern darum, oder es bleibt ein tiefes Bedauern.[3]

Phase 3: Die bevorzugte Sprache des Kindes ist die Symbolsprache. Es ist mit den Symbolen verbunden, die seine Vorstellung bevölkern. Ein Kindertraum kann einen konkreten Wunsch ausdrücken, ist meist jedoch ein symbolisches Bild. Das Kind verwendet Objekte und erst dann Worte, um seine wichtigen Wahrheiten auszudrücken. Viele Kinderträume lassen sich entschlüsseln. Sie sind die Erinnerung an diese direkte Verbindung des Kindes zum Leben.

Jeder Ihrer Kinderträume bewahrt das Geheimnis tiefer Bestrebungen und Grundbedürfnisse. Schauen Sie sich Ihre Antworten noch einmal an. Lassen Sie Ihre Kinderträume wiederaufleben, indem Sie einen Film aus Kindertagen anschauen oder eine Kindergeschichte von damals lesen. Werden Sie Zeuge dessen, was in Ihnen zu schwingen beginnt.

Die Kinderträume sind noch da. In ihnen hallt Ihre ursprüngliche kreative Lebensenergie nach. Auf seine Träume zu hören heißt, wieder ein Kind werden, für das »Leben und Tod, Wirklichkeit und Einbildung, Vergangenheit und Zukunft, Sagbares und Unsagbares, das Oben und Unten aufhören, als Widersprüche gesehen zu werden«.[4]

SIEBTER TEIL

Keine Angst
mehr vor der Angst

» Ängste zu bekämpfen, indem man sie unterdrückt, ist nicht nur unmöglich, sondern destabilisiert die Psyche noch stärker. Angst kann ein Verbündeter werden. Auch wenn sie nichts klar aufdeckt, ist sie doch ein Schlüssel, um die Tür zu einem von Mitgefühl und Fülle geprägten Leben zu öffnen. Wenn man keine Angst mehr vor seinen Ängsten hat, kann man voll und ganz leben und von seinem Selbst erfüllt sein. «

TAG 19

Die Angst und die Verletzungen der Kindheit

Das verletzte Leben

> »Alles Leid wird durch die Identifizierung mit etwas verursacht,
> ob nun dieses Etwas im Inneren oder außerhalb des Menschen ist.«
> Anthony de Mello

Angst ist eine Last

Die natürliche Angst warnt vor einer Gefahr. Die Aufgabe der Angst ist also in erster Linie, diese Gefahr zu meiden. Sie ist für den Schutz und die Unversehrtheit des Menschen von wesentlicher Bedeutung. Gelegentlich tritt die gesunde Angst erst später ein und bestätigt, dass ein Ereignis tatsächlich gefährlich war. Manche Menschen schämen sich und haben Schuldgefühle, weil sie eine Traumatisierung nicht verhindern konnten oder zu verhindern wussten. Falls das auf Sie zutrifft, nutzen Sie die Angst möglicherweise dafür, sich selbst abzuwerten. Das Empfinden von Angst macht Sie jedoch weder schwach noch zu einem armen Opfer.

Das Kind muss die Angst vor einer Gefahr lernen, um zu vermeiden, Opfer eines Missbrauchs zu werden. Sein angeborenes Vertrauen verhindert, dass es verletzendes Verhalten seitens seiner Eltern oder einer anderen Person hinterfragt. Es ist für das Kind sehr wichtig zu erkennen, was verletzend wirkt. Hierzu muss es auf seine Angst hören und diese überwinden. Angst ist angesichts verletzender Verhaltensweisen eine normale Reaktion.

Viele Erwachsene haben ihre Angst nicht besänftigt. Sie verdrängen oder verbergen sie, um zu verhindern, erneut mit ihrem eigenen kindlichen Leid in Kontakt zu kommen oder um ihre Verletzlichkeit nicht annehmen zu müssen. Sie umgeben sich mit einem Panzer, der die Verletzlichkeit ausschließt. Jedes Leben trägt einen Teil an verletztem Leben in sich, der viel zu selten zugelassen und gelindert wird. Die Angst ist eng mit den Verletzungen der Kindheit verbunden, die im Körper Erinnerungen mit sehr vielen unverarbeiteten Emotionen, Gefühlen und Überzeugungen, Ideen oder Glaubenssätzen hinterlassen. Diese Erinnerungen werden zu einer Bürde, bei der die Angst vorherrscht.

Lucies Geschichte

Lucie ist eine brillante junge Frau. Mit 27 Jahren ist sie Leiterin der Rechts- und Steuerabteilung einer großen Bankengruppe und erobert sich innerhalb von drei Jahren ihren ersten Posten im Management. Zwei Jahre später wird sie »Direktorin«. Sie zieht Bilanz über ihr Leben: »Ich habe meine gesamte Zeit der Arbeit gewidmet. Nie war ich krank, immer Gewehr bei Fuß, aber immer mit Tabletten gegen Kopfschmerzen, Bauchschmerzen, Übelkeit und Schwindel in der Handtasche. Ich erfülle Aufgaben, die ich mir nie hätte vorstellen können. Mein Name steht auf dem Organigramm und in Zeitungsartikeln ganz oben. Ich bin stolz und beschämt zugleich. Ich habe das Gefühl, eine Betrügerin zu sein. Meine familiären Wurzeln liegen in der Landwirtschaft, und daher hat mich nichts darauf vorbereitet und noch weniger dafür legitimiert, ein solches Maß an Verantwortlichkeiten zu erreichen.«

Lucie schleppt eine Last mit sich herum, deren Symptom die verschiedenen Schmerzen in ihrem Körper sind. Nach einigen Wochen Arbeit mit dem inneren Kind erklärt Lucie bewegt: »Die Welt der Firma und der Macht hat mich schonungslos in die Mangel genommen. Ich bin nur ein Automat, der versucht, anderen Freude zu bereiten und auf versteckte Erwartungen zu reagieren. Unkontrollierbares Weinen, Migräne und Verdauungsstörungen sprechen zu mir. Ich habe Angst und verstehe nicht, warum.«

Wenn die Vergangenheit nicht losgelassen wird

Nach Jahren der Überarbeitung ist Lucie zusammengebrochen. Ihr Vater sagte zu ihr: »Ich wusste, dass du diesen Posten zu früh in deiner Karriere bekommen hast. Du hättest noch zwanzig Jahre damit warten sollen.« Diese Bemerkung öffnet die Ventile für Lucies Wut. Zum ersten Mal erlaubt sie es sich, ihr Gefühl der Verbitterung zu äußern: »Ich bin wütend auf meinen Vater. Mir wird klar, dass alles seine Schuld ist. Meine ganze Jugend über habe ich idiotische Sätze gehört, denen ich gehorcht habe. Er wiederholte ständig: ›21 von 20 wären besser.‹ oder ›Wenn du Premierminister wärst, wäre das besser.‹ Ich bin das Ergebnis seines persönlichen Gesetzes des immer noch mehr, immer noch besser, nie genügend, nie gut, immer noch höher hinaus. Ich hasse ihn.«

Einige Wochen später klingt es ganz anders: »Mein Vater hat sein Bestes getan. Er hatte selbst keinen Vater und hat darunter gelitten, dass er nicht studieren konnte. Ich verstehe, dass er mein Bestes wollte, und bin ihm dankbar dafür.«

Beide Reaktionen von Lucie zeigen, dass sie in der Vergangenheit verhaftet ist. Sie definiert sich weiterhin nach dem Verhalten, den Worten und dem Urteil ihres Vaters. Diese Bindung ist schädlich, denn sie hindert Lucie daran, ihre innere Wahrheit anzuerkennen. Ihr Groll gegenüber ihrem Vater einerseits und die Entschuldigungen, die sie für ihn findet, andererseits sind die zwei Seiten einer Bürde. Lucies beruflicher Erfolg ist nur eine Überanpassung an die Botschaften, die sie in der Kindheit erhalten hat. Ihre körperlichen Beschwerden warnen sie vor dem Graben, der zwischen ihrer Treue zu ihrem Vater und damit dem verletzenden Vorbild und ihrem tiefsten Inneren aufbricht.

Warum die innere Verletzung nicht heilen kann

Jeder körperliche oder moralische Schmerz wird von Angst und Wut begleitet. Viele Menschen sind lieber deprimiert als wütend. Wut ist eine geächtete Emotion, die zu den sieben Hauptsünden zählt.[1] Die Wut ist mit störenden Gefühlen belastet. Eine wütende Person kann fürchten, die Kontrolle zu verlieren, den anderen zu vernichten oder völlig auszurasten.

Lucies Geschichte repräsentiert etwas, was jeder Mensch erleben kann. Beobachten Sie Ihr Leben urteilsfrei. Sobald das Verhalten des anderen Ihre Verletzung verstärkt, tragen Sie eine Last, deren Gewicht mit der Zeit zunimmt. Wenn Sie sich der Gewalt anschließen, die durch das Verhalten des anderen erzeugt wurde, entsteht in Ihrem Inneren eine Verletzung, die nicht heilen kann. Dieser vom angepassten Kind* symbolisierte verletzte Teil erwartet nur eines: Er will das, was ihm gefehlt hat, von den Personen bekommen, von denen er damals umgeben war und die sich als mehr oder weniger defizitär erwiesen haben. Kann man von einer Bürde heilen, oder anders gesagt, kann man vom Verhalten eines anderen heilen? Offensichtlich nicht, denn das Verhalten des anderen gehört zum anderen. Bleibt man in der Vergangenheit verhaftet, das heißt in dem verletzenden Verhalten des anderen, erlebt man andauernd störende Emotionen von Angst und Wut. Man bleibt ein Erwachsener, der von seiner Vergangenheit hypnotisiert ist, ein Spielball wiederkehrender Trancezustände*, die für einen Kurzschluss in der großartigen kreativen Lebensenergie im Zentrum des wahren Ichs sorgen.

Sich von seinem verletzten Leben heilen

>*»Diese Liebe, die wir als Kinder vermissten, wartet nicht. Sie war nicht da und wird nie da sein. Aber als Erwachsene können wir in der Therapie lernen, dieses Kind, das wir waren, zu lieben.«*
>
> Alice Miller

Nur die angemessene Verantwortung übernehmen

Viele Erwachsene haben Angst vor der Konfrontation. Sie fürchten sich davor, dem anderen gegenüberzutreten und ihm die Verantwortung für sein Verhalten zu geben. Sie fürchten sich außerdem davor, zu akzeptieren, dass sie selbst für ihre Empfindungen und eigenen Verhaltensweisen verantwortlich sind. Es ist schließlich einfacher, dem anderen seine Angst oder Wut vorzuhalten, und es ist auch einfacher, einen Schleier des Vergessens über die Vergangenheit zu werfen, indem man erklärt, man habe eine glückliche Kindheit gehabt. In jeder Kindheit gibt es Licht und Schatten. Es gibt keine vollständig glückliche Kindheit. Jeder trägt ein verletztes Leben in sich und hat die Aufgabe, es anzunehmen, willkommen zu heißen oder zu begleiten.

Als Kind haben Sie Worte und Verhaltensweisen körperlicher, moralischer oder psychischer Gewalt erfahren. Sie waren wütend, und Sie hatten Angst. Sie haben sich verloren, beschämt oder schuldig gefühlt. Heute geht es nicht darum, die Motivationen der Personen zu verstehen, von denen Sie verletzt wurden. Damit würden Sie Gefahr laufen, Taten zu entschuldigen oder zu rationalisieren, für die Sie nicht verantwortlich sind. Ihre wahre Mission besteht darin, das weinende, verängstigte und wütende Kind anzuerkennen, das sich in Ihnen ausdrückt. Angemessene Verantwortung zu übernehmen verlangt eine gesunde Wut und Empörung. Es zeugt von Liebe und Reife, sich über das zu empören, was das innere Kind aushalten musste.

Als Lucie dem kleinen Mädchen in sich begegnete, wurde ihr ihre einzige Verantwortung bewusst: »Mir wird etwas Offensichtliches klar. Meine Heilung ist nicht die Sache meiner Eltern, meines Ehemanns oder meiner Arbeit. Die Szenen aus meiner Kindheit, die in einer Endlosschleife in meinem Kopf kreisen, entfernen mich von meiner Wahrheit. Mir ist der Schmerz der kleinen Lucie nahegegangen, die allein, isoliert und ohne Liebe gelassen war, während ich mich in

Vorwürfen und illusorischen Erwartungen in Bezug auf meine Eltern verloren hatte. Ja, meine Eltern haben sich mir gegenüber verletzend verhalten. Ich habe von ihnen keine Liebe erfahren, sondern unerträgliche Ansprüche. Ich will mich mir selbst gegenüber nicht mehr so verhalten, wie sie es getan haben.«

Zu den unverzichtbaren Phasen für eine Heilung der Verletzungen aus der Kindheit gehört es, die Gewalt der erfahrenen Verhaltensweisen zu erkennen, sich zu empören (wütend zu sein, ohne diese Wut gegen andere zu richten), die Verantwortung für das Verhalten beim anderen zu lassen und die Empfindungen als Kind anzuerkennen.

Die Natur der psychischen Heilung

Die psychische Heilung ist kein plötzliches Ereignis, sondern ein tief greifender Prozess. Übernimmt man die Verantwortung für das Verhalten des anderen, riskiert man, die eigene Heilarbeit oder den eigenen Genesungsprozess zu gefährden. Nicht umsonst bedeutete das Wort »genesen« ursprünglich etwa »einer Gefahr entkommen sein«. Einige glauben, Heilung würde bedeuten, die Anerkennung, Liebe und Hilfe zu erhalten, die ihnen gefehlt hat. Sie meinen, die Heilung ihrer Wunden hänge von anderen ab. Hier nun ein revolutionärer Gedanke, der Ihr Leben verändern kann: Die Heilung steht in keinem Zusammenhang mit einem anderen Menschen. Die echten Verletzungen definieren sich nicht durch das Verhalten anderer, sie sind allein der Ruf des traurigen und verletzten Kindes, das man in sich trägt.

Heilung läuft darauf hinaus, das verbannte Kind aus dem Schatten zu holen, um es zu verteidigen, ohne seine innere Wahrheit zu kontrollieren, zu beurteilen, in Schubladen zu stecken oder zu interpretieren. Ihr inneres Kind* wird Ihnen beibringen, dass man nichts tun muss, um geliebt zu werden. Es zählt bedingungslos auf Sie und wird Ihnen Ihre Irrungen vergeben, sobald Sie sie anerkennen. Die Liebe eines gesunden Elternteils hängt nicht davon ab, was sein Kind tut oder unterlässt. Dieser Elternteil wünscht sich, dass sein Kind wird, was es in seinem tiefsten Inneren ist, indem er sich dessen Empfindungen anhört und seinen Wünschen, Bedürfnissen und Träumen folgt. Sie werden Ihrem kindlichen Wesen das Recht garantieren, zu existieren und voll und ganz zu leben. Sie werden es beschützen, indem Sie ihm die schmerzlichen Erfahrungen ersparen, die Sie in der Vergangenheit erlitten haben. Sie werden Ihrer inneren Wahrheit und dem Kind in sich treu bleiben.

Zu den kindlichen Erlebnissen gehören zahlreiche Ängste. Wenn das Kind Emotionen in sich verdrängt, verwandeln diese beim Erwachsenen die Angst in etwas Lähmendes. Indem Sie Ihrem inneren Kind das Recht zugestehen, Angst zu haben, erkennen Sie es an und befreien seine gefesselte Energie. Die Angst führt angesichts des nicht anerkannten und nicht bestätigten Schmerzes zu einer flacheren Atmung und einem Rückzug im Leben. Das verletzte Leben in einem Menschen ist ein Schmerz, der Respekt verdient.

Die Gewalt zurückgeben

Innere Teile, die eine Bürde tragen, nutzen die Angst, um den wahren Ausdruck des Individuums einzuschränken. Um sich von den Lasten zu befreien und Verantwortung zu übernehmen, ist es manchmal wichtig, die Gewalt, die man als Kind erfahren hat, symbolisch zurückzugeben.

Sophies Geschichte

Sophie ist eine junge Frau von 25 Jahren. Sie hat große Vorbehalte, ihren Eltern ihre innere Wahrheit zu offenbaren. Ihre gesamte Kindheit über hat sie als Puffer gedient zwischen einer Mutter, die damit drohte, die Familie zu verlassen, und einem alkoholkranken Vater. Die Angst, ihr Vater werde sterben, hat sie zu uns geführt. Sie hat häufig Angst. In ihrer Kindheit fiel ihr Vater wegen Alkoholvergiftung mehrmals ins Koma. Sophie erinnert sich an eine besonders ängstigende Szene, als sie zwölf Jahre alt war. Ihr betrunkener Vater kam in ihr Zimmer und warf ihr folgende Worte an den Kopf: »Ich bin hier, um mich von dir zu verabschieden. Ich werde meinem Leben ein Ende setzen, um niemanden mehr zu belästigen. Das hat nichts mit dir zu tun. Ich liebe dich von ganzem Herzen.« Als Kind tat Sophie alles, um ihren Vater abzulenken und ihn zu lieben. Sie versuchte, seinem Leben einen Sinn zu geben.

Eines Tages kommt sie wütend zu einer Therapiesitzung: »Ich bin fassungslos über die Naivität meines Vaters. Er hat mich wirklich wütend gemacht. Letztes Wochenende war er bei mir. Wir saßen auf dem Sofa und haben über dies und das gesprochen, und er äußerte diesen Satz: ›Wenigstens hat niemand unter meinem Alkoholproblem gelitten. Zum Glück betrifft es nur mich!‹« Sophie hatte zu dieser Erklärung geschwiegen, aber während unseres Gesprächs wird ihr klar, dass ihre immer noch vorhandene Angst um ihren Vater sie mundtot macht und ihr Leben verpfuscht. Sophie trägt noch immer eine Verantwortung, die gar nicht ihre ist. Sie hält an ihrer Vergangenheit fest. Ihre Bürde ist ein Paket aus Ängsten, beispielsweise den Vater zu verlieren oder nicht liebevoll genug zu sein, und kindlichen Überzeugungen wie die Macht, ihren Vater glücklich zu machen oder ihren Vater heilen zu können.

Mehrere Monate lang bereitet sich Sophie darauf vor, ihrem Vater die Gewalt zurückzugeben und ihm hierzu einen Brief zu schreiben. Darin berichtet sie, was die kleine Sophie bei traumatisierenden und verletzenden Ereignissen empfunden hat. Sie äußert, wie diese Ereignisse ihr Leben und die Verbindungen zu anderen Menschen beeinträchtigt haben und wie sehr sie noch immer der Beziehung zu ihrem Vater schaden. Sie stellt sich auf die Seite ihres inneren Kindes, indem sie ihre kindlichen Erlebnisse offenbart. Sie entscheidet sich dafür, nicht länger mit der Gewalt des Alkoholismus zu leben, sondern sie ihrem Vater zurückzugeben. Sie schlägt ihrem Vater außerdem vor, sie sollten überlegen, ihrer Beziehung eine neue Basis zu geben. Da sie keine Angst mehr hat, ihren Vater zu verlieren, ist sie endlich bereit, keine verletzenden Worte oder Verhaltensweisen mehr zu akzeptieren. Indem sich Sophie diesen Brief erlaubt, verteidigt sie ihre Bedürfnisse und kümmert sich um das verletzte kleine Kind in ihr.

Am Ende dieses langen Prozesses versucht sie nicht mehr, Vorwürfe zu machen oder irgendetwas zu bekommen. Nachdem sie den Brief eingeworfen hat, hat sie Angst. Diese Konfrontation ist für sie eine Premiere. Vierzehn Tage später berichtet sie von ihrer Überraschung: »Mein Vater hat mir geantwortet. Ich hätte nicht gedacht, dass er das tut. Er hat mir einfach nur gedankt. Er schreibt, dass er meinen Brief immer wieder liest und dass er ihm auf seinem weiteren Weg hilft.«

Der Schritt des Zurückgebens mag schwierig und heikel erscheinen, er ist jedoch der erwachsenste, regenerierendste und liebevollste Akt, den ein Mensch vollbringen kann. Meist verlangt dies eine klare therapeutische Begleitung. Die Konfrontation mit einem Elternteil ist eine Befreiung, solange sie richtig ist und mit der Wahrheit des inneren Kindes übereinstimmt. Es geht keinesfalls darum, seine Emotionen von Wut oder Hass abzuladen, Vorwürfe zu machen, den anderen strafen oder vernichten zu wollen. Es geht auch nicht darum, dass man irgendetwas erreichen will wie Anerkennung der Tatsachen, Bitte um Vergebung oder Entschuldigungen. Es geht einzig um die eigene Befreiung.

Das verletzte Leben ehren

Wer seine Verletzungen und wahren kindlichen Emotionen nicht annimmt, lebt weiter unter dem Joch seiner Ängste. Die Befürchtung, den anderen zu verletzen, wenn man die eigene Wahrheit offenbart, ist zwar normal, und doch ist sie nur ein Vorwand, um sich nicht zu ändern. Warum akzeptiert man es eher, vergiftete Bindungen beizubehalten, anstatt sich zu befreien?

Schmerz ist für ein Kind unerträglich. Er erzeugt ein unbeschreibliches inneres Chaos. Die Verletzung nistet sich im tiefsten Inneren des Menschen ein. Die Psyche nutzt verschiedene Teile (Feuerwehrman oder Manager, siehe Seite 69), um das verletzte Leben einzusperren.[2] Die ursprüngliche Verletzung ist dabei immer weniger schmerzhaft, als sein eigenes Wesen zu verleugnen, indem man neben seinem Leben herläuft. Wir sind davon überzeugt, dass die Angst eine Gelegenheit ist, sein verletztes Leben zu ehren und Mitgefühl für das kleine und verletzliche Kind in sich zu entwickeln. Wenn Sie aufgrund dieser Angst empfinden: »Ich werde sterben, verschwinden oder ein lebendiger Toter werden, wenn ich nicht der Mensch werde, der ich im tiefsten Inneren bin«, macht es in Ihnen klick. Sie akzeptieren es, Ihr Leben in die Hand zu nehmen. Diesen Geistesblitz erleben alle Menschen, die ihr Leben verändern. Es ist ein spirituelles Erwachen, das es erlaubt, das verletzte Leben zu ehren, das heißt, anzuerkennen, wer verletzend war, und den anzunehmen, der verletzt wurde. Dieses Erwachen öffnet die Tür zu einem Leben in Gelassenheit unter anderen Menschen, mit der richtigen Distanz, um die eigene Verletzlichkeit und Zerbrechlichkeit zu bewahren.

Übung des Tages: Klären Sie das Verhältnis zu einem Elternteil auf

Phase 1: Sie finden nachfolgend eine Reihe von Sätzen, die aussagen, was Sie heute in Ihrer Beziehung zu Ihren Eltern, das heißt Ihrem Vater, Ihrer Mutter oder beiden, empfinden können. Kreuzen Sie einfach jeweils Ja oder Nein an.

Empfindungen in meinem heutigen Verhältnis zu meinen Eltern	Ja	Nein
Ich habe Angst, wenn meine Eltern die Stimme heben oder wütend werden.		
Ich habe Angst, gegenüber meinen Eltern wütend zu werden.		
Ich habe Angst, wenn ich ihnen etwas sagen muss, was sie nicht gern hören werden.		
Ich habe Angst, ihre Liebe zu verlieren.		
Ich habe Angst, wenn ich mit meinen Eltern nicht übereinstimme.		
Ich habe Angst, wenn ich versuche, mich meinen Eltern gegenüber zu behaupten.		
Ich habe Angst, dem Ehrgeiz meiner Eltern nicht zu genügen.		

Ich habe Angst, meine Eltern zu enttäuschen.	
Ich habe Angst, Nein zu sagen.	
Ich habe Angst, das Leben meiner Eltern verpfuscht zu haben.	
Ich habe Angst, abgelehnt zu werden, wenn ich bestimmte Dinge von mir erzähle.	
Ich habe Angst, gezwungen oder genötigt zu sein, das zu tun, was meine Eltern verlangen.	
Ich habe Angst, dass meine Eltern meine Partnerin oder meinen Partner nicht mögen.	
Ich habe Angst, Familiengeheimnisse zu erfahren.	
Ich habe Angst, ein Geheimnis zu enthüllen, das mir meine Eltern anvertraut haben.	
Ich habe Angst, dem Rat meiner Eltern nicht zu folgen.	
Ich habe Angst, meine Eltern zu verletzen oder ihnen Kummer zu bereiten.	

Wenn Sie ein- oder mehrmals Ja angekreuzt haben, sind bestimmte Aspekte Ihrer Beziehung dysfunktional. Manchmal sind Sie vor Ihren Eltern noch das angepasste Kind. Entwickeln Sie Ihre Freiheit, zu einem Leben zu kommen, das Ihnen völlig entspricht. Kümmern Sie sich um die Verletzungen und legitimen Emotionen, die Sie als Kind erfahren haben, um nicht länger unter der Last der Vergangenheit zu leben.

Phase 2: Nachfolgend einige erneuernde und stärkende Prinzipien, die Sie auf diesem Weg begleiten:

- Ihre Eltern sind nicht mehr Ihre Eltern. Die Elternrolle ist nötig, um ein Kind beim Aufwachsen zu begleiten. Da Sie erwachsen sind, brauchen Sie keine äußeren Eltern mehr.
- Sie sind Ihren Eltern nichts schuldig für das, was sie an Positivem für Sie getan haben. Liebe ist weder eine Pflicht noch eine Schuldigkeit. Liebe wird nicht zurückerstattet. Allein Ihre Anwesenheit als Kind hat Ihre Eltern glücklich gemacht. Wenn das nicht der Fall war, ist das allein Sache Ihrer Eltern.
- Ihre Eltern haben Ihnen das Leben geschenkt, über das nur Sie heute verfügen. Ob Sie Ihren Eltern dankbar sind oder nicht, ändert nichts daran. Die einzige Frage ist: Wie werden Sie Ihr Leben schöner gestalten?

- Ihre Eltern sind weder für Ihr Unglück noch für Ihr Glück verantwortlich. Sie sind für ihr eigenes Verhalten verantwortlich. Wenn sie Ihnen gegenüber nicht wohlwollend waren, drücken Sie Ihre Empörung darüber aus. Bestimmte Verhaltensweisen sind nach dem Gesetz schuldhaft. Versuchen Sie nicht, solches Verhalten zu entschuldigen oder zu vergeben. Das nützt nichts. Ihr inneres Kind wird Sie zu neuen Beziehungen geleiten, die gesünder und bereichernder sind.
- Es ist gesund und heilsam, wenn Sie die Defizite Ihrer Eltern erkennen, sich über deren verletzendes Verhalten empören und sich aus der Gewalt befreien, die Sie erfahren haben. Das öffnet Ihnen den Weg, um ein besserer Elternteil für sich selbst zu werden.
- Sie sind nicht verpflichtet, eine Beziehung zu Ihren Eltern zu haben. Gesunde Beziehungen setzen einen freien Austausch von Erwachsenem zu Erwachsenem voraus, gleichberechtigt und ohne hierarchischen Druck (Eltern/Kind, ein Wissender/ein Unwissender, einer, der nur Rechte hat/einer, der nur Pflichten hat, etc.).
- Die Entscheidung, dem anderen zu vergeben, ist eine Form der Selbstverleugnung.[3] Wenn Sie glauben, dem anderen zu vergeben, pflegen Sie eine Illusion kindlicher Allmacht. Sie meinen, Macht über den anderen und sein Verhalten zu haben. Auf eine schädliche Weise entbinden Sie den anderen von seiner Verantwortung, stellen sich über ihn und lassen Ihr verängstigtes, weinendes inneres Kind im Stich.
- Die Rehabilitation Ihrer kindlichen Erlebnisse wird Sie beruhigen. Sie können schädliche Bindungen an die Vergangenheit lösen und wohlwollende Beziehungen mit anderen beginnen. Durch die Rehabilitation des Erlebten können Sie Frieden mit sich und Ihrer Geschichte schließen. Der Gedanke, dem anderen zu vergeben, verliert dann jeden Sinn.
- Lernen Sie, sich selbst zu vergeben, indem Sie Ihre Unvollkommenheit, Zerbrechlichkeit und Verletzlichkeit akzeptieren. Die Lasten werden leichter, wenn man das Kleine und Zerbrechliche in sich annimmt.

Wenn Sie diese Prinzipien berücksichtigen, werden Sie die lähmendste der unterschwelligen Ängste* überwinden: die Angst, voll und ganz zu leben.

TAG 20

Angst macht Helden

Zum Helden des eigenen Lebens werden

>»Wo wäre das Verdienst, wenn Helden niemals Angst hätten?«
>Alphonse Daudet

Die Funktion des Helden

Der amerikanische Historiker Joseph Campbell, ein bedeutender Experte der Mythologie, bekräftigt, dass der Held für die Gesellschaft und für den Einzelnen grundlegende Bedeutung hat, da er die universalen Formen von Emanzipation und Entfaltung vermittelt.[1] Der Held ist ein Archetyp, ein Leitgedanke des kollektiven Unbewussten, der die tiefen Schichten der Psyche stärkt. Auf den verschiedenen Etappen seines Weges begegnet der Held unausweichlich der Angst in unterschiedlicher Form: Angst vor dem Unbekannten, Angst vor dem Tod, Angst, eine unwiderrufliche Grenze zu überschreiten, Angst vor der eigenen Macht etc. Dem Kind hilft der Held beim Aufwachsen. Dem Erwachsenen hilft der Held, sich voll zu entfalten.

Unter den modernen Mythen nimmt die erste Trilogie von *Star Wars* einen wichtigen Platz ein. Ihr Erfinder George Lucas wurde stark von den Arbeiten von Joseph Campbell beeinflusst. Im zweiten Film dieser ersten Trilogie, *Das Imperium schlägt zurück*, entdeckt der Held Luke Skywalker auf dem Planeten Dagobah den Jedi-Meister Yoda.[2]

Ihre metaphorischen Dialoge beinhalten zahlreiche Lehrsätze zur Angst. Sie verwenden die »Macht« als Metapher für das Leben, für die kreative Lebensenergie, die man in sich trägt. Luke ist der Held, zu dem jeder werden kann, der die Prüfungen seines Lebens besteht. Yoda ist der innere Pilot, das wahre Selbst, das anregt und führt. Der Jedi bezieht seine Macht aus dem Wissen und der Erfahrung, dass alles miteinander verknüpft ist. Jeder hat die Fähigkeit, über sich hinauszuwachsen, indem er seine Wahrnehmung der Realität verändert und eine neue Haltung gegenüber seinen Erfahrungen einnimmt. Die Dialoge erzählen vom Eingesperrtsein in der Angst und dem Schlüssel, um sich daraus zu befreien.

Das wahre Ich bleibt aus Angst eingesperrt

Erster Dialog:

Luke: »Ist die dunkle Seite stärker?«

Yoda: »Nein ... nein ... schneller, leichter, verführerischer.«

Luke: »Aber wie kann ich die gute Seite von der schlechten unterscheiden?«

Yoda: »Erkennen wirst du es. Wenn du Ruhe bewahrst. Frieden. Passiv. Ein Jedi benutzt die Macht für das Wissen, zur Verteidigung. Niemals zum Angriff.«

Erstes Eingesperrtsein: Man fühlt sich als Gefangener seiner Ängste, ohne deren dunkle Seite zu erkennen. Diese dunkle Seite ist weder Hindernis noch Lähmung. Obgleich übermäßige Angst unangenehm sein kann, erhält sie einen Status quo. Die »dunkle Macht« der Angst liegt in dieser Täuschung.

Der Schlüsselsatz lautet: Ich glaube an meine Angst, um mir das Unbehagen meiner inneren Wahrheit zu ersparen.

Das Symptom lenkt die Aufmerksamkeit ab. Es ist einfacher, an seine Angst zu glauben, als ihr gegenüberzutreten. Der Schlüssel dazu ist, in die eigenen Tiefen hinabzusteigen, um die Gelassenheit zu finden. »So die Aktion wird richtig sein«, wie Yoda sagen würde.

Zweiter Dialog:

Luke: »Was ist das für ein Ort? Ich bin zu Eis verwandelt ... der Tod.«

Yoda: »Dieser Ort wird überfallen von der dunklen Seite der MACHT. [...] Dort eintreten du musst.«

Luke: »Was ist dort drinnen?«

Yoda: »Das, was du bringst mit. Deine Waffen, du sie nicht brauchst.«

Luke dringt ins Innere ein und sieht sich seiner größten Befürchtung gegenüber, Darth Vador. Er streckt ihn mit seinem Laserschwert nieder. Der abgeschlagene Kopf seines Feindes zeigt ihm sein eigenes Gesicht. Er weiß noch nicht, dass Darth Vador sein Vater ist.

Zweites Eingesperrtsein: Sich seiner Angst zu stellen, führt zu einem selbst. Es besteht die Gefahr, dass man sich selbst bekämpft. Die dunkelsten Ängste verbergen einen beträchtlichen Teil der kindlichen Empfindungen. Darth Vador stellt ein Wesen halb Mensch, halb Maschine dar. Er ist der eifrige Bürokrat eines totalitären Systems. Er lebt nicht nach seinen persönlichen Bedürfnissen, sondern nach entmenschlichenden Normen. Er symbolisiert einen zerstörerischen Trieb.

Der Schlüsselsatz lautet: Ich will Teile in mir vernichten. Ich will meine Ängste beseitigen.

Es hat keinen Zweck, die dunklen und erstarrten Aspekte seines Inneren vernichten zu wollen. Das ist unmöglich. Man riskiert nur, sie zu stärken. Die Lösung ist, auch mit diesen Teilen seinen Frieden zu schließen und auf andere Teile in sich zu hören. Es ist der Weg vom inneren Kampf hin zu einem friedlichen Nebeneinander.

Dritter Dialog:
Luke versucht, sein Raumschiff aus dem Sumpf zu befreien, und ruft dazu die Macht an.
Luke: »[...] Nein, ich werde es nicht bergen können.«
Yoda: »Unmöglich ist immer alles für dich. Meine Worte, hörst du sie nicht?«
Luke: »Meister, Steine in Bewegung zu versetzen ist eines, aber das hier, das ist etwas völlig anderes.«
Yoda: »Nein! Nichts anderes! In deiner Vorstellung nur! Vergessen musst du das, was früher du gelernt.«
[...]
Luke: »Du willst das Unmögliche. Das glaube ich einfach nicht.«
Yoda: »Darum – darum versagst du.«

Drittes Eingesperrtsein: Die einzigen Grenzen, die verschoben werden müssen, sind innere Grenzen. Die Macht besteht darin, die eigene Lebensenergie freizulassen und mit einer höheren Instanz in sich selbst Kontakt aufzunehmen. Unter der Last der Angst erkennt man seine Größe und sein Potenzial nicht. Dabei vergisst man seine spirituelle Natur.

Der Schlüsselsatz lautet: Ich bin der junge Adler, der unter Hühnern groß geworden ist und am Ende seines Lebens mit der Überzeugung stirbt, sein Leben lang ein Huhn gewesen zu sein.

Teufelskreis des Eingesperrtseins:
So sorgt die Angst dafür, dass das wahre Selbst eingesperrt bleibt.

1. Ich glaube an meine Angst, um mir das Unbehagen meiner inneren Wahrheit zu ersparen.
2. Ich will Teile in mir vernichten. Ich will meine Ängste beseitigen.
3. Ich vergesse meine spirituelle Natur.

Den Weg des Helden gehen

Auch das Bild des Helden beinhaltet einen hellen und einen dunklen Aspekt. Vergessen Sie nicht, dass die Angst das gesamte System betrifft und Bestandteil aller psychischen Bereiche ist, die eben häufig nicht friedlich nebeneinander existieren, sondern sich oftmals bekämpfen. Die Persönlichkeit ist das Ergebnis dieses Wettstreits. Das bewusste Ich handelt, indem es Subpersönlichkeiten ausschließt und ihnen verbietet, sich zu äußern. Dies entspricht einer Diktatur wie in dem Film *Das Imperium schlägt zurück*. In diesem Fall verschanzt sich das wahre Ich, zieht sich zurück und ist schwer zugänglich – so wie Meister Yoda auf dem Planeten Dagobah, einer isolierten Welt, die zum großen Teil aus Wäldern und Sümpfen besteht. Luke Skywalker findet dort das, was er sucht: seinen spirituellen Führer. Die Dynamik des Helden stützt sich auf Zusammenarbeit und nicht auf Wettstreit. Auf seiner Suche wird Luke von Prinzessin Leia, dem Schmuggler

Yan Solo, Chewbacca und seinen treuen Robotern unterstützt. Seine Begleiter repräsentieren ungleiche Qualitäten, die schließlich eine gemeinsame Streitmacht gegen die Unterdrückung bilden.

Aus Anakin Skywalker, Lukes Vater, ist Darth Vador geworden. Er war selbst einmal ein Held, bevor er in die Sackgasse geraten ist, über andere Macht auszuüben. Um sich im Leben voll zu entfalten, ist es wichtig, sich mit seinem Inneren zu beschäftigen. Jung bekräftigt: »Das einzig lebenswerte Abenteuer kann für den modernen Menschen nur noch innen zu finden sein.« Dieser Weg führt zur Entdeckung des inneren Piloten und zur Zusammenarbeit mit der eigenen psychischen Vielfalt. Manche Menschen allerdings lehnen diesen Weg des Helden ab und stützen sich lieber auf Werte wie Macht, Trennung und Kampf.

Die Grenzen des Ichs erweitern

> »Wahnsinn ist, immer wieder das Gleiche zu tun
> und andere Ergebnisse zu erwarten.«
> Albert Einstein

Der Schlüssel, um sich von der Angst zu befreien

Angst macht Helden. Blicken Sie Ihrer Angst direkt ins Gesicht, und lösen Sie sich vom Gegenstand dieser Angst – so können Sie sich von Ihrer Angst befreien. Die Objektangst ist nur dann demütigend und lähmend, wenn Sie sich von ihren Symptomen gefangen nehmen lassen. Der Schlüsselsatz lautet: Die Angst vor ... ist das Ergebnis meiner Gedanken, die in der Vergangenheit leben und sich Sorgen über die Zukunft machen.

Die gesunde Angst ist eine Grundemotion, die kein bestimmtes Objekt braucht. Sie ermuntert dazu, sich nach innen zu wenden, um die eigenen Wünsche, Bedürfnisse und die eigene Lebensenergie zu entdecken.

Um sich vom Objekt einer Angst zu befreien, ist es unumgänglich, den passenden Schlüssel zu finden. Diesen Schlüssel liefern sogenannte Metapositionen,[3] das heißt Einstellungen, die dazu führen ...

- sich als getrennt von der Angst zu betrachten: *Ich bin nicht die Emotion der Angst.*
- sich zu lösen: *Ich betrachte, was sich in einem Teil von mir abspielt.*

- sich von den Erfahrungen der Angst zu distanzieren: *Ich bin hier und jetzt. Meine Vergangenheit ist nicht mehr hinter mir, und meine Zukunft ist nicht mehr vor mir.*

Jedes Mal, wenn man eine Metaposition einnimmt, verschreibt man sich der Vivance*. Spannungen lassen nach, Furcht, diffuse Angst und Angstanfälle werden weniger. Das psychophysische Ritual, das wir an Tag 1 vorgestellt haben, bringt Sie in solch eine Metaposition.

Mit welchen Schlüsseln können Sie sich von der Objektangst befreien?

Erster Schlüssel: Die Angst verweist jeden auf seine Verletzlichkeit als menschliches Wesen. Ein fantasmatisches Objekt der Angst ist das Zeichen für eine psychische Strategie. Eine bestimmte Wahrheit oder eine Empfindung des verbannten inneren Kindes versucht, ins Bewusstsein zu gelangen, aber die Angst versperrt den Weg.

Der Schlüsselsatz lautet: Ich lasse los und werde mit Mut ich selbst.

Zweiter Schlüssel: Die Angst ist ein Ruf. Innere Subpersönlichkeiten drücken sich aus und verlangen nach Aufmerksamkeit. Diese Teile wollen nicht beurteilt werden. Sie haben ihre Geschichte, ihren eigenen Willen und ihre Motivation. Jemand kann in sich ruhen, während bestimmte Aspekte in ihm wütend und entsetzt sind oder leiden.

Der Schlüsselsatz lautet: Ich nehme die Teile, die sich in mir ausdrücken, an, ohne sie zu verurteilen.

Was sich im Schatten verkrochen hat, übernimmt schließlich die Macht. Nimmt jemand seine inneren Teile an, schafft er zugleich Sanftheit und Kraft, Anteilnahme und Unverbindlichkeit. So wird die innere Dunkelheit erleuchtet.

Dritter Schlüssel: Im dritten Dialog in *Das Imperium schlägt zurück,* als es Luke nicht gelingt, sein Raumschiff aus dem Sumpf zu befreien, übernimmt sein Meister Yoda dies für ihn. Es geht nicht darum, was möglich ist oder nicht, sondern darum, sich anders zu definieren, um seine eigene Stärke zu finden. Der Mensch ist von Natur aus ein spirituelles Wesen, das sich inkarniert. Das materielle Leben will von jedem wissen, wo die Grenzen seiner Wahrnehmungen, Darstellungen, Motivationen, Wahlen und Entscheidungen sind.

Der Schlüsselsatz lautet: Ich verschiebe regelmäßig die Grenzen, die mich definieren.

Jeder Mensch kann sich seiner Mitte, seinem inneren Piloten annähern und an nie da gewesene Erfahrungen mit einer neuen Sichtweise herangehen.

Positiver Kreis der Befreiung:
Die Schlüssel für die Befreiung meiner Vitalität

1. Schlüssel: Ich lasse los und werde mit Mut ich selbst.
2. Schlüssel: Ich nehme die Teile, die sich in mir ausdrücken, an, ohne sie zu verurteilen.
3. Schlüssel: Ich verschiebe regelmäßig die Grenzen, die mich definieren.

Auf den eigenen inneren Piloten hören

Angst ist gefährlich, wenn das Ich sich ihrer bemächtigt und mit ihr verbündet, das heißt, wenn man sich über die Angst definiert. Angst wird zu einem wertvollen Instrument, wenn das Ich sie dafür nutzt, seine Entscheidungen vom wahren Selbst inspirieren und leiten zu lassen.

Der Held ist der Meister des Selbst*. Das Ich als Held wählt das innere Abenteuer. Seine Handlungen und materiellen Umsetzungen entsprechen seinen inneren Erfahrungen. Es erweitert sein Selbstbewusstsein und seine Einstellung zum Leben, indem es sich Zeit zum Zuhören nimmt. Der wahre Held verkörpert, wer er ist: ein wahres Ich, inspiriert von seinem spirituellen Wesen, seinem Selbst.

Das Selbst* ist unveränderlich, unvergänglich und nicht greifbar. Es ist das spirituelle Wesen, das von außen nicht gefährdet ist. Es ist ein besonderer Bewusstseinszustand, in dem der Geist frei, wach und friedlich ist. Es ist die Manifestation dessen, was wir als Tiefstes, Lebendigstes, Kreativstes und Liebevollstes in uns haben. Um dem Selbst zu begegnen, müssen wir die Psyche loslassen, die alles zu wissen meint, die plant und kontrolliert.

»Frage niemanden nach dem Weg, der diesen kennt, du könntest dich ohnehin nicht verirren«, lehrte Rabbi Nahman. Der Kontakt mit dem Selbst verlangt Stille und Hingabe. Das falsche Ich* ist die angepasste Persönlichkeit, die verbunden ist mit verschiedenen Rollen, Glaubenssätzen und erstarrten Werten, und akzeptiert den Kontakt mit dem Selbst nicht. Das wahre Ich ist der Held, der das Kind an seiner Seite behält, und engagiert sich für die Wiederentdeckung dessen, was unbekannt erscheint.

Der wahre Held flieht nicht vor der Angst, er lenkt sie in eine bestimmte Richtung, um handeln zu können. Angst macht Helden, denn sie fragt: »Wer ist es, der da handelt?« Ist es das besorgte, verschreckte, vom Gewicht der Vergangenheit und der Zukunft beherrschte Ich, oder ist es das offene, wohlwollende und vertrauensvolle Ich, das lernt, seine psychische Vielfalt seinem Wesen gemäß zu organisieren? Dies ist in jedem Leben eine zentrale Frage. Dank der Schlüssel werden Sie die Antworten entdecken. Diese werden weder einfach sein noch aus zwei Teilen bestehen. Wenn Sie sie hören, werden Sie es schaffen, die Stimme Ihres inneren Piloten zu hören, um durchs Leben zu steuern und voll und ganz zu leben.

Übung des Tages: Formulieren Sie positive Affirmationen

Am zwanzigsten Tag ermutigen wir Sie dazu, die Schlüssel zu pflegen, indem Sie positive Affirmationen formulieren.

Positive Affirmationen werden häufig vernachlässigt, dabei sind ihre Wirkungen überaus günstig. 90 Prozent der Ängste sind unbegründet, verstärken jedoch eine pessimistische Stimmung. Alles schwarz zu sehen, macht nicht glücklich. Die positiven Affirmationen sind ein Werkzeug, um die eigenen Wahrnehmungen und Vorstellungen zu verändern.

Ihre Anwendung ist bereits seit Langem bekannt. Man findet sie im Yoga Nidra, das zwar erst in den 1950er-Jahren von Swami Satyananda systematisch aufgezeichnet wurde, aber eine Synthese althergebrachter indischer Rituale darstellt. Man nennt diese positiven Intentionen, die der Seele angeboten werden, *Sankalpa*.

Eine positive Affirmation öffnet eine Tür zum Unterbewusstsein, um eine Änderung herbeizuführen. Besonders wirksam ist sie, wenn sie morgens oder abends in einem Zustand körperlicher Entspannung laut gesprochen wird. Sie können sie auch 21 Mal auf einem Blatt Papier notieren.

Hier einige Regeln für das Formulieren Ihrer eigenen Affirmationen:
- Greifen Sie auf eine positive Formulierung zurück, die keine Verneinung enthält und keinen perfektionistischen Anspruch hat. Vermeiden Sie Begriffe wie »völlig«, »perfekt«, »komplett« etc.
- Sprechen Sie von »ich« und im Präsens Indikativ.
- Beschreiben Sie eine Handlung oder einen Zustand, der für Sie realistisch ist und dessen Erreichen von Ihnen abhängt.
- Wählen Sie schließlich eine Formulierung, die für Neues, für Fortschritt und für das Unbekannte offen ist.

Die Arbeit mit positiven Affirmationen ist auf eine längere Dauer angelegt. Sie werden wahrscheinlich eine Phase des Widerstands gegen die neuen Gedanken erleben. Das ist ganz normal. Es ist auch möglich, dass Sie nicht sofort die Vorteile dieser Praxis sehen. Ihre körperlichen und emotionalen Empfindungen werden ermutigend sein – oder auch nicht. Messen Sie diesen »Begleiterscheinungen« nicht zu viel Bedeutung bei. Affirmationen wirken zu einem großen Teil unterschwellig. Eines Tages werden Sie feststellen, dass sie selbstverständlich geworden sind und sich Ihre Selbstdefinition und Ihre Sicht auf das Leben entsprechend verändert haben.

Als Beispiel hier einige Vorschläge:
- Ich höre den Teilen zu, die sich hinter meinen Ängsten verbergen.
- Ich nehme mein inneres Kind* mit Respekt und Wohlwollen an.
- Ich schätze meine Fortschritte jeden Tag und liebe mich immer mehr.
- Ich lasse los und habe Vertrauen in das Leben.
- Ich wähle meine Beziehungen aus und teile die Freude darüber, ich selbst zu sein.
- Es steht mir frei, zu sein, wer ich bin, und ich bereichere mein Leben mit neuen Erfahrungen.
- Ich höre auf meine innere Welt, um richtig zu handeln.

TAG 21

Mit jeder Faser des Selbst leben

Die Angst, wirklich zu leben

> »Größe ist in jedem Einzelnen von uns.«
> Abraham Maslow

Leben ist Leid

Die erste Wahrheit Buddhas, »Alles ist Leid«, ist für viele Menschen schwer zu akzeptieren. Die westlichen Gesellschaften setzen heute Glück mit dem Fehlen von Leid und Frustration gleich. Solange diese illusorische Wahrnehmung nicht aufgegeben wird, bleibt die Angst eine Quelle des Unbehagens.

Durch Mitgefühl für das verletzte Leben in sich akzeptiert man das Leid als zum Leben dazugehörig. Die Angst als Verbündete ist auf dem Weg zur Entfaltung sehr wichtig. Sie lädt jeden Menschen ein, auf sich zu achten, um seine Schritte zu lenken: »Öffnen Sie Ihren Blick nach innen, und beobachten Sie sich. Suchen Sie nicht länger außen nach einem Licht, um Ihr Inneres zu erhellen, sondern entzünden Sie Ihr eigenes inneres Licht.«[1]

Wer darauf hofft, außen Antworten zu finden, leidet unnötig. Seine Befürchtungen sind proportional zu seinen Erwartungen. Er leidet bereits unter dem, was er befürchtet. Diese vergebliche Suche im Außen erzeugt zwei sehr verbreitete Ängste: die Angst vor dem Scheitern und die Angst vor dem Gelingen.

Die Angst vor dem Scheitern

Der amerikanische Präsident Lincoln versicherte: »Was ich vor allem wissen will, ist nicht, ob Sie gescheitert sind, sondern ob Sie Ihr Scheitern akzeptiert haben.« Viele Menschen können sich nicht für etwas engagieren, ohne lange und breit die Gefahren eines Scheiterns abzuwägen. Das ist das beste Mittel, um die Überzeugung zu bestätigen, dass das Scheitern unvermeidlich ist.

Man kann sich lange dazu zwingen, unter seinen Möglichkeiten zu leben, und dadurch nie entdecken, dass jedes Scheitern ein verkappter Erfolg ist – man muss nur alles betrachten, was man bekommt, und nicht das, was man nicht erreicht. Beobachtet man die Angst vor dem Scheitern, wird das Leben gelassener. Ich kann experimentieren und annehmen, dass das Beste immer noch auf mich wartet, selbst wenn ich nicht immer weiß, was das Beste für mich ist.

Die Angst vor dem Gelingen

Diese Angst hängt mit einer inneren Einstellung zusammen, die fordert: »Es soll dir nicht gelingen!« Wahres Gelingen bedeutet, die Vivance* in sich zu aktivieren. Die Vivance entzieht sich der Konformität, die andere Ihnen aufzwingen wollen: »Wenn dir das gelingt, wird nichts mehr so sein, wie es war«, »Du bist nicht mehr derselbe Mensch«, »Ich mag die Person nicht, die du gerade wirst«, »Du bist anders geworden, distanziert«. Griesgrämige Menschen mögen keine glücklichen Leute. Seien Sie darauf vorbereitet. Wenn es Ihnen gelingt, Ihre Ängste zu besiegen, werden sich manche daran stören: »Bist du dir wirklich sicher, dass es dir besser geht?«, »Pass nur auf, deine Ängste können wiederkommen«, »Du wartest besser noch, nicht dass deine Ängste dich doch wieder überfallen«. Diese kleinen Sätze leben auch in Ihnen. Sie spiegeln Ihre früheren Vorstellungen wider. Seien Sie wachsam, und lassen Sie sich von niemandem definieren, der Ihre Autonomie behindern oder infrage stellen will.

Manche Menschen ziehen es vor, sich selbst zurückzunehmen, um andere nicht in den Schatten zu stellen und nicht aus der Reihe zu tanzen. Sie bewahren in sich ein »angemessenes« Maß an Unglück, das häufig der familiären Atmosphäre während ihrer Kindheit entspricht. Die Angst vor dem Scheitern und die Angst vor dem Gelingen sind eng miteinander verbunden.

Das Gelingen kann auch zu Recht Angst machen. Wenn es beispielsweise bedeutet, bekannt zu sein und/oder Geld zu haben, dies jedoch mit Ihrem Wesen nicht übereinstimmt, will ein Teil in Ihnen diesen Erfolg nicht. Diese Art des Gelingens spielt sich im Außen ab und kann keine Quelle für Ihre Vivance* sein.

Die Angst, sich selbst zu verraten

Marie-Frances Geschichte

»Vor ein paar Jahren leitete ich neben meiner Tätigkeit als Psychotherapeutin Workshops für Interpretationstheater und habe auf einer meiner Theaterbühnen Dreharbeiten für eine bekannte Sendung eines großen Fernsehsenders genehmigt. Das Angebot schien sehr interessant zu sein, die Dokumentation sollte zusammen mit einem Interview zur besten Sendezeit gezeigt werden.

Von Anfang an spürte ich jedoch, dass etwas nicht passte. Nichts lief so wie geplant. Ich spürte sehr schnell mangelndes Wohlwollen seitens der Produktion. Ich beschloss, ein kleines Krisentreffen auf der Toilette einzuberufen – der einzige Ort, wo mein Mikro nicht funktionierte! –, und rief meine Kursteilnehmer dazu auf, wachsam zu sein.

Am Ende des Drehs rief mich der Filmregisseur sichtlich genervt zu sich. Ich sollte einige Äußerungen korrigieren, die nicht in die von der Produktion gewünschte Richtung gingen. Ich weigerte mich. Er warf mir vor, ich wolle mein Image kontrollieren. Ich antwortete ihm spontan: ›Ich habe nicht die Absicht, das, woran ich glaube und wofür ich kämpfe, zu verfälschen.‹ Er war von meiner Antwort verblüfft. Er war davon überzeugt, mir eine goldene Brücke zum Erfolg zu bauen, und hatte erwartet, dass ich mich seinen Wünschen unterwerfen würde.

Die Reportage wurde nicht gesendet, worüber ich sehr froh war. Ich war nicht dazu bereit, mich zu verraten und mich den Medien für einen sogenannten Erfolg zum Fraß vorzuwerfen. Erfolg darf nicht gleichbedeutend mit Selbstverrat sein. Die Angst, sich selbst zu verraten, ist ein gesunder Schutz, um seine eigene Integrität zu bewahren. Sie ist der Garant für den wahren Erfolg.«

Seine Ängste überwinden

Voll und ganz zu leben, ist eine tägliche Erfahrung. Es heißt, auf das Lebendigste, Kreativste, Freudigste und Liebevollste zu hören, was man in sich trägt. Vergessen Sie nicht, dass die Einstellung des Erwachsenen, der sein inneres Kind an der Hand hat, der Schlüssel zur vollen Entfaltung ist. Ramana Maharshi bekräftigte: »Sich auf das Herz zu konzentrieren, kommt auf dasselbe heraus, wie sich auf das Selbst zu konzentrieren. Herz ist ein anderer Name für das Selbst.«[2]

Sie sind nun 21 Tage mit diesem Buch unterwegs gewesen, um Ihre Ängste zu überwinden. Mit weiterer Übung werden Sie ganz natürlich zu einem reicheren und tieferen Leben gelangen. Sie werden keine Angst mehr vor der Angst haben, denn diese Emotion führt Sie zu einem großartigen inneren Abenteuer, auf eine Reise, von der Sie den Mut und die Freude mitbringen werden, etwas mehr Sie selbst zu sein.

Hier nun eine Zusammenfassung der 21 erkundeten Etappen:

1. Gibt es überhaupt einen Piloten im Flugzeug? – Hinter die Symptome blicken.
2. Die Körperlichkeit der Angst – auf den eigenen Körper hören und richtig atmen.
3. Das Feld von Möglichkeiten – die eigenen Grenzen überwinden.
4. In der Zukunft leben – sich von der linearen Sichtweise der Zeit frei machen.
5. In der Vergangenheit leben – die eigene fiktive Identität aufklären.
6. Die Stimmen der Angst – die Teile des eigenen inneren Systems identifizieren.
7. Das Kind und die Angst – die eigenen kindlichen Ängste wiederfinden.
8. Die Monster im Schrank – erhellen, was sich im Dunklen verbirgt.
9. Seinen Schatten zähmen – die Wahrheit des eigenen inneren Kindes entdecken.
10. Angst und Gewalt – jede Form von Gewalt in Beziehungen ablehnen.
11. Reparenting – sich selbst ein guter Elternteil werden.
12. Mit den anderen leben – mit anderen einvernehmlich zusammenleben.
13. Die Trennung – den Kontakt zur eigenen Zerbrechlichkeit und Verletzlichkeit halten.
14. Die Veränderung – akzeptieren, regelmäßig die eigene Selbstwahrnehmung und die Wahrnehmung des eigenen Lebens ändern.
15. Die Nichtexistenz – ein lebendiger Mensch sein und das erstarrte Selbstbild ablegen.
16. Angst und Scham – sich Neues erlauben.
17. Angst, Wunsch und Bedürfnis – auf die eigenen Wünsche, Bedürfnisse und Träume hören.
18. Die Pyramide der Ängste – sich selbst an erste Stelle stellen.
19. Die Angst und die Verletzungen der Kindheit – das verletzte Leben in sich annehmen.
20. Angst macht Helden – sich zum Helden des eigenen Lebens machen.
21. Mit jeder Faser des Selbst leben – voll und ganz leben.

Voll und ganz leben

»Gut leben heißt, sich voll und ganz dem Fluss des Lebens hinzugeben.«
Carl Rogers

Ein guter Dirigent sein

Ein Großteil der kreativen Lebensenergie* ist im Herzen des Menschen eingesperrt. Ihre Befreiung führt zur Selbstverwirklichung, zu dem Gefühl, ein produktives Leben zu führen.

Die Arbeiten von Richard C. Schwartz bieten einen neuen Blick auf die Psychotherapie, indem sie zeigen, dass man seine inneren Teile von ihrer schweren Last befreien kann. Mit dem Bild eines Dirigenten illustriert er Wohlwollen und Mitgefühl des wahren Ichs: »Ein guter Dirigent weiß um den Wert jeder Instrumentengruppe und um das Talent jedes einzelnen Musikers. Er kennt die Musik so gut, dass er genau weiß, wann er bestimmte Instrumente deutlicher hervortreten lassen muss als andere. Es ist wichtig, dass die Musiker die Intensität ihres Spiels zugunsten des Gesamtklangs modulieren können. Auch wenn jeder Einzelne gehört werden, sein Können beweisen und seine Instrumentengruppe in den Vordergrund bringen möchte, weiß er, dass er sich an die Anweisungen und Entscheidungen des Dirigenten zu halten hat.«[3]

Ein guter Dirigent wird man nicht von heute auf morgen. Manchmal ist die Sinfonie, die man dirigiert, voller Missklänge. Je besser der Kontakt ist, den man zum inneren Kind hat, desto mehr pflegt man Mitgefühl, Vertrauen und die Überzeugung, ein harmonisches und reiches inneres und äußeres Leben zu führen. Man verkörpert ein wahres Ich, das in der Lage ist, seine psychische Vielfalt anzunehmen und seinem Wesen, dem Selbst, zu dienen.

Sich täglich neu beeltern

Man hat für immer und ewig das Kind in sich. Es ist der erwachsene Persönlichkeitsteil, der jeden Schritt beeinflusst, und der kindliche Persönlichkeitsteil, der sich nach Liebe sehnt. Ein Gedicht fasst wunderbar die Notwendigkeit zusammen, sich jeden Tag ein guter Elternteil zu sein und das verletzte Leben in sich anzunehmen:

»Wer wird um das Kind weinen
Das verloren und völlig allein ist
Wer wird um das Kind weinen
Verlassen und weit weg von den Seinen
Wer wird um das Kind weinen
Das sich in den Schlaf geweint hat
Wer wird um das Kind weinen
Das nie etwas besessen hat
Wer wird um das Kind weinen
Das über den brennend heißen Sand gelaufen ist
Wer wird um das Kind weinen
Das Kind im Inneren des Menschen
Wer wird um das Kind weinen
Das Leid und Schmerz kennt
Wer wird um das Kind weinen
Das bereits tausend Mal gestorben ist
Wer wird um das Kind weinen
Das sich so bemüht hat, ein liebes Kind zu sein
Wer wird um das Kind weinen
Das tief in mir seine Tränen vergießt
Wer wird um das Kind weinen
Ich werde das tun.«[4]

Hier und jetzt präsent sein

Wir haben uns bereits mit dem Einfluss des Zeitbegriffs auf die Angst beschäftigt. Jeder, der auf einer Achse Vergangenheit–Gegenwart–Zukunft lebt, hat eine verzerrte Selbstwahrnehmung. Die Vergangenheit scheint vergangen zu sein, bleibt jedoch nach wie vor ein Störfaktor, und die unbekannte Zukunft ist mehr oder weniger beängstigend. Auf eine lineare Auffassung der Zeit konditioniert zu sein, schränkt die Fähigkeit ein, voll und ganz im Hier und Jetzt zu leben.

Dem Arzt Philippe Guillemant[5] zufolge, einem Forscher an der französischen Forschungsorganisation CNRS – Centre national de la recherche scientifique –, ist die Zukunft bereits Wirklichkeit, jedoch eine noch unvollständige und vielfältige. Daher hat jeder Mensch Zugriff auf Informationen über seine Zukunft und kann sie nach seinem freien Willen gestalten. Diese Forschungen führen zu einem neuen Paradigma, einer neuen Vorstellung von der Welt: Die Zeit entsteht nur aus sich selbst heraus. Sie ist nichts Absolutes und verändert sich je nach Beobachter – ob Sie selbst der Beobachter sind oder jemand anderes. Je stärker Sie Ihr Lebenstempo verlangsamen, desto mehr Zeit haben Sie. Der Zugriff auf Informationen bezüglich Vergangenheit und Zukunft steht in keinem Zusammenhang mit dem, was Sie gerade erleben, oder mit der Zeit, über die Sie zu verfügen glauben. Die Informationen leben in Ihnen Selbst. Stille, In-sich-Gehen, Meditation, Atmung oder Tagträume sind alles Zugänge zu den Informationen des eigenen Lebens.

Die klassische Wahrnehmung der Zeit entspricht einem Gefäß mit begrenztem Fassungsvermögen, das man mit einer großen Menge von Erfahrungen zu füllen versucht. Ist das Fassungsvermögen dieses Gefäßes jedoch nicht begrenzt, verfügt jeder Mensch über die nötige Zeit, um sich in aller Gelassenheit zu entfalten. So verbraucht man weniger Kraft und Energie für das Wollen und das Kämpfen. Hat man eine andere Sichtweise auf die Zeit, ist es möglich, das eigene Potenzial in Ruhe und Gelassenheit zur Entfaltung zu bringen. Krishnamurti lehrte: »Sich davon frei machen, wie lange etwas dauert; den gesamten Zeitbegriff aufgeben: Vergangenheit, Gegenwart und Zukunft. Diese Zeit ist keine Realität.«

In unserer beruflichen und persönlichen Erfahrung nehmen wir Zeit und Raum immer wieder verzerrt wahr. Unsere inneren Informationen, die von Vivance* erfüllt sind, bestärken unsere Vorhaben. Wir versuchen nicht, etwas zu bekommen, wir folgen dem Lauf des Lebens. Um das umzusetzen, was uns lieb ist und was wir mit Geduld und Wohlwollen in uns pflegen, ergeben sich viele Gelegenheiten. Manche betrachten dies als unverschämtes Glück, andere als überraschende Zufälle. Jeder kann im Hier und Jetzt präsent sein und auf alles zugreifen, was er braucht, indem er sich von seinen begrenzten Wahrnehmungen und Vorstellungen löst.

Der Schlüsselsatz lautet: Mein erfülltes Wesen existiert bereits, ich muss seine Existenz nur noch zulassen.

Angst ist die Herrscherin über die Zeit. Angst und Zeit bedingen einander. Lernt man, keine Angst mehr vor der Angst zu haben, befreit man sich von bestimmten zeitlichen und räumlichen Zwängen. Jede Lebensetappe, ob glücklich oder nicht, gibt die Möglichkeit zur Regeneration, zu einer neuen Sichtweise auf die Welt und ermöglicht es, mit mehr Freude und Präsenz zu leben.

Leben heißt spielen!

Donald W. Winnicott, ein bekannter englischer Pädiater und Psychoanalytiker, erkannte, dass der gesamte Erfahrungsschatz des Menschen auf dem Spielen beruht.[6] Leben heißt spielen. Das Kind entwickelt sich beim Spielen. Der Erwachsene vergisst, dass er beim Spielen kreativ wird und die Merkmale seines wahren Ichs ausdrückt. Das Leben ist ein ernsthaftes Spiel, auf das man sich einlassen sollte, ohne sich selbst zu ernst zu nehmen.

Ein Spiel stellt etwas dar, gibt einer Sache Gestalt und bringt sie in Bewegung – so lernt und erschafft man etwas, indem man sich vergnügt. Die kreativen Lebensenergien sind das Gerüst für das Spiel, das man Leben nennt. Leben heißt spielen, wobei man seine verborgenen Energien zum Ausdruck bringt, die im Herzen des Selbst* aufkeimen.

Erich Fromm stellte fest: »Das Leben hat eine eigene Dynamik; es hat die Tendenz zu wachsen, sich Ausdruck zu verschaffen, sich zu leben.« Diese Dynamik ermutigt dazu, das Leben voll und intensiv zu leben. Das Leben hat wie das Spiel seine Regeln. Diese markieren den Weg zum Glück. Dabei sind drei goldene Regeln einzuhalten:

1. Geben Sie Ihrer persönlichen Entfaltung die Priorität, indem Sie Ihre innere Welt entdecken, deren Zentrum das innere Kind ist, und nach Selbsterfahrung streben – mit Mitgefühl, Gelassenheit und Zeitlosigkeit.
2. Widmen Sie sich Aktivitäten, die Ihre Begabungen und Kompetenzen anregen und Gelegenheit bieten, sich einer Sache zu widmen, die größer ist als Sie selbst.
3. Entwickeln Sie soziale Beziehungen und eine Verbindung mit der Welt, geprägt von Respekt, Verantwortung und Offenheit.

Menschen, die diese Regeln befolgen, haben das Gefühl, ein kostbares und glückliches Leben zu führen, auch wenn sie mit schwierigen Erfahrungen konfrontiert werden. Sie kennen Momente der Gnade und der Ekstase.[7] Sie spielen ihre Stimme im Orchester und organisieren ihr Leben, geprägt von dem Wunsch, für sich und alle Lebewesen das Beste zu erreichen.

Die Angst ist eine Tochter des Lebens. Wenn Sie mit Ihren Ängsten spielen, werden Sie sehr viel mehr über sich selbst, über Ihr Potenzial, über Ihr spirituelles Wesen und über das Leben an sich erfahren.

Nachwort

> »Das Ich streckt schließlich die Waffen vor dem Selbst,
> jedoch nicht, weil es nicht mehr die Mittel hätte,
> seinen Willen geltend zu machen, sondern im Gegenteil,
> weil es dort, im Dienst des Selbst, die Quelle des Glücks erkennt.«
> Carl Gustav Jung

Ich habe keine Angst mehr
Meine Angst ist nun endlich nicht mehr dieses Schlachtfeld
Diese alte verriegelte Tür, diese Menge an Symptomen
Sie ist ein Weg, auf dem ich lerne, etwas wiederzufinden
Ein Weg zu meinen Ressourcen für morgen

Ich habe keine Angst mehr
Meine Angst ist nun endlich nicht mehr dieses Schlachtfeld
Diese Begleiterin der zügellosen Fantasie
Sie ist die Verbündete meines Wagemutes, ein Plädoyer
Das Plädoyer für eine sanfte Versorgung meiner Wunden aus traurigen Zeiten

Ich habe keine Angst mehr
Meine Angst ist nun endlich nicht mehr dieses Schlachtfeld
Diese Angst, Gegenstand so vieler Illusionen
Sie ist die Verbündete des Kindes, eine Auferstehung
Die Auferstehung aller Möglichkeiten ohne Eintönigkeit

Ich habe keine Angst mehr
Meine Angst ist nun endlich nicht mehr dieses Schlachtfeld
Diese Angst, die meine Zeit und mein Leben beherrschte
Sie ist der Lichtstreif, dessen Schöpfer ich bin
Wenn ich die Grenzen erweitere, die mich einengen

Ich habe keine Angst mehr
Ich lebe ohne Täuschung
Ich lebe
Lache

Danksagung

Wir bedanken uns ganz besonders bei Jacques Salomé für seine Menschlichkeit, seine Unkompliziertheit, sein Wohlwollen und seine Ermutigung.

Tausend Dank an Corinne Cygler. Corinne, deine Freundschaft und unerschütterliche Treue sind sehr wertvoll. Danke für deinen Rat und das intelligente Lektorat unseres Manuskripts.

Liebevolle Gedanken gehen an Marie-Noëlle Perrier und ihre Freundschaft. Ein großes Dankeschön, Marie-Noëlle, für deine sachkundigen Kommentare zu unserem Buch.

Wir bedanken uns bei Anne Ghesquière, der Leiterin dieser Reihe, und bei Gwénaëlle Painvin, unserer Herausgeberin, für ihr Vertrauen, ihr Engagement und ihre Begeisterung. Dank geht auch an das gesamte Verlagsteam von Eyrolles für seine Arbeit.

Wir bedanken uns sehr bei all unseren Patienten und Kursteilnehmern für ihre Erfahrungsberichte und ihren unglaublichen Mut. Durch ihre Enthüllungen haben wir mehr über die menschliche Seele erfahren und können sie besser verstehen. So sind wir an ihrer Seite gewachsen.

Wir danken dem Leben, das uns wie eine gute Mutter so viel an Geschenken, Fürsorge und Liebe zukommen lässt.

Anmerkungen

Einleitung

1. Christophe André: *Psychologie de la peur*. Paris (Odile Jacob) 2004, S. 83-86 (auf Deutsch: *Alles über Angst. Wie Ängste entstehen und wie man sie überwinden kann*. Freiburg im Breisgau (Kreuz-Verlag) 2009).
2. Ludwig von Bertalanffy verdanken wir aus den 1930er-Jahren die Allgemeine Systemtheorie. Nach dieser Theorie geht man an ein Studienobjekt heran wie an einen lebenden Organismus, ähnlich einem Körper. Im Zentrum dieses Verfahrens, das sich heute auf zahlreiche Bereiche erstreckt wie die Kosmologie, die Quantenphysik oder die Psychologie, steht das Studium der Bindungen, der Beziehungen zwischen den verschiedenen Elementen eines Systems.
3. Diese Entdeckung wurde erstmals von Daniel Goleman vorgestellt: Daniel Goleman: *Emotional Intelligence. Why It Can Matter More Than IQ*. New York (Bantam Books) 1995 (auf Deutsch: *EQ. Emotionale Intelligenz*. München (dtv) 1996).
4. Auszug aus dem französischsprachigen Buch von Patrick Ben Soussan: *Le Bébé et ses Peurs*. Toulouse (Erès) 2000, S. 86 (in Deutschland nicht erschienen).
5. Dieser Satz von Maria Montessori wird nach John Bradshaw zitiert: John Bradshaw: *Découvrir ses vraies valeurs*. Montréal (Les Éditions de l'Homme) 2004, S. 146 (in Deutschland nicht erschienen).
6. Dieses Schema wurde angeregt von einer Skizze von John Firman und den verschiedenen Altersstufen des inneren Kindes, wie John Bradshaw sie in seinem Buch definiert:
   - John Firman, Ann Russell: *Opening to the Inner Child. Recovering Authentic Personality*. Palo Alto (Psychosynthesis Palo Alto) 1994 (verfügbar im Internet unter: www.psychosynthesispaloalto.com) (in Deutschland nicht erschienen).
   - John Bradshaw: *Retrouver l'enfant en soi*. Montréal (Editeur Le Jour) 1992 (auf Deutsch: *Das Kind in uns. Wie finde ich zu mir selbst*. München (Knaur MensSana) 1994).

Vorbereitung auf das Programm

1. Christophe André: *Psychologie de la peur*. Paris (Odile Jacob) 2004, S. 27 (auf Deutsch: *Alles über Angst. Wie Ängste entstehen und wie man sie überwinden kann*. Freiburg im Breisgau (Kreuz-Verlag) 2009).

2. Boris Cyrulnik, Pierre Bustany, Jean-Michel Oughourlian, Christophe André, Thierry Janssen, Patrice van Eersel: *Votre cerveau n'a pas fini de vous étonner*. Paris (Albin Michel) 2012, S. 130-131 (in Deutschland nicht erschienen).
3. Carl Gustav Jung: *Le Livre Rouge – Liber novus*. Paris (Les arènes) 2011, S. 300 (auf Deutsch: *Das Rote Buch. Liber novus*. Ostfildern (Patmos-Verlag) 2011).

Tag 1

Gibt es überhaupt einen Piloten im Flugzeug?

1. Marc Spund: *Vaincre les peurs et les phobies*. Paris (L'Archipel) 2005, S. 31 (in Deutschland nicht erschienen).
2. Schlussbetrachtungen von Jeffrey M. Schwartz: *The Mind and The Brain. Neuroplasticity and The Power of Mental Force*. New York (HarperPerennial) 2003 (in Deutschland nicht erschienen); und John Bradshaw: *Découvrir ses vraies valeurs*. Montréal (Les Éditions de l'Homme) 2004, S. 108-110 (in Deutschland nicht erschienen).
3. Carl Gustav Jung: *L'Homme à la découverte de son âme*. Paris (Albin Michel) 1987 (auf Deutsch: *Mensch und Seele*. Olten (Walter Verlag) 1984).
4. Der Begriff »Vivance« wird von Jacques Salomé seit den 1970er-Jahren verwendet. Seine Definition findet man in seinem Buch: Jacques Salomé: *La Ferveur de vivre*. Paris (Albin Michel) 2012, S. 20 (in Deutschland nicht erschienen).

Tag 2

Die Körperlichkeit der Angst

1. Luc Nicon: *TIPI, Technique d'identification des peurs inconscientes. Phobies, dépression, inhibition, irritabilité, angoisses*. Montpellier (Editions Émotion forte) 2007, S. 20-21 (auf Deutsch: *Befreit von alten Mustern. Tipi, eine Körperreise zum Ursprung unserer Emotionen und Ängste*. Paderborn (Junfermann) 2012).
2. Alice Miller: *Notre corps ne ment jamais*. Paris (Flammarion) 2005, S. 11 (auf Deutsch: *Die Revolte des Körpers*. Berlin (Suhrkamp) 2005).
3. Unsere CD mit französischsprachigen Übungsanleitungen ist eine wunderbare Möglichkeit, wie Sie mit Ihrem inneren Kind in Kontakt treten und eine empathische Verbindung zu ihm entwickeln können. Siehe Marie-France und Emmanuel Ballet de Co-

quereaumont: *Se réconcilier avec son enfant intérieur*. Gap (Éditions du Souffle d'or) 2012 (in Deutschland nicht erschienen).

Tag 3

Das Feld von Möglichkeiten

1. Jung hat ausführlich gezeigt, dass es eine natürliche Eigenschaft des Unbewussten ist, Stimmen zu hören. Der niederländische Psychiater und Psychotherapeut Dick Cortens erinnert: »Stimmen zu hören muss nicht als krankhaft und als etwas betrachtet werden, das ausgemerzt werden muss, sondern als eine sehr sinnvolle Erfahrung, die interpretiert werden sollte und die eng mit der einmaligen Geschichte desjenigen verbunden ist, der diese Stimmen hört.« Diese Erfahrung spiegelt auch die psychische Vielfalt mit den zahlreichen Teilpersönlichkeiten wider, die unsere innere Welt bevölkern.
2. Der in diesem Buch beschriebene Begriff »Feld von Möglichkeiten« wurde beeinflusst von dem Begriff »Habitus«, wie der französische Soziologe Pierre Bourdieu ihn definiert. Siehe das Buch von Serge Paugam: *Les 100 mots de la sociologie*. Aus der Reihe »Que sais-je?«. Paris (Presses Universitaires de France – PUF) 2010 (in Deutschland nicht erschienen).
3. Gay Hendricks, *Le Grand Bond. Surmontez vos peurs cachées et apportez une nouvelle dimension à votre vie*. Varennes (ADA éditions) 2010, S. 5-6 (auf Deutsch: *Lebe dein Leben, bevor es andere für dich tun. Mehr wagen und über sich selbst hinauswachsen*. München (Knaur MensSana) 2010).
4. Für eine genaue Analyse der schädlichen Gefühle Scham, Schuld, Verlassenheit und Machtlosigkeit lesen Sie unser vorheriges Buch: Marie-France, Emmanuel Ballet de Coquereaumont: *Réveillez vos resources intérieures*. Paris (Albin Michel) 2009, S. 81-94 (nicht in Deutschland erschienen).

Tag 4

In der Zukunft leben

1. Wolinsky ist der Begründer der Quantenpsychologie und hat die Phänomene der Trance lange untersucht. Von ihm wurde der Begriff der »Futurisierung« entliehen: Stephen Wolinsky: *Ni ange ni démon. Le double visage de l'enfant intérieur*. Montpellier

(Le Jour Éditeur) 1999, S. 32 (auf Deutsch: *Die dunkle Seite des inneren Kindes. Die Vergangenheit loslassen, die Gegenwart leben*. Bielefeld (Lüchow) 2008).
2. Diese Ergebnisse stammen aus einer amerikanischen Studie, über die Alain Berthoz berichtet: Alain Berthoz: *La Décision*. Paris (Odile Jacob) 2003 (in Deutschland nicht erschienen).

Tag 5

In der Vergangenheit leben

1. Die übergeordneten Verletzungen des inneren Kindes werden in unserem Buch angesprochen: Marie-France, Emmanuel Ballet de Coquereaumont: *Réveillez vos resources intérieures*. Paris (Albin Michel) 2009, S. 21-68 (nicht in Deutschland erschienen).
2. Siehe unser Buch Marie-France, Emmanuel Ballet de Coquereaumont: *Réveillez vos resources intérieures*. Paris (Albin Michel) 2009, S. 35 (nicht in Deutschland erschienen).
3. Frances G. Wickes: *Le Monde intérieur de l'enfance*. Paris (Éditions du Dauphin) 1993, S. 193 (in Deutschland nicht erschienen).
4. Marie-France war über 25 Jahre lang professionelle Schauspielerin, Regisseurin und Schauspiellehrerin. Emmanuel war zwölf Jahre lang Coach für Improvisationstheater.
5. Stephen Wolinsky: *Ni ange ni démon. Le double visage de l'enfant intérieur*. Montpellier (Le Jour Éditeur) 1999, S. 45 (auf Deutsch: *Die dunkle Seite des inneren Kindes. Die Vergangenheit loslassen, die Gegenwart leben*. Bielefeld (Lüchow) Neuauflage 2008).

Tag 6

Die Stimmen der Angst

1. Richard C. Schwartz: Richard C. Schwartz: *Système familial intérieur. Blessures et guérison – Un nouveau modèle de psychothérapie*. Paris (Elsevier Masson) 2009, S. 62 (auf Deutsch: *Systemische Therapie mit der inneren Familie*. Stuttgart (Klett-Cotta) 2016).
2. Dieses Modell ist eine Synthese unserer Erfahrung und unserer Arbeiten über das innere Kind. Die als »Feuerwehrmann« und »Manager« bezeichneten psychischen Teile sind dem Modell des Inneren Familiensystems von Richard C. Schwartz in seinem Buch *Système familial intérieur. Blessures et guérison. Un nouveau modèle de psychothérapie* (siehe Anm. 1) entnommen.

3. *Le courage d'être soi* ist der Titel eines ausgezeichneten Buches von Jacques Salomé: *Le courage d'être soi*. Paris (Relié) 1999 (auf Deutsch: *Einfühlsame Kommunikation. Auf dem Weg zu einer innigen Verbindung mit sich selbst. Die Methode ESPERE*. Paderborn (Junfermann) 2006).
4. Stephen Wolinsky, *Ni ange ni démon. Le double visage de l'enfant intérieur*. Montpellier (Le Jour Éditeur) 1999, S. 56 (auf Deutsch: *Die dunkle Seite des inneren Kindes. Die Vergangenheit loslassen, die Gegenwart leben*. Bielefeld (Lüchow) 2008).

Tag 7

Das Kind und die Angst

1. Die Gebrüder Grimm haben den kleinen Buttertopf aus der Version von Charles Perrault durch eine Flasche Wein ersetzt.
2. Die Tabelle übernimmt die Daten aus folgendem Buch: Stephen und Marianne Garber Robyn Spizman: *Peurs de votre enfant. Comment l'aider à les vaincre*. Paris (Odile Jacob) 1997 (nicht in Deutschland erschienen). Diese Liste ist nicht vollständig.
3. Die Ergebnisse dieser Studie sind auf folgender Internetseite zu sehen: http://www.magicmaman.com/,51-des-anglais-conservent-leurs-doudous-d-enfance,2222,2034187.asp.
4. Für weitere Details zur Verwendung des »Schmuseplüschtiers« siehe unser Buch: Marie-France und Emmanuel Ballet de Coquereaumont: *S'ouvrir à son coeur d'enfant*. Montrouge (Seuil) 2005, S. 191-192 (in Deutschland nicht erschienen).

Tag 8

Die Monster im Schrank

1. Patrick Ben Soussan: *Le Bébé et ses Peurs*. Toulouse (Erès) 2000, S. 86 (in Deutschland nicht erschienen).
2. The Archive for Research in Archetypal Symbolism: *Le Livre des symboles. Réflexions sur des images archétypales*. Hg. v. Ami Ronnberg und Kathleen Martin. Paris (Taschen) 2011, S. 598 (in Deutschland nicht erschienen).

ANMERKUNGEN

Tag 10

Angst und Gewalt

1. Unsere Erzählung »*Don Quijotes Trugbild*« ist eine Adaption des Anfangs von Kapitel 9 des Buches von Miguel de Cervantes, *Der sinnreiche Junker Don Quijote de la Mancha*. Miguel de Cervantès: *L'Ingénieux Hidalgo Don Quichotte de la Manche*. Paris (Diane de Selliers Éditeur) 2012, S. 59 (auf Deutsch: *Don Quijote von der Mancha Teil I und II: Roman*. München (dtv) 2016).
2. Marshall B. Rosenberg: *Les mots sont des fenêtres (ou bien ce sont des murs)*. Paris (Éditions La Découverte) 2005, S. 36 (auf Deutsch: *Gewaltfreie Kommunikation. Eine Sprache des Lebens*. Paderborn (Junfermann) 2012).
3. Boris Cyrulnik, Pierre Bustany, Jean-Michel Oughourlian, Christophe André, Thierry Janssen, Patrice van Eersel: *Votre cerveau n'a pas fini de vous étonner*. Paris (Albin Michel) 2012 (in Deutschland nicht erschienen).
4. Marshall B. Rosenberg: *Spiritualité pratique. Les bases spirituelles de la Communication Non Violent*. Archamps (Jouvence Éditions) 2007, S. 17 (auf Deutsch: *Lebendige Spiritualität. Gedanken über die spirituellen Grundlagen der GFK*. Paderborn (Junfermann) 2005).
5. Daniel Pennac: *Chagrin d'école*. Paris (Gallimard) 2007, S. 26 (auf Deutsch: *Schulkummer*. Köln (KiWi) 2010).
6. Zitat aus seinem Buch *La ferveur de vivre*. Paris (Albin Michel) 2012, S. 19. Die wichtigsten Grundlagen seines Konzepts sind seit 1997 in der Methode ESPERE® zusammengefasst. Das Akronym steht für Énergie Spécifique Pour une Écologie Relationnelle Essentielle (oder à l'École = Spezifische Energie für eine besondere Beziehungsökologie (oder Beziehungsökologie an der Schule).
7. SAPPE, das Akronym steht für Sourd Aveugle Pervers Pernicieux Energétivore (= Taub Blind Unnatürlich Schädlich Energie verbrauchend). Das System SAPPE (Thema der Methode ESPERE®) entwickelt sich in einer Beziehung vom Typ dominieren-dominiert, in der der andere weitgehend wie ein Objekt behandelt wird.
8. Alice Miller: *Ta vie sauvée enfin*. Paris (Flammarion) 2008, S. 253 (auf Deutsch: *Dein gerettetes Leben*. Berlin (Suhrkamp) 2007).

Tag 11

Reparenting

1. Schlussbetrachtungen von Malcolm Owen Slavin und Daniel Kriegman: *The Adaptative Design of the Human Psyche. Psychoanalysis, Evolutionary Biology and the Therapeutic Process*. New York (Guilford Press) 1992 (in Deutschland nicht erschienen); von John Bradshaw erwähnt in *Découvrir ses vraies valeurs*. Montréal (Les Éditions de l'Homme) 2004, S. 90-93.
2. Wir verweisen auf die Beschreibung des Anpassungsprozesses in unserem vorherigen Buch *Réveillez vos ressources intérieures*. Paris (Albin Michel) 2009, S. 128-134) (in Deutschland nicht erschienen).
3. Lucia Capacchione: *Faites vivre votre enfant intérieur. Jeu, dialogue et art-thérapie*, Gap (Le Souffle d'or) 1994, S. 115 (in Deutschland nicht erschienen).
4. Wir untersuchen die Verletzung durch mangelnde Liebe in unserem Buch, *Réveillez vos resources intérieures*. Paris (Albin Michel) 2009, S. 34-42.
5. Vgl. Irvin Yalom: *Et Nietzsche a pleuré*. Paris (Le Livre de Poche) 2010 (auf Deutsch: *Und Nietzsche weinte*. München (btb) 2008).
6. Anthony de Mello: *Quand la conscience s'éveille*. Paris (Albin Michel) 2002, S. 119 (in Deutschland nicht erschienen).
7. Resilienz ist die Fähigkeit eines Individuums, sich in einer Umgebung zu entwickeln, die zerstörerisch hätte sein können (Boris Cyrulnik).
8. Das Tragen hat wichtige therapeutische Eigenschaften, indem es als physischer und psychischer »Rahmen« wirkt. Das Kind fühlt sich physisch und psychisch gehalten und unterstützt.
9. Der Vorgang, ein Plüschtier zu adoptieren, wird in unserem Buch *S'ouvrir à son Cœur d'enfant*. Paris (Seuil) 2005, S. 191, genauer beschrieben (in Deutschland nicht erschienen).

Tag 12

Mit den anderen leben

1. »Das bedeutet, dass unsere Neuronen pausenlos mit denen des anderen mitschwingen, unser jeweiliges Innenleben kommuniziert direkt mit dem des anderen. Das heißt, unsere neuronalen Kreisläufe sind dafür ausgelegt, mit denen der anderen auf

einer Wellenlänge zu liegen.« Aus dem Buch von Boris Cyrulnik, Pierre Bustany, Jean-Michel Oughourlian, Christophe André, Thierry Janssen, Patrice van Eersel: *Votre cerveau n'a pas fini de vous étonner*. Paris (Albin Michel) 2012, S. 67 (in Deutschland nicht erschienen).
2. Das Werk des Psychosoziologen Jacques Salomé über die Bedürfnisse in Beziehungen ist grundlegend. Sein Buch *La Ferveur de vivre*. Paris (Albin Michel) 2012 bietet eine schöne Zusammenfassung seiner Gedanken und Erfahrungen (in Deutschland nicht erschienen).
3. Jacques Salomé: *Le Courage d'être soi*. Paris (Les Éditions du Relié), S. 69 (auf Deutsch: *Einfühlsame Kommunikation. Auf dem Weg zu einer innigen Verbindung mit sich selbst. Die Methode ESPERE*. Paderborn (Junfermann) 2006).
4. Eine Zusammenfassung der Methode der GFK findet sich in dem Buch von Marshall B. Rosenberg: *Spiritualité pratique. Les bases spirituelles de la Communication Non Violent*. Archamps (Jouvence Éditions) 2007, S. 87 und 88 (auf Deutsch: *Lebendige Spiritualität. Gedanken über die spirituellen Grundlagen der GFK*. Paderborn (Junfermann) 2005).

Tag 13

Die Trennung

1. The Archive for Research in Archetypal Symbolism: *Le Livre des symboles. Réflexions sur des images archétypales*. Hg. v. Ami Ronnberg und Kathleen Martin. Paris (Taschen) 2011, S. 118 (in Deutschland nicht erschienen).
2. Die Aktive Imagination ist eine von Jung entwickelte Methode. Dabei wird das Unbewusste erkundet, indem man mit den verschiedenen vorhandenen Teilen (Emotionen, echten oder vorgestellten Personen, Symbolen etc.) wie mit echten Personen kommuniziert. Die Aktive Imagination arbeitet mit verschiedenen spontanen Ausdrucksmöglichkeiten: Visualisierung, Zeichnen, Malen, Modellieren, Schreiben, Tanzen etc.
3. Passage aus der Legende von Taliesin, einem legendären Barden der keltischen Mythologie. Auszug aus dem Buch von Joseph Campbell: *Le Héros aux mille et un visages*. Escalquens (Oxus) 2010, S. 212 (auf Deutsch: *Der Heros in tausend Gestalten*. Berlin (Insel-Verlag) 2011).
4. Erfahrungsbericht aus dem Film von Rüdiger Sünner: *Traversée de la nuit. Un voyage au coeur de la psychologie de C. G. Jung*. Production Atalante Film 2011 (auf Deutsch:

Nachtmeerfahrten. Eine Reise in die Psychologie von C. G. Jung, Studio absolut MEDIEN (Al!ve) 2011).
5. Eine vertiefte Analyse dieser Verletzung finden Sie in unserem Buch *Réveillez vos ressources intérieures*. Paris (Albin Michel) 2009, S. 47-52 (nicht in Deutschland erschienen).
6. Zitat aus Ramana Maharshi: *L'enseignement de Ramana Maharshi*. Paris (Albin Michel) 2005 (auf Deutsch: *Die essenziellen Lehren. Eine Reise in Bildern*. Bielefeld (J. Kamphausen Mediengruppe) 2008).

Tag 14

Die Veränderung

1. Artikel »Life of Pi« auf http://jpjeunet.com/news/.
2. Christiane Singer: *Du bon usage des crises*. Paris (Albin Michel) 2001 (in Deutschland nicht erschienen).

Tag 15

Die Nichtexistenz

1. Jacques Salomé: *Je viens de toutes mes enfances*. Paris (Albin Michel) 2009, S. 191 (in Deutschland nicht erschienen).
2. Dr. Hervé Mignot, Gründer der Gesellschaft Kübler-Ross France, hat mir anvertraut, dass Kontakte mit geliebten Verstorbenen zu Beginn der Trauerzeit häufig vorkommen.
3. Bronnie Ware: *Les Cinq Regrets des personnes en fin de vie*. Paris (Guy Trédaniel Éditeur) 2013 (auf Deutsch: *Fünf Dinge, die Sterbende am meisten bereuen*. München (Arkana) 2013).
4. *Ibid.*, S 371.
5. Anthony de Mello: *Quand la conscience s'éveille*. Paris (Albin Michel) 2002 (in Deutschland nicht erschienen).

Tag 16

Angst und Scham

1. Alice Miller: *C'est pour ton bien – Racines de la violence dans l'éducation de l'enfant*. Paris Aubier (1998), S. 128 (auf Deutsch: *Am Anfang war Erziehung*. Berlin (Suhrkamp) 1983).

2. Die Tabelle übernimmt die Gefühle, die Marshall B. Rosenberg in seinem Buch *Spiritualité pratique. Les bases spirituelles de la Communication Non Violent*. Archamps (Jouvence Éditions) 2007, (auf Deutsch: *Lebendige Spiritualität. Gedanken über die spirituellen Grundlagen der GFK*. Paderborn (Junfermann) 2005).

Tag 17

Angst, Wunsch und Bedürfnis

1. Diese Prinzipien stützen sich auf das Werk des amerikanischen Psychotherapeuten Richard C. Schwartz: *Système familial intérieur. Blessures et guérison. Un nouveau modèle de psychothérapie*. Paris (Elsevier Masson) 2009 (auf Deutsch: *Systemische Therapie mit der inneren Familie*. Stuttgart (Klett-Cotta) 2016).
2. Paroxystische Erfahrungen sind ein spezifisches Merkmal des Menschen. Es sind spirituelle, intime und transzendierende Erlebnisse. Vor allem der Psychologe Abraham Maslow hat hierfür transpersonelle Untersuchungen initiiert. Ein neueres Buch befasst sich auch mit dieser Frage: Stéphane Alix und Paul Bernstein: *Manuel clinique des expériences extraordinaires*. Paris (InterÉditions) 2009 (in Deutschland nicht erschienen).
3. Siehe das Buch von Christian Jeanclaude: *Les ombres de l'angoisse. La peur d'être vivant*. Louvain-la-Neuve (De Boeck) 2004, S. 19-21 (in Deutschland nicht erschienen).
4. Boris Cyrulnik, Pierre Bustany, Jean-Michel Oughourlian, Christophe André, Thierry Janssen, Patrice van Eersel: *Votre cerveau n'a pas fini de vous étonner*. Paris (Albin Michel) 2012, S. 105 (in Deutschland nicht erschienen).
5. Die Abkürzung 3P bezieht sich auf eine Dynamik zwischen den Zuständen des Ichs in der Transaktionsanalyse. Die 3P, Permission, Protektion und Power, erlauben es dem Individuum, sich in aller Sicherheit und optimal ermutigt auszudrücken.
6. Marshall B. Rosenberg: *Spiritualité pratique. Les bases spirituelles de la Communication Non Violent*. Archamps (Jouvence Éditions) 2007, S. 44 (auf Deutsch: *Lebendige Spiritualität. Gedanken über die spirituellen Grundlagen der GFK*. Paderborn (Junfermann) 2015).

Tag 18

Die Pyramide der Ängste

1. Carl Gustav Jung, Charles Kerényi: *Introduction à l'essence de la mythologie*. Paris (Payot), S. 158 (auf Deutsch: *Einführung in das Wesen der Mythologie*, Ostfildern (Patmos-Verlag) 1999).
2. Diese Übung ist eine vertiefte Variante einer Übung, die wir in unserem Buch. *Réveillez vos ressources intérieures*. Paris (Albin Michel) 2009, S. 102, angeben. (nicht in Deutschland erschienen).
3. Einer Umfrage von LinkedIn bei 8000 Nutzern zufolge üben 30 Prozent der Befragten den Beruf aus, den sie sich als Kind erträumt haben, oder einen eng damit verwandten Beruf. Diejenigen, die ihren Kindertraum nicht in die Tat umgesetzt haben, erklären dies unterschiedlich: 44 Prozent nennen neue Interessen, 15 Prozent erklären, ihr Traum sei zu schwer umsetzbar gewesen, und 13 Prozent haben sich einem lukrativeren Beruf zugewandt. LinkedIn ist ein berufliches soziales Netzwerk im Internet. Weltweit wird es von 225 Millionen Menschen genutzt.
4. Zitat von André Breton aus seinem Manifest des Surrealismus.

Tag 19

Die Angst und die Verletzungen der Kindheit

1. Die Wut oder der Zorn ist wie Trägheit, Stolz, Völlerei, Wollust, Geiz und Neid eine der sieben Hauptsünden, die im 13. Jahrhundert von dem Dominikanermönch Thomas von Aquin definiert wurden. Der Begriffsteil »Haupt-« bezieht sich nicht auf die Schwere, sondern auf die Tatsache, dass sie zu weiteren Sünden führen. In unserem jüdisch-christlichen Unterbewusstsein erzeugt Wut die Angst, die Dinge noch schlimmer zu machen.
2. Die unglaubliche Resilienz des Kindes hängt mit seiner außergewöhnlichen Fähigkeit zusammen, Zerreißproben zu bestehen, aber frühe zwischenmenschliche Traumatisierungen können die Oberhand über die genetischen, konstitutionellen, sozialen oder psychischen Resilienzfaktoren gewinnen, so John Bradshaw: *Découvrir ses vraies valeurs*. Montréal (Les Éditions de l'Homme) 2004, S. 123 (in Deutschland nicht erschienen).
3. Vergebung einem anderen gegenüber ist ein religiöser Begriff. Er bevölkert das jüdisch-christliche Unterbewusstsein. Vergebung wird von Psychotherapeuten infrage gestellt,

die akzeptieren, scharfsichtige und wohlwollende Zeugen des kindlichen Erlebens zu sein. Zahlreiche Studien weisen heute die sowohl psychologische als auch spirituelle Schädlichkeit nach. Das Buch von Sylvie Tenenbaum ist ein Referenzwerk zu diesem Thema: Sylvie Tenenbaum: *Pardonner. Tyrannie ou libération?* Paris (InterÉditions) 2008 (in Deutschland nicht erschienen).

Tag 20

Angst macht Helden

1. Das Referenzwerk von Joseph Campbell ist: *Le héros aux mille et un visages*. Escalquens (Oxus) 2010 (auf Deutsch: *Der Heros in tausend Gestalten*. Berlin (Insel Verlag) 1999).
2. Die Jedi sind fiktive Persönlichkeiten aus der Saga *Star Wars*, die George Lucas erdacht hat. Es sind philosophische Krieger, die für den Erhalt des Friedens tätig sind. Sie besitzen übernatürliche Kräfte, die sie aus der »Macht« beziehen. Die Macht ist ein Energiefeld, das im Universum von *Star Wars* für alle Lebewesen gilt. Sie verleiht einigen außergewöhnliche Fähigkeiten.
3. Der Begriff ist der NLP, dem Neurolinguistischen Programmieren, entliehen.

Tag 21

Mit jeder Faser des Selbst leben

1. Worte von Rimpoché Chogyal Namkhai Norbu aus dem Buch *Les Trésors vivants du bouddhisme*. (Oikumene Traditions S.C.) 2003, S. 49 (in Deutschland nicht erschienen).
2. Maharshi, Ramana: *Ainsi parlait Ramana Maharshi*. Paris (InnerQuest) 2006 (in Deutschland nicht erschienen).
3. Richard C. Schwartz: *Système familial intérieur. Blessures et guérison. Un nouveau modèle de psychothérapie*. Paris (Elsevier Masson) 2009, S. 49 (auf Deutsch: *Systemische Therapie mit der inneren Familie*. Stuttgart (Klett-Cotta) 2016).
4. Aus dem amerikanischen Film *Antwone Fisher* von Denzel Washington 2002.
5. Philippe Guillemant: *La Route du Temps. Théorie de la double causalité*. Paris (Temps Présent) 2010 (in Deutschland nicht erschienen).
6. D. W. Winnicott: *Jeu et Réalité*. Paris (Gallimard) 1975, S. 126 (auf Deutsch: *Vom Spiel zur Kreativität*, Klett-Cotta 2015).

7. Der amerikanische Psychologe Mihály Csíkszentmihályi hat in den 1970er-Jahren den Begriff *Flow* erarbeitet, einen Zustand der Ekstase, in dem sich ein Individuum bei einer Aktivität, die seine Kompetenzen vollständig mobilisiert, über sich hinauswächst und selbst transzendiert. Das Individuum ist involviert, konzentriert, vollständig vertieft, jenseits aller Zeit. Es weiß, was es zu tun hat, und erhält umgekehrt sofort die Information darüber, wie es die Dinge zu tun hat. Siehe sein Buch: Mihály Csíkszentmihályi: *Vivre. La psychologie du bonheur*. Paris (Robert Laffont) 2004 (auf Deutsch: *Flow. Das Geheimnis des Glücks*. Stuttgart (Klett-Cotta) 2015).

Glossar der Schlüsselbegriffe

Angepasstes Kind: Maske, hinter der sich das innere Kind verbirgt. Das angepasste Kind konzentriert alle Überlebens- und Anpassungsstrategien in sich, die sich seit dem frühesten Kindesalter entwickelt haben.

Falsches Ich: Die fiktive Identität und der am wenigsten authentische Teil der Persönlichkeit, der insgeheim vom angepassten Kind beherrscht wird.

Futurisierung: Hypnoseähnlicher Trancezustand, in dem man die Vergangenheit auf die Zukunft überträgt und sich dabei in unrealistischer und idealisierter Form das Schlimmste oder das Beste vorstellt.

Inneres Kind: Das innere Kind symbolisiert die fundamentalen Bedürfnisse und das kreative Potenzial des Menschen. Es stellt das wahre und authentische Ich in seinem natürlichen Ausdruck (kreatives Kind) und in seinem gehemmten Ausdruck (verletztes Kind) dar.

Kreative Lebensenergie: Fundamentale Lebensenergie in jedem Menschen auf körperlicher und psychischer Ebene. Alle vitalen und schöpferischen Manifestationen zusammen stehen für die Vivance.

Neubeelterung/Reparenting: Das Erlernen der Aufgabe, sein eigener Elternteil zu werden, indem man sich um sein inneres Kind kümmert. Der gute Elternteil in einem selbst ist liebevoll, wohlwollend, beschützend und strukturgebend.

Regression: Hypnoseähnlicher Trancezustand, in dem man gegenüber einem anderen Menschen oder in einer besonderen Situation wieder wie ein Kind wird.

Selbst (oder der innere Pilot): Zugleich die psychische Ganzheit (bewusst und unbewusst) und der spirituelle Kern eines jeden, das Zentrum, das für Beeinträchtigungen von außen unzugänglich ist.

Trancezustände: Situationen, in denen der von seiner Vergangenheit hypnotisierte Erwachsene kaum merklich den Sinn für die Realität verliert und dysfunktionale Szenarien seiner Kindheit erneut durchspielt. Er ist im Hier und Jetzt nicht mehr präsent.

Unterschwellige Angst: Angst, die die Lebenskraft und Freiheit des Einzelnen begrenzt und deren Wurzeln unklar sind.

Vivance: Mobilisierung des Lebenspotenzials. Die Vivance wird im Bewusstsein, im Empfinden und in der Lebensfreude gepflegt, die uns beseelt.

Register der Ängste

Angst
    abgelehnt zu werden 147, 197
    allein zu sein 86
Anpassungsangst 46, 52, 61, 62, 69, 70, 180, 181
Beziehungsangst 14, 97, 180, 181
    das Leid der Kindheit wieder zu erleben 189, 230
    den Vater zu verlieren 52, 137, 194
    die Dinge zu verschlimmern 184
    die Eltern zu enttäuschen 196
    die Liebe zu verlieren 60, 196
    die Kontrolle zu verlieren 28, 38, 70, 181
    den Ansprüchen nicht zu genügen 192
    diffuse 16
    ein Niemand zu sein 145
    ein Opfer zu sein 104, 106
    eine unwiderrufliche Grenze zu überschreiten 181
    etwas nicht zu wagen 61, 139
    gedemütigt zu werden 161
    getrennt zu werden (Trennungsangst) 136
    glücklich zu sein 171
Grundangst 129, 131, 139, 145
    im Sinn von Sorge und Stress 14, 47
    nahestehende Menschen zu verlieren 60
    nicht gut genug zu sein 62
    nicht liebevoll genug zu sein 194
    nicht so akzeptiert zu werden, wie man ist 64
Objektangst 203, 204
Phobie 14, 31, 132
    phobische 132
    seine Grenzen zu überschreiten 38, 70, 181
    sich lächerlich zu machen 14, 61, 181
    sich zu offenbaren 160, 161
    sich zu verraten 211
    unterschwellige 10, 14-16, 47, 179, 198, 234
    verraten zu werden 62-64
    verurteilt zu werden 111, 112, 181
    voll und ganz zu leben 198
    vor Autorität 159
    vor dem Begehren des anderen 121
    vor dem eigenen Begehren 120, 121
    vor dem Leben 160
    vor dem Schatten 91, 181
    vor dem Scheitern 141, 209
    vor dem Tod 147-149, 199
    vor dem Unbekannten 52-54, 62, 70, 181, 199
    vor der Andersartigkeit 122-125, 181

vor der Angst 187-189
vor der Dunkelheit 14, 80-82
vor der eigenen Macht 190
vor der Freiheit 168
vor der Selbstbehauptung 161
vor der Trennung von den Eltern 80
vor Gefahr 189
vor Intimität und Vertrautheit 121
vor kleinen Tieren 80
vor Konfrontation 192
vor Monstern 95, 181
vor Schlangen 132
vor Tieren 80
vor Veränderung 130, 139-143, 148, 181
vor Wasser 31-34, 76
zu handeln 131
zu sterben 148
zu verletzen oder Leid zuzufügen 197
zu verlieren 57, 61, 62, 64, 168
zu verschwinden 130, 146-148, 181

Angstanfall 14, 42, 47, 204

Bibliografie

André, Christophe: *Psychologie de la peur*. Paris (Odile Jacob) 2004 (auf Deutsch: *Alles über Angst. Wie Ängste entstehen und wie man sie überwinden kann*. Freiburg im Breisgau (Kreuz-Verlag) 2009)

Ballet de Coquereaumont, Marie-France et Emmanuel: *S'ouvrir à son Cœur d'enfant*. Paris (Seuil) 2005 (in Deutschland nicht erschienen)

Ballet de Coquereaumont, Marie-France et Emmanuel: *Réveillez vos resources intérieures*. Paris (Albin Michel) 2009 (in Deutschland nicht erschienen)

Bradshaw, John: *S'affranchir de la honte*. Montpellier (Les Éditions de l'Homme) 2004 (in Deutschland nicht erschienen)

Bradshaw, John: *Retrouver l'enfant en soi*. Montpellier (Les Éditions de l'Homme) 2004 (auf Deutsch: *Das Kind in uns. Wie finde ich zu mir selbst*. München (Knaur) 2000)

Bradshaw, John: *Découvrir ses vraies valeurs*. Montpellier (Les Éditions de l'Homme) 2009 (in Deutschland nicht erschienen)

Campbell, Joseph: *Le héros aux mille et un visages*. Escalquens (Oxus) 2010 (auf Deutsch: *Der Heros in tausend Gestalten*. München (Insel Verlag) 1999)

Capacchione, Lucia: *Faites vivre votre enfant intérieur. Jeu, dialogue et art-thérapie*. Gap (Le Souffle d'or) 1994, S. 115 (in Deutschland nicht erschienen)

Cervantes, Miguel de: *L'Ingénieux Hidalgo Don Quichotte de la Manche*. Paris (Diane de Selliers Éditeur) 2012 (auf Deutsch: *Don Quijote von der Mancha Teil I und II: Roman*. München (dtv) 2016)

Cyrulnik, Boris; Bustany, Pierre; Oughourlian, Jean-Michel; André, Christophe; Janssen, Thierry: *Votre cerveau n'a pas fini de vous étonner*. Paris (Albin Michel) 2012 (in Deutschland nicht erschienen)

Damasio, Antonio: *L'autre moi-même*. Paris (Odile Jacob) 2010 (in Deutschland nicht erschienen)

Firman, John; Russel, Ann: *Opening to the Inner Child. Recovering Authentic Personality*. Palo Alto (Psychosynthesis Palo Alto) 1994 (verfügbar im Internet unter: *www.psychosynthesispaloalto.com*) (in Deutschland nicht erschienen)

Forward, Susan: *Parents toxiques. Comment échapper à leur emprise.* Paris (Poche Marabout Psy) 2000 (auf Deutsch: *Vergiftete Kindheit. Elterliche Macht und ihre Folgen.* München (Goldmann Verlag) 1993)

Garber, Robyn; Spizman, Stephen et Marianne: *Les peurs de votre enfant. Comment l'aider à les vaincre.* Paris (Odile Jacob) 1997 (in Deutschland nicht erschienen)

Giacobbe, Giulio Cesare: *A la recherche des câlins perdus.* Paris (Albin Michel) 2005 (in Deutschland nicht erschienen)

Hendricks, Gay: *Le Grand Bond. Surmontez vos peurs cachées et apportez une nouvelle dimension à votre vie.* Varennes (ADA éditions) 2010 (auf Deutsch: *Lebe dein Leben, bevor es andere für dich tun. Mehr wagen und über sich selbst hinauswachsen.* München (Knaur MensSana) 2010)

Jeanclaude, Christian: *Les ombres de l'angoisse – La peur d'être vivant Les ombres de l'angoisse – La peur d'être vivant.* Louvain-la-Neuve (De Boeck) 2004 (in Deutschland nicht erschienen)

Jung, Carl G.: *Le Livre Rouge. Liber novus.* Paris (Les arènes) 2011 (auf Deutsch: *Das Rote Buch. Liber novus.* Ostfildern (Patmos-Verlag) 2011)

Carl Gustav Jung: *L'Homme à la découverte de son âme.* Paris (Albin Michel) 1987 (auf Deutsch: *Mensch und Seele.* Olten (Walter Verlag) 1984)

Jung, Carl G., Kerényi Charles: *Introduction à l'essence de la mythologie.* Paris (Payot) (auf Deutsch: *Einführung in das Wesen der Mythologie*, Ostfildern (Patmos-Verlag) 1999)

Krenger, Guy: *Le Mythe de l'unité.* Paris (EME Editions) 2011 (in Deutschland nicht erschienen)

Krishnamurti, Jiddu: *L'Éveil de l'intelligence.* Paris (Stock) 2011 (in Deutschland nicht erschienen)

Krishnamurti, Jiddu: *Se libérer du connu.* Paris (Stock) 2012 (in Deutschland nicht erschienen)

Maharshi, Ramana: *Ainsi parlait Ramana Maharshi.* (InnerQuest) 2006 (in Deutschland nicht erschienen)

Maslow, Abraham: *Devenir le meilleur de soi-même*. Paris (Eyrolles) 2008 (in Deutschland nicht erschienen)

Mello, Anthony (de): *Appel à l'amour*. Paris (Albin Michel) 2005 (in Deutschland nicht erschienen)

Mello, Anthony (de): *Quand la conscience s'éveille*. Paris (Albin Michel) 2012 (in Deutschland nicht erschienen)

Miller, Alice: *C'est pour ton bien. Racines de la violence dans l'éducation de l'enfant*. Paris (Aubier) 1998 (auf Deutsch: *Am Anfang war Erziehung*. Berlin (Suhrkamp) 1983)

Miller, Alice: *Notre corps ne ment jamais*. Paris (Flammarion) 2005 (auf Deutsch: *Die Revolte des Körpers*, Berlin (Suhrkamp) 2005)

Miller, Alice: *Ta vie sauvée enfin*. Paris (Flammarion) 2008 (auf Deutsch: *Dein gerettetes Leben*. Berlin (Suhrkamp) 2007)

Monbourquette, Jean: *Apprivoiser son ombre. Le côté mal aimé de soi*. Montrouge (Bayard) 2001 (auf Deutsch: *Umarme deinen Schatten. Negative Energien in positive verwandeln*. Freiburg im Breisgau (Herder) 2009)

Nicon, Luc: *TIPI Technique d'identification des peurs inconscientes. Phobies, dépression, inhibition, irritabilité, angoisses*. Montpellier (Émotion forte) 2007 (auf Deutsch: *Befreit von alten Mustern. Tipi. Eine Körperreise zum Ursprung unserer Emotionen und Ängste*. Paderborn (Junfermann) 2011)

Ridnik, Evelyne et l'équipe de thérapies conseil: *Parlons psy*. Paris (L'Archipel) 2007 (in Deutschland nicht erschienen)

Rosenberg, Marshall B.: *Les mots sont des fenêtres (ou bien ce sont des murs)*. Paris (Éditions La Découverte) 2005 (auf Deutsch: *Gewaltfreie Kommunikation. Eine Sprache des Lebens*. Paderborn (Junfermann) 2012)

Rosenberg, Marshall B.: *Spiritualité pratique – Les bases spirituelles de la Communication Non Violent*. Archamps (Jouvence Éditions) 2007 (auf Deutsch: *Lebendige Spiritualität. Gedanken über die spirituellen Grundlagen der GFK*. Paderborn (Junfermann) 2015)

Salomé, Jacques: *Le Courage d'être soi*. Paris (Relié) 1999 (auf Deutsch: *Einfühlsame Kommunikation. Auf dem Weg zu einer innigen Verbindung mit sich selbst. Die Methode ESPERE*. Paderborn (Junfermann) 2006)

Salomé, Jacques: *Je viens de toutes mes enfances*. Paris (Albin Michel) 2009 (in Deutschland nicht erschienen)

Salomé, Jacques: *La Ferveur de vivre*. Paris (Albin Michel) 2009 (in Deutschland nicht erschienen)

Schwartz, Richard C.: *Système familial intérieur. Blessures et guérison. Un nouveau modèle de psychothérapie*. Paris (Elsevier Masson) 2009 (auf Deutsch *Systemische Therapie mit der inneren Familie*, Stuttgart (Klett-Cotta) 2016).

Soussan, Patrick Ben: *Le Bébé et ses Peurs*. Toulouse (Erès) 2000 (in Deutschland nicht erschienen)

Spund, Marc: *Vaincre les peurs et les phobies*. Paris (L'Archipel) 2005 (in Deutschland nicht erschienen)

The Archive for Research in Archetypal Symbolism: *Le Livre des symboles. Réflexions sur des images archétypales*. Hg. v. Ami Ronnberg und Kathleen Martin. Paris (Taschen) 2011 (in Deutschland nicht erschienen)

Ware, Bronnie: *Les Cinq Regrets des personnes en fin de vie*. Paris (Guy Trédaniel Éditeur) 2013 (auf Deutsch: *5 Dinge, die Sterbende am meisten bereuen*. München (Goldmann Verlag) 2015)

Wickes, Frances G.: *Le Monde intérieur de l'enfance*. Paris (Éditions du Dauphin) 1993 (in Deutschland nicht erschienen)

Winnicott, Donald Woods: *Jeu et Réalité*. Paris (Gallimard) 1973 (auf Deutsch: *Vom Spiel zur Kreativität*. Stuttgart (Klett-Cotta) 2015)

Wolinsky, Stephen: *Ni ange ni démon. Le double visage de l'enfant intérieur*. (Le Jour Éditeur) 1999 (auf Deutsch: *Die dunkle Seite des inneren Kindes. Die Vergangenheit loslassen, die Gegenwart leben*. Bielefeld (Lüchow) 2008)

Yalom, Irvin: *Et Nietzsche a pleuré*. Paris (Le Livre de Poche) 2010 (auf Deutsch: *Und Nietzsche weinte*. München (btb Taschenbuch) 2008)